企业操作实务方略

如何当好部门主管

RUHE
DANGHAO
BUMEN ZHUGUAN

《企业操作实务方略》编委会 / 编著

内蒙古人民出版社

图书在版编目(CIP)数据

企业操作实务方略：如何当好部门主管／《企业操作实务方略》编委会编著. —呼和浩特：内蒙古人民出版社，2020.8
ISBN 978-7-204-16351-9

Ⅰ.①企… Ⅱ.①企… Ⅲ.①企业领导学 Ⅳ.①F272

中国版本图书馆CIP数据核字(2020)第118868号

企业操作实务方略：如何当好部门主管

作　　者	《企业操作实务方略》编委会
图书策划	石金莲
责任编辑	晓　峰　杜慧婧
封面设计	宋双成
出版发行	内蒙古人民出版社
地　　址	呼和浩特市新城区中山东路8号波士名人国际B座5层
印　　刷	内蒙古爱信达教育印务有限责任公司
开　　本	710mm×1000mm　1/16
印　　张	18
字　　数	300千
版　　次	2020年9月第1版
印　　次	2020年9月第1次印刷
印　　数	1—3000册
书　　号	ISBN 978-7-204-16351-9
定　　价	38.00元

如发现印装质量问题，请与我社联系。联系电话：(0471)3946173　3946120

前　言

　　主管层是一个企业的核心，主管管什么、怎么管决定着一个企业的成与败。

　　要想当好管理者，首要任务是知道自我管理是一项重大责任，在流动与变化万千的世界中，做到以身作则；不然，一点榜样作用、一点威信都没有。日本经营之神松下幸之助说："造人先于造物。"这说明人的自我管理、自我素质的提高以及提高内在涵养的重要性。

　　管理者应该懂得善良、正直、责任，努力做一个好人，即便他不是一个好人，也要做好人该做的事，唯有这样才能做好管理——当然成为好人更容易做管理。同时，他要努力培养自己的能力，拥有诸如权力、金钱、知识、能力、影响力等，因为权力的本质是一种能力。

　　管理是刚柔相济、宽严相济、赏罚并存、胡萝卜加大棒的辩证统一。使用的艺术就在于，平日用柔、宽、赏术，但以能够行使刚、严、罚为前提，刚、严、罚的东西只能作为管理的保障而不能作为管理的手段。

　　数千年的中国历史，有仁君、明君，有昏君、暴君，观仁君之仁、明君之明，无一不是有效运用了刚柔相济、宽严相济、赏罚并存、胡萝卜加大棒之术。楚庄王懂管理之道，当下属趁夜宴灯灭调戏其爱妃时，非但不惩，还令群臣都摘下帽子，结果换来一个舍身救主的忠臣；唐太宗懂管理之道，对于官员收受贿赂之事，能恰当地把握其中的利弊，广收人心。

　　管理者还应该懂得沟通、驭人的艺术，懂得厚待下属。学会运用赞美的艺术，先扬后抑的艺术。赞美是管理者的必修课，一个不懂得赞美的管理者不是成功的管理者。赞美，是对工作的认可，是对劳动的尊重。批评，是为了工作的改进，不能为批评而批评，要给被批评者留有颜面。

成功的管理者还应是一个伯乐，称职的伯乐其责任在甄别、延揽"比他更聪明的人才"。管理者要有敏锐的眼光、果断的判断力。管理者必须明白什么样的人是人才，什么样的人是需要的人才，因人而异，因材调配，使每一个岗位能够达到最大限度的和谐与完美，更能达到高效率的劳动运作。管理是一门真正的科学，是一个系统工程。因此，一名出色的主管除了要有严谨务实的心态，还要具备多方面的职业素质。既要有做事的力度，又要保持对员工的敏感；既要能把握大局，又要能关注细节；既要决策果断，又要行事审慎。在其位，谋其政。作为一个企业的主管，你既然坐在这个位子上，你就得不遗余力地让企业基业长青，让员工有个好归宿，这是你不可推卸的责任，这是你的宿命。

主管意味着要做主，要承担责任，要乐于付出。就个人来说，主管是职业阶梯中十分重要的一级，有的人奋斗一生也未必能登得上，有的人登上之后脚跟尚未站稳就重重地摔了下来，还有的人登上之初踌躇满志，却就此止步不前。

主管工作事无巨细，作为主管需要学习和掌握的东西有很多，本书对于主管工作在宏观上给予理论阐述，在微观上给出具体可行的指导。如果主管们能够或多或少地从中受益，本书的目的就达到了。

本书能够在一年多的时间里顺利编写完成，离不开诸多同仁的精心协作和努力。在这里我们要感谢李元秀、贾瑞山、徐凤敏、孙影、夏飞、邓颖、陈礼春、石文慧、张卓、莘瑞印、秦宇超等同志参与编写，感谢你们的努力与付出！在此付梓之际，一并向你们表示衷心感谢！

编委会

目录

第一章　当好主管是一门学问 …… 1

懂得放权,学会授权遥控谋略 …… 2
注意工作目标设定的恰当性 …… 7
主管应具备一定的管人能力 …… 9
"行不言之教",征服人心的最高境界 …… 12
"无为而治"是一种高超的管人技巧 …… 14
恩威兼施,激励和惩罚并用 …… 17
走出第一印象怪圈,用发展的眼光看人 …… 26
制定合适的门槛,需要的便是最好的 …… 29
灵活机变,没有唯一的选人标准 …… 32
超越自我,全面客观识才 …… 35

第二章　主管的心理与位置调适 …… 39

知道自己该干什么 …… 40
清楚自己所处的工作环境 …… 43
学会排解情绪压力 …… 46
做自己的"品牌经理" …… 48
不仅要物有所值,更要物超所值 …… 50
大胆拍板拿主意 …… 51
奖赏不要一步到位 …… 54
让下属之间良性竞争 …… 57

能够自律并尽量让自己更有魅力	59
在逆境中修炼自己	64
精心塑造个人形象	67

第三章　知人善任，量才用人 …… 71

选人才事业兴，选奴才事业衰	72
多样化的人才与后备人才的储备	74
人才结构状态需要互补	77
技术人才配置的规模效益	80
培养人才是一种战略性投资	83
保证培训成果的转化是关键	88
薪酬激励是一把"双刃剑"	90
奖惩的时机与方式影响最终效果	92
留住关键员工，重在日常管理	95
员工的热情源自对企业未来的信心	99

第四章　树威信，优秀主管当以身作则 …… 105

公正廉明，以身作则	106
刚柔并用，巧树威信	111
要维护绝大多数员工的面子	113
用宽大辅之严厉，用严厉辅之宽大	118
做到"喜怒不形于色"	121
不要失去主见，也不能固执己见	127
要做到上下兼顾	129
引咎自责是反败为胜的良方	136
树立威信要克服性格上的缺点	141
批评的方法和形式要因人而异	145
多种渠道争取下属的信任	152

第五章　打造一支强有力的团队 …… 157

拆毁所有阻碍沟通和好想法的"高墙" …… 158
营造学习型组织,向优秀企业取经 …… 161
尊重非正式的团队协作 …… 168
精简高效　不容拖沓 …… 173
苛希纳定律解读 …… 177
松散导致无力 …… 181
管理建设团队要善于运用新的方法 …… 184
培养协同合作的工作气氛 …… 185
通过提高团队效率来体现组织能力 …… 187
培养属下的团队意识 …… 190

第六章　激励下属,聚集人才 …… 193

如何激发下属的能力 …… 194
激励处于低潮状态的人 …… 196
激励下属的技巧 …… 200
采用多种激励方法 …… 204
让下属在同一擂台上较量 …… 209
以发展为核心,留住有用人才 …… 214
选人标准力求"严之又严" …… 221
不拘一格方能广聚人才 …… 223
聚集人才需要赢得人心 …… 226
多方网罗人才 …… 231
需学会借助他人之力 …… 235

第七章　审时度势,谨慎用权 …… 239

做个聪明理智型主管 …… 240
首先做好本职工作 …… 243

要学会善用及综合运用权力 …………………………………… 247
放权方可释放权力的效力 ……………………………………… 249
主管的任务不是替下属做事 …………………………………… 252
有效授权必须经过充分准备 …………………………………… 256
信任是授权的精髓和支柱 ……………………………………… 258
授权需把握时机注意细节 ……………………………………… 261
学会让人替你解说 ……………………………………………… 267
冷静而理智地面对一切 ………………………………………… 272

第一章

当好主管是一门学问

当主管看起来很是风光,但是要当好主管却并不是一件容易的事,除了需要具备一定的管人能力外,里面的学问也很是高深广博。作为主管不仅要懂得大权在握的根本,更要有奇计在心,靠"行不言之教""无为而治"等方法去征服人心、驾驭人性;既要懂得紧紧把握住领导权,又要充分地调动下属的积极性,把事情更多地交给下属去做。

在管理下属时,主管还需要让胡萝卜和大棒交替在手中出现。当职工做出成绩时,该奖则奖;当职工失误时,把批评和惩罚作为强化的手段,使下属自知悔过改进工作。

懂得放权，学会授权遥控谋略

懂得放权，充分调动下属积极性

放手，其基本含义是解除顾虑或限制。放手是放权的前提和基础，放权是放手的延伸和深化。管理学家这样说过：在你把整个事情托付给对方的同时，要交付足够的权力，让他做必要的决定。但在现实生活中，有些领导干部却不敢或不善于放权也因此常常会束缚住下属的手脚。

在这一点，中西方之间有着很大差别：很多时候中国下属更习惯于征求主管的意见，以求少犯错；西方的下属更愿意在自己的工作中独立自主，不愿受到领导的更多制约，因为领导过多的干涉会成为他们的束缚，影响自身能力的发挥。

在美国某化妆品公司的操作间里，一位中国主管看见调色师正在调口红的颜色，走过去随便说了一句："这口红的颜色好看吗？"

调色师听完以后，站起身来直视着他，回答道："第一，亲爱的 X 副总（美国人通常都是叫名字的，叫了头衔就表示心中不太愉快了），这个口红的颜色还没有完全定案，定案以后我会拿给你看，你现在不必那么担心。第二，X 副总，我是一个专业的调色师，我有我的专业，如果你觉得你调得比较好，下个礼拜开始你可以自己来调。第三，亲爱的 X 副总，我这个口红是给女人擦的，而你是个男人。如果所有的女人都喜欢擦，而你不喜欢没有关系，如果你喜欢，别的女人却不喜欢，……"

"Sorry，Sorry……"主管此刻才意识到自己管得太宽了，不由得脸一红，连声向那位调色师道歉。

要让员工充分发挥自己的才能，并不是说一说这么简单，因为这需要主管对员工进行放权、分权，并给予员工充分的信任。

下属在工作过程中，往往把得到领导的放权作为对自己工作的肯定和信任。领导干部如果善于把权力下放给下属，信任他们，可以激发他们主动工作的积极性，锻炼他们独立工作的能力，从而有力地推动领导决策的贯彻落实。

放权，可有效影响员工自觉做好本来就该做好的事情，甚至可能做好不会做的事情，让他们把自己的精力直接集中到工作成果上，而不是像集权制下那样把所有的事情都推到主管那儿。

放权，这是管理者的一项重要工作，只可惜，许多管理者并没有悟出放权的真正含义。他们总是放心不下，总要亲自去做那些自以为只有自己才能胜任的事情；或指指点点，以示自己在履行管理者的职责。须知这种在具体操作上把自己凌驾于下属之上的做法，会在很大程度上破坏下属的心理情绪，影响其工作的效果。

做到科学、合理地放手与放权，是一门学问。对于领导干部而言，这不是放弃责任、降低要求，而是对自己提出了更高的要求。

掌握主动权，不要受制于部属

一个领导集团内部或任何一个团体之内，上下有序，才能保持团结，不然各有主张，公说公有理，婆说婆有理，艄公多了打烂船，很难维护统一。领导者要维护自己所在集团的统一团结，必须学会不受制于部属的策略。

策略一：大权分毫不让，绝不谦虚，小权让下属分别轮流执掌，内容与大小各不相同。这样一来可发挥下属的创造性，为他们增添工作兴趣；二来可分散或消灭下属之间的憎恶之感，让其将竞争对象转变为平等同事。

策略二：广采或专采人言，广而纳之，专而择用。凡要听取的意见，只将它独立去看待，不管它出自谁口，只要能为我创造性地消化运用就行。当然，有些言论在有些时候是某些政治路线的象征性语言时，切不可照搬运用。完全按别人意见办事容易受制于人，经常听信一人之言，容易使大权旁落。如果领导集团内自己是一把手，那就不可任用与自己有血缘关系的人为亲信，以免在危难之际或忧患之际，造成自己被孤立的局面。因此，纳言与任人相似，也要讲究平衡学问。

策略三：广泛听取别人的意见，旨在达到一致看法，特别是通过一次事件，可以看出许多人所持的态度和所走的路线。当你听取意见时，应该多问，少说话，甚至保持沉默，以便显示容纳他人话语、容纳不同思想和意见的胸襟。要做主张时，不必立刻就说，也不必说出原委，更不必道出将要达到的目的。若是经过深思熟虑的主张，坚决推行就是了，不必再问，不必犹豫，不必过多解释。无论以何种方式听取的意见，或以何种方式收集采纳的意见，都不可全盘采纳。采纳意见只能采纳意见的正确精神或推一知二知十，最后的主张必须由自己来做。

策略四：注意平衡，不可灌输过分平等意识。上下之所以分为上下，乃是有分有别所致，没有分别就难以成上下。领导集团内部如果没有平衡，权力天平就会倾斜或摆动，在领导集团内部过分强调平等意识，只会造成离心和混乱。平等乃是从人格意义、法律意义及民众全体而言。领导集团内的分工差别，是绝对不讲平等的差别。这样，平等与不平等的天秤才会平衡，也即，平衡肯定造成新的不平等，不平等才会平衡。

授权遥控指挥的谋略

这是指通过对他人授权，让下属放手干活，主管在幕后进行遥控指挥的谋略。

传统的用人模式，我们可以称之为"授鱼式"的使用方式，即下属想吃鱼，领导者就送给他几条鱼；吃完了，又伸手要，领导者再酌情给；如此循环往复，以至无穷。显而易见，这种僵化、落后、保守的用人模式，尽管能把下属牢牢控制在领导者手里，但是它却严重扼杀了下属的积极性和创造性，同时势必加重领导者的工作负担，使领导者整天陷于不能挣脱的繁重事务之中，为之付出高昂的代价。

现代新的用人模式则与传统的用人模式截然不同，我们可以称之为"授渔式"的使用方法，即下属想吃鱼，领导者并不送给他鱼，而是向他传授捕鱼的方法（渔），只要下属学会了捕鱼的方法，他就能自己去捕鱼吃，当然也就不用向领导者伸手要鱼了。

不言而喻，采取这种科学的、先进的、灵活的用人模式，不仅可以充分发挥下属的积极性和创造性，使他获取更多的社会效益和经济效益，而且领导者也可以挣脱繁重的管理事务的束缚，处于相对轻松的超脱状态，从而便于集中精力对下属实行更加有效的管理和控制。

授权遥控，关键有以下两点：第一，正确授权（授渔）；第二，授权后遥控（不能失控），在运用这一谋略时要做到上述两点，就必须牢记以下诸点要诀：

（1）在将下属放在某工作岗位上，或者交给他某一项任务时，领导者必须首先想到，根据完成这些工作任务的需要，应该授予下属哪些权力，并且根据这些权力，进一步规定相应的职责和利益。

（2）除此之外，领导者不妨再多问下属一句：你还想得到哪些权力？只要下属提的要求是合理的，就应该尽量予以满足。

（3）授予下属权力的方式，不再是你要一点，我给一点；或者我给一点，你接一点。而是领导者与下属共同研究、制定一整套科学合理的规章制度（包括目标管理、成绩考核、信息传递、合理奖惩等），将下属需要的责、权及利进行规范化、制度化。

（4）授予下属的权力，既要保持相对稳定，不得根据长官意志随意更改，又应根据形势的发展变化和完成工作任务的实际需要，适时做一些必要的调整。

（5）教育下属改变过去那种只对上级负责的传统观念，重新树立由上级和下级共同对工作负责的全新观念，从而上下拧成一股绳，更好地发挥下属的积极性和创造性。

（6）在向下属授权时，最好事先检查一下：在这些授给下属的权力之中，是否混杂着少量有害的权力、多余的权力——当然不只对领导者有害，而且也对下属自身有害，对实现管理目标有害。凡是有害的权力，必然是多余的权力。只要一经发现，就应该坚决将其剔除。

（7）在领导者向下属划定的权力范围内，应该鼓励下属大胆用权，或者说，将上级制定的政策用足。这样做，将极大地激发起下属的积极性和创造性。

（8）应该设法使每个下属成为领导者手的延伸，脚的延伸，眼的延伸，耳的延伸，但切勿成为脑的延伸。因为这样一来，下属就成为地地道道的领导者的傀儡了。正确的做法是，在智力上，应该使下属与自己形成脑的叠加或互补，最大限度地发挥人才群体优势，从而使下属成为一个富有朝气和生命力的细胞。

（9）授权行为一经完成，领导者对下属的行动计划，就不要横加干涉。这时候，领导者唯一需要做的，就是对下属进行适时的引导，并对下属完成任务的情况，进行最后核查。

（10）为什么有的领导者在授权之后，能对下属实行有效的监控，而有的领导者，在授权之后，却失去了对下属的控制呢？其中一个主要原因，就在于是否建立了畅通无阻的信息传递渠道，能否对下属及时进行必要的引导和核查，核查之后，是否给予下属适当的奖惩。

（11）所谓引导，应该是一种充满民主气氛的协商，而不是居高临下的命令。既然领导者为下属划定了用权范围，那么，在这一法定的用权范围内，下属就完全可以根据自己的判断，做出相应的管理决策。为此，领导者必须记住这一点：除非遇到下属明显脱离正常轨道的特殊情况，作为上级主管，一般不宜再向下属下达强制性的命令。

（12）在核查情况时，有的领导者只对结果感兴趣，有的领导者只对过程感兴趣，还有的领导者，对过程和结果都感兴趣。这些，都不甚重要，需要提醒的是：作为上级主管，你为什么不对下属的用权方式感兴趣呢？要知道，唯有抓住这个环节，你才能正确划定在采取下一步行动计划时，究竟应给予下属多大的权力范围。

（13）应该准确划定下属的权力范围，以自己的表率行为，教给下属用权的科学方法。应该教育下属以权谋公，不得以权谋私。这些都属于广义的授权范畴，也是每个领导者应尽的神圣职责。核查时，则应该相应检查下属是否有越权现象，用权方法是否科学，用权方向是否正确。这同样是每个领导者应该认真完成的例行公事。

（14）糊涂的领导者只知道对优异的核查结果表示满意，唯有精明的

领导者,才知道应该首先对畅通无阻的核查渠道表示满意。因为只有畅通无阻的核查渠道,才能确保提供真实的而不是虚假的核查结果。

(15)随着下属捕鱼能力的逐步提高,领导者将会发现,他向自己请示工作的次数明显减少,但请示工作的质量(提出问题的深度和难度)却越来越高,上下级之间配合也更加密切了。面对这种可喜的现象,领导者应该意识到,下属分明已经学会捕这种鱼了,是否可以教给他捕另一种鱼的方法,让他再提高一点呢?

注意工作目标设定的恰当性

大小目标要一致

设定工作目标是管理者的主要任务之一。在设定工作目标的过程中,一定要注意处理好管理目标和员工目标,也即大目标与小目标的关系。管理目标是管理者规划设计的总目标,而员工目标或部门目标,是规划目标的分解或组合。总目标的确定一定要恰当,要让部属"跳着摘桃子"。如果总目标太低,下属伸手就手到擒来,调动不了积极性,也影响公司的产值利润;如果总目标太高,可望而不可即,也影响下属的情绪,产生不了引导作用,他只会"望桃兴叹"。而"跳着摘桃子"他一跳就能拿得到,实惠是看得见摸得着的,谁都会奋勇争先的。这就是目标设定的艺术。

也就是说,分配给下属的任务应该和他的能力相适应。有多大的胃口就让他吃多大的馍,严防小牛拉大车或快马拉慢车的状况产生。如果你让能力强、水平高的人去从事简单的工作,势必形成人才的浪费,而人才的浪费,是公司无形资源的最大浪费。如果你让没能力、水平又不高的人去从事比较重要和比较复杂的工作,去完成高深而又艰巨的任务,一旦出现意外,经济和名誉的危机将无可挽回。对于具体的员工来讲,那也是一种强人所难,甚至是赶着鸭子上架的不可能之事。

其次，主管还要为下属创造其达到目标的合理条件。对于下属来说，只有给每个员工的条件是均等的，才能促使他们为实现目标而努力。如果机会不均等，给某些人以特权或者特殊照顾，那么只会让全体员工都失去奋斗的动力。没有得到照顾的人，会因为失去达到目标的可能性而消沉；就是受到照顾、享有特权的人也会因肯定能达到目标而放松努力。

职责任务要明确

职责任务要明确，就要处理好任务和职责的关系。对于管理者来说，根据目标分解给下属的任务，应是他工作范围内责无旁贷的事情，而不能形成推诿的现象。"乱点鸳鸯谱"，势必会打乱部门之间的业务界限，影响工作秩序，使员工无所适从，形成管理上的混乱局面。

职责任务要明确，还需要管理者把下属的任务、责任、职责、权利、利益等各个方面有效地结合在一起。运用利益杠杆，促进任务和责任的落实。在任务和责任的划分上，还要把短期的任务和责任区分成若干段，交给下属或员工的任务不宜太多，否则，易形成责任的模糊，容易主次不分，反而影响工作的正常进展，从而影响到长期工作和短期重点两者之间关系的正常处理。

职责任务要明确的具体内容包括以下内涵：

任务的性质、意义，完成后的目标或效果；

由谁负责，所要遵循的程序与原则；

相关的责、权、利及实施步骤；

可能出现的情况及应急措施。

作为一个管理者，在任务和职责的划分上，交代一定要清楚，因人而异、区别对待；对知识型员工，简明扼要，点到为止；对一般员工要多说几遍，以避免不必要的差错产生。

留有回旋的余地

给下属布置工作任务时，管理者必须规定一个完成任务的最后期限，要求下级必须在规定的时间内完成。当然，在确定完成任务期限时，管理者应科学评估员工个人的工作效率以及工作能力等因素，力争确定一个合

理、适当的期限，这也是管理水平高低的一个表现。

管理者在任何时候都应该注意，须留有回旋的余地。就像部队作战，要留有预备队一样，平时工作目标和任务的区分，也要留有适当回旋的余地，把话不要说得太死或太绝。一些特殊情况下的特殊任务，由于主客观条件的制约暂时还不能达到目的，这个时候，就要对原定的工作目标进行修正和调整，从而保持重点工作的完成，也就是说要处理好局部和整体的关系，不要因局部利益影响或干扰整体效益的实施和达成。

如与客户签订约定书时要求在1月28日完成，管理者在布置工作任务时就应该要求在25日完成，留下3天的时间弥补工作中的不足。不能说是客户1月28日要报告，27日晚上才弄出来，这样，万一报告有问题，想补救都来不及了。

主管应具备一定的管人能力

管人是领导不可或缺的一项重要任务，领导管人能力的高低决定着他能否成为一个好领导。那么该如何来评判一个领导的管人能力，以下几个标准可作参考：

（1）责任感。这是最重要的一个标准。什么是责任感？责任有大有小，从大的角度来说，它是个人对自己和他人、对家庭和集体、对国家和社会所负责任的认识、情感和信念以及与之相应的自觉态度；从小的角度说，它是一个人自觉地做好自己分内事的心态，也即对自己应尽的义务、对他人的许诺和集体委托的事认真负责的态度。无论是国企、非公有制企业、还是外企。一个管理者责任感的有无与强弱都是关乎其能否在企业供职的首要条件。具体判别时，可从一些小事上去观察，例如，他（她）是否关心其家人、是否守时、是否能及时兑现各方利益、是否在用人上主观性随意性很强，是否对离开的员工予以否定性评价等。

（2）紧迫感。这主要是考察其在如今竞争日趋激烈的时代是否能当机立断。

（3）成熟独立的人格。有些人，在心理上有心智发育不全的表现，常在背后议论他人是非；还有的人，凡事没有自己的主见，其决断主要取决于谁在其身旁，而当他人对其决断产生怀疑时，又对后者的建议趋之若鹜，时常改变。

（4）实干精神。实干就是把各项工作任务目标落实到具体行动中去，做到干实事，而不只是空谈理论。

（5）文化倾向。这主要看其是否重视在企业和团队中形成或建立一种富于进取、合理、科学的价值观体系，并体现在具体的语言上。

（6）放权。能否按现代企业管理制度的要求合理放权，也是主管能力是否到位的标志。

（7）远见。为人行事不能只见眼前，不计长远，在现今激烈的市场竞争中，具备一定的长期规划和发展战略的能力对一个管理者来说是非常有必要的，同时也是非常有利的。

（8）自控能力。面对各种诱惑，能否有效地自我控制，意味着能否使企业或团队正常生存发展；另外，控制自我不良情绪，避免其在工作场合蔓延，以免其对周围造成不良影响，这也是自控能力的重要一项。

英国首相丘吉尔的自控能力就非常强。一次，丘吉尔到一个部队视察。天刚下过雨，他在临时搭起的台子上演讲完毕下台阶的时候，由于路滑不小心摔了一个跟头。士兵们从未见过自己的总司令摔过跟头，都哈哈大笑起来，陪同的军官惊慌失措，不知如何是好。丘吉尔微微一笑说："这比刚才的演说更能鼓舞士兵的斗志。"

效果的确如丘吉尔所戏言的，士兵们对总司令的亲切感、认同感油然而生，必定会更坚定地听从总司令的命令，去英勇地战斗。如果当场丘吉尔大发雷霆，训斥、埋怨部下，则会造成相反的后果。

（9）自我超越。一个管理者若抱残守缺不思进取，那么他所领导的组织所孕育出的也只能是惰性十足的习气。超越自我需要极大的毅力和耐心。

（10）尊重别人。这是具有普遍意义的标准。主管管理学意义上的尊重别人主要表现在"宽以待人，严以律己"。

一般而言，我们对别人总是要求得较严，对自己则要求得较松，当然，这种严与松的要求程度，是因人而异的，但是大致上脱离不了这个原则。

以家庭为例，一位经常吼叫的母亲，在孩子打破了碗，或是打翻了汤时，不免会横挑鼻子竖挑眼，对孩子是又骂又打，搞得家里鸡犬不宁。可是，有一天，这位母亲不慎打翻了一锅饭，她则只会轻声说一句："哟，糟了！"接着，匆匆忙忙地收拾一下，事情就此了结，她不会臭骂自己一顿，更不会请谁骂她、揍她。这种镜头，在很多家庭都曾出现过。

因为事情发生在家庭，所以尚不至于出现什么大的"后遗症"，但是事情要是发生于公司恐怕就很难如此轻易了结了。在公司，如果管理者做出了"严以待人，宽以律己"的事，做部属的，一定愤怒难抑，心想："经理那个家伙，等着瞧吧。"

所以，身为管理者要学会在心底告诫自己："我要待人宽厚，律己严格。"只要秉持这个原则行事，自己的行为就会逐渐改过来，成为真正"宽以待人，严以律己"的主管。

退一步来说，如果实在做不到这个地步，至少要力求做到："同等对待自己与别人。"

（11）自我认知与管理。有很多领导者喜欢把自己的成功扩大化，认为自己是楷模，殊不知这只是一种自我认知上的不当。认识到成功的局限性，并对自我加以适当的管理，这是一个管理者事业进一步成功的必要条件。

（12）幽默感。这一点不用多说，没有哪个下属（或者说人）愿意在一个整天板着副面孔的管理者手下工作。

（13）社交技能。与外界沟通、树立本单位形象、利用社会交往获取信息，这是日益为企业所重视的经营手段。是否具备这方面的技能，对管理者来说非常重要。

"行不言之教",征服人心的最高境界

大权在握是必需的,但却不是全部,当好管理者更重要的是要善于征服人心,驾驭人性,那么管理者完全可以把更多的事情交给别人去做,仅给自己留下拍板定案、锁定大局等一些关键性事情即可。那么,如何才能"把更多的事情交给别人去做",而自己又不用担心大权旁落呢?

这就需要管理者学会"行不言之教"的功夫。明朝的况钟和三国时的黄盖在这方面做得就非常出色。

明朝时,况钟以小吏的身份追随尚书吕震,吕震欣赏他的才华,推荐他当主管,升为郎中,出掌苏州府。况钟出身于吏员,深知吏治中的积弊,认为法不立则奸吏难除;亦知苏州赋役繁重,猾吏舞文为奸利,最为难治。

为了尽快树立威信,况钟采取了一种特别的方法。他刚到苏州府时,故意装作对政务一窍不通的样子,任由府里的小吏们抱着公文,围着自己转,请自己批示,每逢有事他就瞻左顾右地询问小吏们的意见,他们说可行就批准,他们说不行就不批准,一切都听部属的。那些小吏们见此都很高兴,心中认定况钟是个笨蛋。

如此情况持续了三天,到第四天,况钟召集那些小吏们责骂道:"前几天某件事是应该做的,是某某不让我做;某件事是不应该做的,是某某强行让我做的!你们有些人长期以来玩弄这种手段,罪当死!"见识到了况钟的神明,那些部属一个个十分恐惧。后来,况钟细加考察了每一个小吏,还辞退了五个贪污的小吏及十几个愚笨、懦弱的人。从此,州府大震,人人奉法,人称况钟为"况青天"。

三国时期,赤壁大战后,原石城县官吏贪暴,激起山民骚乱,孙权任命三朝名将黄盖为石城长。石城县的下属官吏们特别难驾驭,黄盖到任后,

安排了两个属下官员协助自己，由两人分别掌管诸曹事务。同时言明说："本官无他能，徒有武功名声，疏于文治，现山越闹事，尚未平息，军务繁忙，因此，凡县衙一切政事都授权两掾分督诸曹，纠举弊端。诸曹官吏，须听两掾节制，如有奸欺等不法行为，决不轻恕。"

听了黄盖的训话，下级官吏们很是恐惧，各自恭谨地奉行自己的职务。但时间一长，看黄盖始终一副不理公文案卷的样子，下级官吏们渐渐懒怠、放肆起来。黄盖暗中调查到了这一点，并查清了那两个帮他处理政务的下属各自所做的几件违法之事。于是就召集所有官员，就几件违法事追究两个下属官员，那两个人叩头向黄盖道歉。黄盖说："前已有令，如有违法，决不轻恕，这并不是我吓唬人来欺骗诸位的。"当即喝令，把二人推出衙门，斩首示众。整个石城为之震惊，万民欢喜，县中诸吏，再也不敢为非作歹了。

况钟，一个小吏；黄盖，一介武夫；一个手中无权，一个不懂政事。从这一角度来看，两人似乎都很难大有作为，但事实却大大出乎人们的意料之外——仅靠"不言之教"这一个小小的方法，他们就收服了那些难以管理的刺头们，其方法与作为足让那些能说会道的文人和矜持庄严的大官员感到惭愧。

有着超人的聪明才干，却不惜让下属官员以为自己很愚蠢，故意装出一副糊涂样，让他们瞧不起自己；但在紧要关头时，却又大显神通，抓住要害狠狠制裁打击不良分子，树立起自己的威信——这就是征服人心的最高明策略。

管人治事，这是领导的主要任务。既然能当上领导，必然会具备某些突出的才干；但是同为领导，每个人的业绩和成就却大有差异，为什么？其根本原因就在于他们管人能力高低的差别。善管人者，指挥若定，左右逢源，一呼百应。被管的人也心甘情愿，心悦诚服。有了"人心"的基础，企业自然会蒸蒸日上，一帆风顺。不善管人者，捉襟见肘，顾此失彼，焦头烂额，企业人心涣散，一盘散沙。

二者的区别一个天上一个地下，内里暗藏的天机就在于一个

"管"字。

有人说,"管人"不就是施展手中的权力,通过三寸不烂之舌,让别人"俯首称臣"吗?"管人"当真那么简单吗?当然不是了,它是一门高深的学问。

首先,你不能因为自己是"领导"就对别人颐指气使,吆五喝六——一副别人理当该管的面孔;领导也不能与下属平等到让他们一点瞧不起你,完全不把你当回事的程度——过分"不管"。

其次,不要玩弄阴谋权术,给人以一副"黑心老板"的面孔;但你也不能诚实到你心里有什么事别人马上就能在你脸上看出来。

再者,你既不能城府太深,用心太过,但也不能整天嘻嘻哈哈,过于随随便便;既不能冷酷到不近人情,又不能脸皮太薄,心肠太软。

此外,你既要做到和蔼可亲、平易近人,又必须令行禁止,威严有度;既有菩萨心肠,又有魔鬼手段……

总之,"管人"是一门大学问,是一门艺术,更是一套高深的谋略。

"无为而治"是一种高超的管人技巧

两千多年前,老子就曾教导为官者要无为而治。什么是"无为而治"呢?无为,实际上是为了有为;不但是要有为,更要有大为。

无为而治,是老子谋略的主体。老子认为,要成大事,必须大智若愚,大勇若怯。施智用谋的上上之策是给对方以无为、无知、无能的印象,最后达到有为有治的目的。

纵观《道德经》全书,老子所讲的"无",其主旨并非是教育人无所事事,实际是"为"而示之以"不为","能"而示之以"不能","取"而示之以"不取"。

《庄子》中有一段阳子臣与老子的问答,可视作老子"无为而治"的至理名言。

有一次阳子臣问:"假如有一个人,同时具有果断敏捷的行动与深入透彻的洞察力,并且勤于学道,这样就可以称为理想的官吏了吧?"

老子摇摇头,回答说:"这样的人只不过像个小官吏罢了!只有有限的才能却反被才能所累,结果使自己身心俱乏。如同虎豹因身上美丽的斑纹才招致猎人的捕杀;猴子因身体灵活,猎狗因擅长猎物,所以才被人抓去,用绳子给捆起来。有了优点反而招致灾祸,这样的人能说是理想的官吏吗?"

阳子臣又问:"那么,理想的官吏是怎样的呢?"

老子回答:"一个理想的官员,其功德普及众人,但在众人眼里一切功德都与他无关;其教化惠及周围事物,但人们却丝毫感觉不到他的教化。当他治理天下时不会留下任何施政的痕迹,但对万物各具有潜移默化的影响力。"

中国古代传说中最圣明的皇帝是尧和舜,"尧舜之世"也被中国人当作太平盛世的代称。尧舜二帝也都认同当政者应该"无为而治"这一观点——帝王要无所作为,放任百姓依着自然生态之道,得到幸福健康的生活。只要天下安康太平,盗贼和作奸犯科的事就自然会平息下去。所以为官当政者虽是无为,但实际上却收到"无不为"的效果。

"无为"不是完全撒手不管的意思。它必须有两个先决条件:一是制度的运行和个人礼义修养有很高的水平;二是百姓的衣食住都必须充裕供应,不虞匮乏。唯有天下一家的制度能自然运行,同时个人礼义修养又有很高的水准,放任才不会变成放纵;同时百姓日常所需有了充分供应,人们才不会被生活所逼,做出互相残杀或以下犯上的事。

同样当个"无为"的领导也是要有一定先决条件的:提高个人修养,满足下属正当请求——这些都是为官者在放任无为之前,须预先策划的。否则无为不但不能成为"无不为",反而会变成天下祸乱、自身难保的根源,这是身怀抱负的管理者所必须注意的。

"无为而民自化,好静而民自正。"老子所提倡的"无为"与"清静"

有三个方面的内容：

第一，不要实行令下属负担很重的任务；

第二，应该尽量少施行命令或指示；

第三，对下属的各种活动尽量避免介入或干涉。

那么，这是不是说主管对一切都不管，整天无所事事呢？事实绝非如此。聪明的领导要随时留意、关注下属的动向，并千万要注意不要因此而口出怨言或是牢骚满腹、自叹倒霉。无论工作多么辛苦，都要以悠闲自在的精神状态面对下属。就像鸭子若无其事、轻松自如地划过水面一样自然。这是"无为"必须注意的一种表象，否则就谈不上无为了。

"无为而治"还有更深的一层意思，那就是主管要懂得分离职权，为下属创造一个宽松环境。

如果身为管理者还事必躬亲，甚至一些细枝末节、鸡毛蒜皮的小事都要过问、干涉，不但会打击下属士气，自己也会累得挺不住。

身为管理者，为下属创造一个舒适轻松的工作环境是他的责任。日常的工作要交给其他人去办，将职权分离出去。如此一来，自己才会腾出精力构思经营大计。大权独揽，事必躬亲的管理者，是不可能有大作为的。

最后，还需要言明"无为而治"的精髓所在，"无为"只是人力本身的"无所作为"，但制度本身则运行照常。法纪严明，制度清晰，下属的注意力自然就会转移到这些形式上的条文中，而不是管理者个人的身上——隐藏于制度的身后，以制度之"有为"行自身之"无为"，这才是真正聪明的管理者的精妙用人管人之道。

因为这样一来，下属们自然而然地就会遵纪守法，管理者自身也落得浑身轻松。下属犯了错误，也只会怪自己触犯了制度，绝不会迁怒于老板。

一句话，"有为"向"无为"的转化，实际上是人治向法治的转化。

恩威兼施，激励和惩罚并用

一手胡萝卜、一手大棒，两手齐上阵

胡萝卜加大棒就是奖赏和惩罚，一方面要对优秀的行为与人员进行奖赏，以期发扬光大；另一方面对于不良行为与下属要进行惩罚，以期避免扩大泛滥。

赏是一种正的强化激励。正的强化是对正确的言行予以肯定和赞赏，从而起到保持发扬和巩固的目的。当职工做出成绩时，该奖则奖。这里的奖既是物质的鼓励，也是精神的激励。目的在于激发当事人及其他下属更强的进取精神。

罚是一种负面效应，但也常常起到正面的效果。批评和惩罚作为负强化的手段，其目的在于使你的下属懂得自我悔过，从而更正错误，跌倒和站起来，改进工作。知晓了你该奖则奖、该罚则罚的用人制度，下属就不会再视工作为儿戏。

过去人们靠驴子拉磨来把粮食磨成粉，但驴子生性懒惰，总是在转了几圈后就停下不肯动了。为了让驴子有动力一直转下去，有人想出了一个办法，把胡萝卜挂在一根竿子上，把竿子固定在驴子的头上，使胡萝卜始终吊在驴子的眼前，以吸引它不断向前。与此同时，主人还要在旁边看着，万一胡萝卜对驴子失去了吸引力，就要棍棒相加了。

美国总统西奥多·罗斯福在任期间奉行了"大棒"和"美元外交"这一胡萝卜、大棒齐上阵的外交政策，用他自己的话来说就是："说话要好听点，但手里要拿着大棒。"针对不听话的国家，他们一方面挥舞大棒加以威胁，然后再不时给点甜头，想方设法逼对方就范。靠着这一政策，罗斯福带领美国开始走向"美利坚帝国"，也成为美国历史上备受称道的总统之一，被人称为"微笑的雄狮"。

不仅在政治上，在管理上，胡萝卜加大棒也是一个法宝。

胡萝卜是老板激励下属努力完成工作任务的方法和方式，代表有效的赏识和奖励机制。这种赏识和奖励是老板用心管理——真诚对待员工、尊重和赏识员工、适当嘉奖员工的有力表现。

大棒是制约、约束下属的机制与制度，以避免不良行为成为一种常态。

恰当的胡萝卜和大棒的应用，需要设法说服员工抛开一些自私的短期目标，让他们把注意力集中到公司的长远发展上来。较好的胡萝卜激励如：分权和授权；自我评价；工作的丰富多变，在保留员工工作责任的前提下减少控制；提高每项工作的个人责任；增加工作自由度；授予每个人更多的支配个人行为的权利；赋予员工从未处理过的新的更难的任务；给员工分配一定范围内特定的任务，将他培养为某个领域内的专家等。

胡萝卜和大棒另外的含义是理想和现实，胡萝卜是美好的理想，大棒是阻碍理想的严峻现状，要想达到一个目标，但现实状况却几乎不可能实现。

大棒是高标准严要求，胡萝卜是高报酬、宽松发挥能力的机制。每个人潜能的力量是很大的，你根本无法估测。大棒高悬，他会跳得更高，以达到要求和标准；低标准，反而压制他的能力。

这里有一点是必须引起管理者注意的：胡萝卜加大棒只是一种手段而非目的，这一手段应用的目标在于培养员工的自主意识，让员工学会主动工作。这种主动不仅是行为上的主动，也是思想上的主动。

通过管人、育人、用人来实现管事

规模较大的企业和较小规模的企业，其管理者的行为区别是什么？核心的一点就是："小领导管事，大领导管人。"而企业管理者的"功夫修炼"，就是如何从管事到管人，更重要的是怎么管人。

管人管什么？怎么管？具体说来大致有三个方面：一是管人，二是育人，三是用人。

一、管人的问题

俗话说，"没有规矩，不成方圆"，任何一个企业，只要有10个人以上的队伍，就会有管人的问题。总要有一些制度，有一些纪律，这是一个企业保持其组织完整性所应做到的最基本的事情。我们不妨把这样的工作内容叫作"建标准"。很多企业在规模小的时候，管人是习惯通过师傅带徒弟的方法，言传身教。但在企业达到一定规模后，这种"人治"的方法或者叫"人管人"的方法就不行了。用标准来管人、约束人便成为管人者一项很重要的工作。

二、育人的问题

今天，现代企业的竞争很多时候完全是"人才的竞争"，可见育人问题的重要性。培养人才是管理者的重要职责。分析一些成功企业发现，其管理层的工作主要有三件事：一是钱往哪儿去（战略投资）；二是人才从哪里来；三是激励机制与企业文化的发展完善。

三、用人的问题

无论是管人，还是育人，都只是手段，其最终目的还在于用人。如何把有用之才推进到与其能力相适应的岗位，通过用人去延伸自己的管理，这是管理者必须做好的事情。企业小的时候，重要的事，老板尚可勉为其难地、勤奋地亲自一件件打理；企业大了，老板还想什么事都管就太不现实了，也是根本不可能实现的。

如何用好人才，这里有两个关键因素：一是企业不断发展，这是用好人才的根本。如果你的事业舞台一直很小，或者正在缩小，人才就肯定会流失——水往低处流，人往高处走这是自然发展的规律，不可违背。二是用什么方法把什么样的人推到什么岗位上去，又能提供一些什么样的条件和约束，这是保证人才得以用好的基础。老板必须看重这一点，并做好这一点，决不能简简单单把它看成是一个人尽其才的问题。

用人的实质就是赋予责任。赋予责任就要给予权力，不给权力等于没有赋予人责任。管人者要把责任压到人肩上，就要把权力与责任配套下放给他；此外，需要你做的就是如何做到激励与约束，这才是身为管人的老板应负的责任。作为企业的最高管理者，老板是管人的、用人的，所以你的大部分精力就必须投入到人的问题上来。

事实告诉我们：成功的管理者都是通过管人、育人、用人来实现管事的，而所有失败的管理者都是管事不管人或者管人无方的。

号令变建议，化被动为主动

向下属下达命令，这是很简单的，每个人都能做到，但是如何让下达的命令得以不折不扣地执行却不是每一个人都能做到或做好的。当好一个管理者的关键就在于让下属充分领会你的指令，知道你的判断是正确的，并能够正确地采取行动。

好管理者在下达命令时的第一条原则就是在彼此间创造一种相互理解、信任和合作的气氛。一个善于下达命令的管理者懂得命令要精确明了，不能不着边际，含糊不清；更懂得用建议替代命令，让员工变被动为主动的妙招。

浙江温州一家小型缝纫机厂的经理常国权就是这样一位善于下达号令的优秀管理者。

一次，某经销商送来一张大订单。可是，工厂的活儿已经安排满了，而订单上要求的完成时间，以工厂现有的情况来说也是很难达到的。

但这实在是一笔很大的生意，而且机会太难得了，丢掉一块送上门的"肥肉"，换谁都会舍不得。常经理也不例外，那么该怎样说服员工来配合完成这张订单呢？

遇到这种情况，一般的老板可能就会直接下达命令要工人们加班加点地干活，但常经理没有这样做。他召集全体员工开了一个会，对他们解释了具体的情况，并且向他们说明，若能准时赶出这张订单，对他们这家小型缝纫机厂将有多么大的意义。然后他向众人提出了这些问题：

"大家有什么办法来完成这张订单？"

"有没有人有别的办法来处理它，使我们能接这张订单？"

"有没有别的办法来调整我们的工作时间和工作的分配，让我们的厂子能拿下这张单子？"

听到常经理这建议性的号令后，工人们七嘴八舌提了许多意见，并坚持接下这张订单。他们用一种"我们可以办到"的态度来得到这张订单，并且如期出货。

在工作过程中，身为管理者，对部属下达任务，发号施令，这是很自然的事情。但是怎样下达命令才使你的计划得以彻底地实施呢？怎样才能使你的部下乐于积极、主动、出色、创造性地去完成工作呢？这是每个管理者都不能忽视的问题。

想想，你是否经常说这样的话：

"××，把这份材料赶出来，你必须尽你最快的速度，如果明天早上我来到办公室，在我的办公桌上没有看到它，我将……"

"你怎么可以这样做？我说过多少次了，你怎么总是记不住！现在把你手中的活停下来，马上给我重做！"

没有人会喜欢那种十足的命令口气或是那种高高在上的架势，因为谁都有自尊，即使你是老板，是他们的衣食父母，也要懂得尊重下属，给下属留面子。俗话说"打人别打脸"，伤人自尊这是对一个人最大的污辱。采取一种更有效的下达命令的方式，这样不但能让你保持与下属的良好配合，更是让你的命令畅通无阻，得以不折不扣地执行，何乐而不为？

保证各项规章制度的贯彻落实

国有国法，家有家规。一个企业的各项规章制度也不应成为摆设。作为制度的制订者，企业的管理者应当以有效的手段保证其得以贯彻落实，一旦发现有人违规犯戒，就应举起"制度之剑"，狠狠砍下，绝不姑息迁就；同时，作为下属的后盾，管理者还要懂得体恤下属，温和如慈母，做到宽严得体，才会得到下属的尊敬和拥护，并使之谨慎从事。

玛丽·凯·阿什是美国的一个大器晚成的女企业家。她重视妥善地管理人才，她认为，人才是一个企业中最宝贵的财产，企业管理的关键是人才管理，而人才管理的关键是贯彻纪律，赏罚分明。

作为企业的最高管理者，她要求自己尽量公正待人，谁犯了"天条"都一样处置。玛丽·凯·阿什在阐述她的做法时说："每次遇到员工不遵守纪律时，我都采取一种人性化而又十分严格的方法。我的第一个行动，是同这个员工商量，采取哪些具体措施可改进工作，提出建议并规定一个合

情合理的期限。如果这种努力仍不能奏效，那我必须考虑采取对员工和公司来说可能都是最好的办法——让他请辞或辞退他。一个员工不贯彻纪律、工作老出差错时，我就不要他！因为贯彻纪律没商量。"

一个主管如果贯彻纪律不力，下级就会斗志松懈、纪律松弛；反之，如纪律严明，赏罚有度，企业的凝聚力、战斗力就会油然而生。主管在享有人、财物的支配权的同时，还负有相当的责任。下属工作不力，完不成目标任务，间或出了差错，承担最终责任的只会是你，不会是别人。责任是一种压力，在压力下主管的心情难免比较紧张，遇到下属不理解自己，或工作上完不成计划时，容易感到烦躁，这样就养成了爱发脾气的习惯。

适当地发发脾气对普通人来说，有时是避免他人忽视自己的一种手段和方法；对管理者来说，这"火气"则是对下属的一个警告和惩戒，有时会比和风细雨的批评有效得多。可以说，发脾气事实上是主管促进工作、推进管理的行之有效的一种方法，这种方法在工作的紧要关头，鞭打"慢牛"，刺激快牛，还是比较管用的。

某乡镇纸箱厂的厂长，是一个好发脾气的人，但他在职工中却评价甚好，企业也比较景气。他的经验之谈是："乡下人没文化，你下毛毛雨他不认账，电闪雷鸣才能镇住。我脸一黑，没有一个不乖的。"那位厂长的水平或许有限，但他的话却是实实在在的。没有哪位老板会平白无故地冲着下属撒气。对人来说，发脾气是一种冲动心理的外化，主管有些脾气，是很正常的现象；如果你若真的一点脾气没了那倒有些不正常了。

但是，任何事都有一个限度，当主管的如果经常发火，脾气过大，那可就有害无益了。不但下属不会买账，你自己也会觉得无趣的。

千里马需要的是草料而不是鞭答

常言说得好：火车跑得快，全靠车头带。优秀的员工和中坚骨干是你事业成功的基础和关键，对这些人你要高酬重奖、关心激励。"若要马儿跑就得给马儿吃草。"说的也就是这个道理。身为管理者，不管你喜不喜欢"火车头"的个性，也不管他们个性倔强、孤僻，还是温顺柔和，你都无须过多考虑，谁的工作实绩好，就应该给谁高酬重奖。

英国的穆勒家具公司是个专门经销廉价组合家具的企业，其最高管理者德里克·亨特认识到，要给公司的"火车头"加油，除了支付高薪，还应把重点放在奖励方面。该公司每个星期一上午公布一周的盈亏账目，让每个"火车头"都能深刻认识到他们的收益是财富创造的必然结果。通过增强责任感，提高生产率和利润率，"火车头"们增加了报酬，也进一步推动了他们积极开拓、锐意进取、努力工作的参与意识和积极性，由此形成了一个完整的良性循环。

除了采用与利润挂钩的奖金手段外，该公司还采用了其他一些激励手段。如：公司共有四个管理部门，每个部门根据服务、经营、销售等各方面的综合评比，评出其所属范围内得分最高的商店，然后加以奖励。公司在全国范围内评选出百家最好的商店，其优秀员工和部门主管以及他们的配偶可以享受一次免费的海外旅游。

海外旅游为百家最好商店的员工们提供了一种工作报酬以外的特殊奖励，同时也为各管理层的主管创造了一种在非正式的、无拘无束的环境中会面交谈的机会。

一位公司主管者曾向别人诉苦："我自感才能不低，对手下也真心诚意，但一些有才华的部门经理和优秀员工为何都先后离开我？是我错了，还是人都这么不识好歹呢？"

在详细了解了该公司经营管理的状况后，有人告诉他说："你犯了高层主管的一个大忌，只让马儿跑，不给马儿吃草。"

这位公司主管者争辩说："我并不吝啬，我给他们的好处还少吗？"

"是的，你确实给了部下一些好处，但你给他们好处的时候相当勉强。应当奖励优秀人才的奖金你不是一次性发放，而是分时分批地发放，并且推迟一天是一天。那些优秀人才确实也得到了你的奖金，但他们不认为这是你主动给他们的，是他们跟你争取来的。有一次，你多发给销售部经理一些奖金，你马上收回来，而少发给他奖金时，你则缄口不提，即便有人提起，你也会以适当的理由搪塞过去。每当你要任命部下担当某一职务时，

第一章 当好主管是一门学问

总是让他等得心里发焦才下任命；在他任职后，你也不会给他充分的自主权，使他该自己做主的事却做不了主，这些都属于你的吝啬。"

这一番分析，令那位公司主管者心服口服，最终认识到了给"火车头"及时加油的重要性。

用人之道，论功行赏不可缺。作为"伯乐"的管理者对待千里马必须做到少鞭笞、少怠慢，多奖励、多喂"料"，不然实难成为"伯乐"，也就更谈不上成就大业了。

择优汰劣，人尽其才

每个人的才能都有质的区别，作为管人者，在用人上，必须根据不同人才系统对人才质量的需求，选用具有相应能质、能级的人才，并要保持人才系统中的能质、能级要求与人才具有的能质、能级之间的有机协调和动态对应，以实现人尽其才、物尽其用，一个萝卜一个坑，达到因事择人，量才录用，才尽其力。

1982年，应美国《国际投资者》杂志的邀请，100多个周游过全球的各国著名企业家和银行家评出了60家国际最佳饭店，最终泰国曼谷东方饭店荣获了"世界第一"的桂冠。

东方饭店这一巨大荣誉的得来与其总经理库特·瓦赫特法伊特尔"人尽其才"的有效管理是密不可分的。

对泰国人来说，瓦赫特法伊特尔这个名字实在太难念，所以东方饭店的员工们一直称他为"库特先生"。

库特先生手下的部门经理和负责人，不论男女，个个都很精干，人人都能独当一面，这正是总经理得心应手地管理饭店的一个重要因素。有人曾问库特先生，东方饭店成功的秘诀何在？他毫不犹豫地回答："人尽其才，物尽其用，一个萝卜一个坑，大家办饭店。"

每天上午8点半，库特主持召开总经理和10位部门经理参加的例会。每周举行一次周会，30多个来自客户部、餐厅、科室、园艺等部门的负责人参加。会上大家一律讲英语，各种会议都目的明确，简短有效。库特布置工作言简意赅，对存在的问题讲得实际客观，同时讲明责任、限制解决

的时间和要求，会后严格检查执行情况。无论是每天早上的工作安排，还是每周的周会，库特都强调，要把每个人都用在适合自己发展的位置，不要造成人才资源的浪费，更不要养一些百无一用的"闲人"。

对此，饭店一个部门经理这样说："要谈东方饭店的成功'秘诀'，不能不说在库特先生的管理下，从看门人到出纳员，全体员工都有一种办好饭店的荣誉感。他们都希望通过自己的工作让每一个顾客都感到满意，下次再来。"

一个人是石头还是金子，关键在于是否放对了地方。掌握下属的特点，然后进行合理安排，使其能力得到充分发挥，做到人尽其才，物尽其用。那样，不管是石头，还是金子，统统都会成为真正有用的东西，企业自然也就会得到发展壮大。

某报纸以新闻信息量大、针砭时弊、为民立言、为民呼吁的特点，在全国报刊林立、新闻消费市场疲软的状况下，奋力拼搏，赢得了国内外的读者，报纸销售量逐年递增。

该报总编辑办公室主任在接受采访时说：本报的成功之道就是能够重用人才，让每一个人做到人尽其才。无论编辑、记者、校对，必须以最大的潜力，发挥最大的才干，经营好自己的工作。

一次，一个记者连续3个月没有完成规定的新闻采写任务，按报社的规定，他要被调离记者岗位到报纸校对室去工作。那位记者不愿去，说他搞新闻多年了，去搞校对太丢人。他找到办公室主任，想让主任去给他说情，被他拒绝。因为报社的用人之道是人尽其才、择优汰劣。为了充分发挥报社从业人员的主观能动性和工作积极性，他们采取按劳计酬的工资、奖金发放办法。把每个人在自己岗位上的工作实绩与切身利益挂起钩来，多劳多得，少劳少得，不劳不得。

择优汰劣，人尽其才是每一个管理者都必须掌握的有力武器。否则，养懒汉、养闲人的事就会发生，人浮于事、不出效率、不出成绩的结果就在所难免。

走出第一印象怪圈，用发展的眼光看人

第一印象往往具有一定的欺骗性，因此，主管在招聘人才时，不要完全指望第一印象。应多研究一下他们的应聘材料，了解一下他们有关的背景，充分进行面试。主管可以带上你挑中的候选人员去参观一下公司或者所在的部门，观察他们对公司的兴趣程度，询问一些问题，让他们讲一下自己所做过的事情，表述一下自己，这样，身为主管，你便会发现最合适的人。当然，主管也不能完全依靠自己的判断，还应该让更多的人参与，仔细倾听其他同事的意见，以防止因自己的偏见造成失误。

一流的人才会使你的工作变得十分轻松容易。社会上随处可见有些人不会微笑、不积极主动、根本没有想法，聘用这样的人和你一起工作，时间一长也会使你变得麻木不仁，丧失激情。因此，能否找到一流的人才，也许是你作为主管面临的最大挑战。只有在选才方面正确无误，你今后面临的有些问题才可能及早避免。

世界上万事万物都是发展变化的，人才的成长也是如此。任何人，思想境界、性格作风、学识水平、专业能力，都会随着环境的变化和自身的努力而不断变化。有人会百尺竿头更进一步，小才长成大才，歪才长成正才；有人则逆水行舟不进则退，由少年得志变为江郎才尽。识才不是一蹴而就的事情，需要放远眼光，从发展中去考察，在动态中去把握。

唐代著名的画家韩干少时曾是酒店的伙计、他酷爱学画，一天，他到著名诗人、画家王维家送酒，趁等人的机会，以碎石做笔，把来途所见在地上画了下来。后被王维偶然看到，发现他画的人物、车马，虽不严谨深刻，倒也形象动人。王维于是对这位小伙计略加打量，认为他虽然幼稚，但颇为机灵，又如此用心、好学，是个可塑之才。于是便问他愿不愿意跟随自己学画。韩干万分惊喜，随即辞去了酒店的差使，搬到了王维院中。

王维潜心培养韩干，把自己多年来的经验一一传授给他。韩干凭其聪明才智和勤奋好学，在不少方面渐渐表现出"青出于蓝而胜于蓝"的气势。王维十分满意，又把他推荐给大名鼎鼎的画马专家曹霸，让他进一步深造。十多年后，韩干的画马艺术终于达到了炉火纯青的地步，成为中国美术史上著名的画马大师。

如果王维总以酒店小伙计的眼光衡量韩干，而断言他在绘画方面没什么发展前途，不悉心传教，则韩干就只能成为别人眼中的庸人、无才之辈，一代英才也许就会被埋没掉。

每个人都具备一定的基本素质，具有一定的发展潜力，采取有效的培养措施，鼓励、锻炼，就一定会快速成长起来。如果对一个人过早地、草率地下结论，用静止的观点看人，就会打击人才的积极性，限制人才的发展，最终埋没人才。主管要善于根据各种因素识别人才，这就要求具有全面、深入的或者说是近于潜意识的洞察力。人的素质不会是一成不变的，它会随着人的年龄的老化、生理机能的衰退而减弱，也会随着人的实践锻炼和自我造就而增强，或者形成新的素质。主管要善于从人才的现有状态看发展，从潜在的素质看趋势。

清雍正朝出现了一批杰出的人才，如怡亲王允祥、大学士张廷玉，以及封疆大吏鄂尔泰、李卫、田文镜等。他们各展所长，为雍正朝政治、经济的改革做出了贡献，成为一代名臣。如果考察一下这些人的经历，便可知道，他们在康熙朝还是默默无闻的，只是由于雍正帝能察贤辨才，并避其所短，用其所长，把他们提拔到重要的岗位上，才使他们有了施展才能的机会。其中，雍正帝不求全责备，大胆任用李卫，便是一个突出的例子。

李卫是康熙五十六年靠捐资入仕，成为兵部员外郎的。按说，这种非科举出身的官员，在当时那种极重出身的时代，是不大受人重视的。然而雍正帝在提拔官员上却不那么僵化地以出身而论。李卫真正受到雍正帝的重用，还在于他本人有着突出的优点和超人的才干。

李卫的个性极强，他突出的优点是勇于任事，敢作敢为，办事一向以国事为重，雷厉风行。康熙末年，李卫任户部郎中，负责钱粮入库等事。

当时有一个亲王管理户部,指令每收钱粮1000两加收平余10两,李卫大胆谏阻,而亲王不听,他便准备了一个大柜子,内蓄其钱,外写"某王盈余",置于户部东廊下,使其贪赃行径暴露于众,结果把那个亲王弄得非常难堪。那个亲王乃停止多收。这件事被雍正帝看在眼里,他欣赏李卫敢于任事的胆量和作风,因此,即位之后便升李卫为云南盐驿道。

李卫不论办什么事情都是一鼓作气,有一种不干出名堂誓不罢休的拼劲儿。康熙末年,盐务废弛,百弊丛生。李卫任云南盐驿道,他一上任便严格管理,严肃法纪,并毫不留情地劾罢多名不法官吏,整顿盐务取得了明显效果。雍正帝正是看中了他的长处,才不断提拔他,并委以重任。李卫所到之地,做事都能立见成效。实践证明雍正帝用李卫是正确的。

然而,李卫并非完人,同他的优点突出一样,他的缺点也是十分明显的。他生性骄纵,对部下粗率无礼,对人才又十分刻薄,有时还接受他人的馈赠。因此,他与上下左右的关系比较紧张,经常有人向雍正帝告他的状。对这样一个优缺点都十分突出的人,雍正帝并不求全责备,而是用其所长。李卫离开浙江之后,仍干预浙江事务,被后任浙江总督程元章密参。雍正帝就此批道:"李卫之粗率狂纵,人所共知者,何必介意。朕取其操守廉洁,勇敢任事,以挽回瞻顾因循,视国政如膜外之颓风耳。除此他无足称。"这段话反映了雍正帝对李卫的基本评价,既勇于任事,大节好;又粗率狂纵,不注意小节。同时也阐述了重用李卫的原因,即要用其大节,发挥其特长,并以他为榜样,教育那些无所事事者,以改变"视国政如膜外"的颓废风气。

雍正帝能用李卫之长,而且是真正的信任与重用。但对李卫的缺点也是不断地进行批评教育,促其改正。李卫正是在雍正帝的充分信任和谆谆教诲下发挥了自己的才能,成为雍正王朝最著名的封疆大吏之一。

制定合适的门槛，需要的便是最好的

在招募、挑选人才的时候，主管所要注意的一点便是，一定要确定合适的门槛，选择适合的才是最好的，而并非要求各方面都最好，因为招募、挑选人才就是想用最小的成本换来最大的利润，使利益最大化。这一点对能否挑选到适合于自我的部属起着至关重要的作用，因此，当主管在招募、挑选部属时，要从以下几个方面进行考虑。

选人门槛定多高

企业需要什么层次的人才？什么层次的人才能够满足企业发展的需要？一般说来，需要什么层次的人才很难确定，而确认不需要什么样的人却相对容易得多。所以，一般企业在招聘时都把"大专以上"学历作为录用人才的门槛，非大专以上学历者一律免谈。企业招聘的管理人员、研发人员、营销人员要求有大专以上学历，文秘、行政人员要求有大专学历，甚至酒店招聘保洁人员也要求有大专以上学历。有识之士惊呼：现在企业在人才招聘和使用上陷入高消费怪圈！

我们暂且不去争论人才高消费的利与弊，让我们感兴趣的是为什么人才高消费会是比较普遍的社会现象，是什么因素支撑着整个社会的人才高消费？某书店原来招聘高中毕业生作理货员，后来由于求职者太多，于是挑肥拣瘦，把门槛由高中毕业改为大专毕业。试想高中生和大专生的待遇几乎没有区别，而大专生的学识和成本要远远高于高中生，书店有什么理由弃大专生不用而用高中生？因为，水涨船高，在各级人才供大于求的背景下，人才高消费在所难免。

木桶理论认为，木桶盛水能力取决于最低的那块木板的长度，最低的那块木板如果与其他木板接近，那么整个木桶盛水就多，如果最低那块木板很短，与其他木板相差悬殊，纵使其他木板很长，整个木桶可容纳的水

量也只能达到这块木板的高度,所以,门槛的高度要与需要相符,过高或过低都会造成浪费。

用生手抑或熟手

企业用人时都喜欢用熟手,这种心态在各种招聘广告中暴露无遗,企业常常要求岗位招聘对象有两年或四年不等的工作经验,甚至招聘一般文秘人员也要求其有几年的工作经历。

偏爱熟手反映了企业拿来主义情结:我不想培养人才,也不想在培训上下功夫,最好其他企业或社会代我培养,等你培养好了以后再为我所用。由于企业的这种普遍的懒惰心理和竞相抢夺,炒热了熟手的身价,同时贬低了生手的身价。一个优秀的刚出校门的大学毕业生,当他怯生生地敲开公司大门时,企业给出1000元的薪水就可以令他激动不已;而对一个素质平平但有两年工作经历的跳槽部属,2000元的薪水却难以使他忘我工作。而两者之间的工作经验的差别,优秀毕业生一个月时间的实践就可以填平,但两者创造力的差别,素质平平的有经验者穷其一生也难于拉平。

从选拔优秀人才和节省人力成本角度看,选择生手比选择熟手更可取。生手要价低,企业由此可以节约一大笔用人成本,但生手不被人注意,里边沉淀着可塑性很强的优秀人才,这些人稍经培训开发,就会成长为对企业忠诚度极高的优秀人才。难怪一些优秀企业特别是外企青睐高校,每年到高校举办专场招聘会,在赞助高校奖学金上慷慨解囊,一掷千金。

在信息爆炸、知识日新月异的新经济时代,经历、经验开始贬值,持续的创新能力才是企业对部属的最本质要求。

用最合适的人胜过用最好的人

一些企业常常强调需要最优秀的人才,但世界上没有绝对的最优秀人才,企业更需要合适的人才。

企业非常需要那些具有敏锐的观察力、独特的见解、创新的理念、挑战卓越的勇气、非凡的执行能力和善于沟通的主管能力的人才。但是,企业更需要能够认同企业的价值观,接受企业文化,具备企业所需要的工作能力和专业技能,自律守纪,具备良好的沟通能力、合作精神和学习热情

能够完成各项工作的部属。

因此提高人力资源效益是企业经营的重要课题，对主管来说，合适的人才最为重要。

企业要强调部门成员的多样化，每一支团队都需要不同类型的人才来组成，充分发挥出每个成员的特长，这支队伍才有能力来创造灿烂多彩的生活，应对不断变化的世界。

知人善任是企业管理的核心，是企业全体主管们的重要工作和共同责任，而不应仅仅是人力资源管理部门承担的一项事务工作。企业通过外部招聘、内部培育和选拔，取得上述人才，并且将他们放在最合适的岗位上，做到"贤者在位，能者在职"，促使各类人才能够互相补充，产生倍增的作用，"才得其序，绩之业兴"。

主管要辨识企业自身经营和发展对人才的需求，寻找企业需要的合适人才，建立内部的人才激励机制，包括由部属共同参与的部属职业规划和技能发展，积极鼓励内部和外部的人员有序流动，保证每一个岗位都使用最合适的人才和储备具有能力的继任人才资源。围绕上述任务建立起完善的管理制度，并且采用先进的管理工具和充分发挥人力资源管理人员的专业作用。

当然用人机制还应当具有一定的灵活性，能够有区别地对待不同的人才，制订不同的策略，应用不同的方法，从而能够有利于识别、发现、培育和使用各类人才。

通常，最具创造性的人才，很难用常规方法去发现和造就，僵化的人才资源管理制度或许反而还会起到一定的阻碍作用，阻塞创造性人才的发现和限制创造性人才能力的发挥。这是一种管理的悖论，一方面我们不断追求管理的制度化、规范化；另一方面又需要打破传统，适应变化。

慧眼识英雄。主管要能够识别和鉴赏人才，敢于突破固有的思维模式，推动人才竞争的机制，发现、鉴别和培养内部的人才。这不是说企业不要建立一种完全开放的人力资源观念，吸引更合适的外部人才，但我们必须更加关注于内部，做到"请进来和走出去"相结合。

资料证明,卓越企业的关键性的人才,大部分出自企业的内部。同时更为重要的是,如果企业没有形成发现人才和培养人才的机制,没有适合人才发挥最大价值的生态环境,即便引进了人才,也不可能发挥其作用,引进的人才也会因企业现有的环境限制而失去价值。因此,合理地使用人才,培育人才和留住人才,形成有利于人才发展的环境和文化,不仅仅是主管的一项管理职能,更是企业文化的核心组成部分。

主管必须围绕企业发展的战略目标,发现和培养具有潜能的人才,根据人才的类型不同,给予区别对待,发挥他们各自的作用,形成企业以人才架构为中心的核心竞争能力,使企业在市场竞争中立于不败之地。

灵活机变,没有唯一的选人标准

无论怎样,作为一名主管在招募、选择下属的时候,一定要小心谨慎,力求能寻求到合适的人才,上面几个小节中所叙述的一些原则虽然能对主管在招募、选择部属时起到一定的作用,但是并非只要按着上面所说的就一定能获得所期望的人才,因为在这个世界上,没有一成不变的事情,而变化才是世界永恒的主题。因此,主管在招募、选择人才的时候,应当根据实际情况加以变化,以求能寻求到更为适合的人才。以下谈谈主管在招募、选择人才时,应当有所伸缩,可以灵活变化的地方:

文化程度

近年来企业招聘人才对学历的要求越来越高。但仔细想一想,这种人才"高消费"的做法未必合适。往往有这样一些现象,一些企业招聘了一批又一批人员,经过一段时间后才发现,由于各种原因造成的留存人数很少,只好继续招聘。招进来养不住现象周而复始,造成人力物力的极大浪费。

早在20世纪50年代,松下幸之助就认识到,公司应招募适用的人才,不见得水平越高就适用。松下指出：各公司的情况有所不同，水平过高，不见得一定有用，"适当"这两个字是很重要的。

20世纪60年代，盛田昭夫的《让学历见鬼去吧》可谓一鸣惊人。因为，当时的日本还沉浸在一种过于重视文凭的氛围中，盛田昭夫这一创新的用人机制使得索尼人才济济。

索尼公司不仅拥有众多的科技人才，还特别重视选拔和配备具有高度创新精神的经理班子。在选拔高级管理人员这个问题上，索尼从不雇佣那些仅仅能胜任某一个具体职位的人，而是乐于启用那些拥有多种不同经历、喜欢标新立异的实干家。索尼公司也从不把人固定在一个岗位上，而是让他们不断地合理流动，为他们能够最大限度地发挥个人的聪明才智提供机会。在这样的环境中，索尼人特别乐于承担那些具有挑战性的工作，个个积极进取，人人奋勇争先，整个企业始终充满了生机和活力。几十年来的辉煌历程清晰地表明，索尼所取得的巨大成功，源泉正是——索尼人。

能力与知识

必须认识到，知识分子常常陷于自己知识的格局内，被知识所困，以至于无法成大功，立大业。

汽车大王亨利·福特曾经说过这么一句话："越好的技术人员，越不敢活用知识。"

福特是在企业经营上屡次发现增产方法的人。他为了增产的事和他的技术人员研究时，他的技师往往说："那太难了，没有办法的，从理论上讲也是行不通的。"而技术越好的人，越有这种消极的个性。因此令福特大伤脑筋。

福特就是在这种环境下悟出了上面那句真理。

在日本，常听人说"白领阶层是弱者。"其实仔细想一下这句话，所谓"白领阶层是弱者"这句话是可笑的，学历良好，有丰富知识的人，不可能是弱者。但实际上虽然有一定的知识水准，却办不了事的人着实很多。为什么那么多人说白领阶层是弱者呢？这是由于他们自陷于自己的知识格局内而不能活用知识。

在面对一个工作时,一个人如果对有关知识了解不深,他会说:"做做看。"于是着手埋头苦干,拼命地下功夫,结果往往能完成相当困难的工作。

但是有知识的人,对打破常规的工作常会一开头就说:"这是困难的,看起来无法做。"实在是画地自限且不能自拔地现象。所以出现了"白领阶层是弱者"的说法。

今天的年轻人,多受过高中、大学的教育,所以有相当的学问和知识。由于现代社会的变迁,分工越来越细,企业的工作项目也愈来愈繁杂,所以年轻人必须具备高水平的学问知识。知识虽然必要,但必须应用于创造才有价值,相反被知识所限制,顾虑太多,不能创新,知识就失去了价值。所以,决心去做实际工作,就要在处理问题时充分运用所具备的知识创造价值。这样学问和知识才会转成为巨大的力量。

刚从学校毕业的年轻人,不了解社会、市场,最容易被知识所限制,所以要十分留心这一点,要发挥知识的力量,而不是被知识所限。

在实际工作中常常可以发现,一些工程技术人员虽然学历不高,却往往具有较深的专业知识和较强的实际工作能力,相反,一些高学历人员,虽然各方面都表现不错,却没有突出的个性,与他们谈话留下的印象不深。一个人实际工作能力的高低,并不能单从学历或应聘时笔试、面试的成绩就可以看得出来的。同样具有了实际工作经验,也未见得能力就强,创造性就高。20世纪90年代初,日本在人员招聘中提出要注重实际能力,特别是选拔事业开发型人才时主要看他的综合基础能力,就像挑选运动员苗子一样,关键看他是不是一块好材料,有没有发展潜力。所以,高学历不等于高能力。在招聘过程中更应注重招聘那些高能力可塑性强的人才。

心理素质和工作态度

现代经济社会的竞争是激烈与残酷的,而这势必给每一个企业和每一个部属造成强大的压力。企业是否能顶着压力前行,是否能在竞争中脱颖而出,不仅看部属的技术水平和工作能力,还要看其是否具备良好的心理素质。在招聘新部属时,我们是否考虑过这些问题:新招进来的部属是否具有创造才能和创造精神?是否能主管和训练他人?他是否能适应团队的工作?他是否能随机应变并善于学习?他是否具有工作热情和紧迫感?他在重压之下能否履行职责……在美国、日本、英国等一些发达国家或地区越来越重视对部属心理素质的考察,并通过一系列心理素质测验来判定招聘对象心理素质的高低。他们认为,这是一个可以减少风险,做出正确选才决定的过程。目的只有一个:就是要找到心理素质较好的人才。

一个真正意义上的人才应是德才兼备的。才,无可置疑,就是反映在工作能力和心理素质上;而德,一般来说是从工作态度和精神中体现出来。良好的工作态度和精神,往往能带来工作的激情和动力,从而提高工作效率。当然我们不能将工作态度和精神简单地和工作绩效联系在一起,还必须考虑到企业环境等各种具体条件的影响,这是企业在日常经营管理时所应该考虑和处理好的客观因素,而在进行人员招聘时,应聘者所持有的工作态度和精神,却是我们不得不考虑的主观因素。由此为本企业、团队选拔到具有良好工作态度和精神的人才,能使以后的经营管理工作事半功倍。

超越自我,全面客观识才

只有当自己的部属是一流人才并组成一个优秀的团队时,主管才能真正称得上一流的主管,因此,对任何一名身处在管理岗位的主管来说,挑选或者招募部属便成了他们工作中的重要组成部分。那么,怎样才能招募、挑选到合适的人才呢?这就要求主管要走出自我,全面客观识才。春秋时期的淳于髡便是这样的一个人。

春秋战国时期,天下纷争,群雄逐鹿,百家争鸣,人才辈出。齐国大臣淳于髡,身材矮小,滑稽多辩,却很有智慧,又善于识别人才。齐威王招揽贤才,任他为大夫。他曾用"一鸣惊人"的隐语进谏齐王戒淫乐和长夜之

饮，亲理政事，振作图强。他还曾与邹忌论政，支持其改革。楚攻齐，他求援于赵，使楚王主动撤退。后至魏游说，魏王欲任为卿相，他辞谢而去。

齐宣王执政后，为了巩固其政权，加强统治，期望得到大批人才为其出力，因此，就让淳于髡为其推荐。结果，淳于髡接受任务后，在一天之内就向齐宣王推荐了七个贤士。对此，齐宣王十分不理解，就问淳于髡说："我听说人才十分难得，一百个人中选择一个贤士就是相当多的了；百年之中，出现一个圣人就是很难的了，你怎么竟在一天之内就可以向我推荐七个贤士呢？看来贤士太多了。"

淳于髡对齐宣王说，你这种说法不完全正确。因为，同类的鸟儿总是聚集在一起的；同类的野兽也是一道行走的。比如要采到柴胡、桔梗这些草药，你若是到洼地去找，那是一辈子也找不到的，可是如果到泰山北面去找呢，那就可以车载而归。天下的东西都是同类相聚的，人也是如此。我淳于髡总算是一个贤士吧，你让我去挑选贤士，正像到河边去汲水、用火石取火一样容易。我还准备再给大王推举一批贤士哩，何止这七个人。齐宣王听后非常高兴。

淳于髡之所以能够在一日之内向齐宣王推举七个贤士，关键在于他善识人才。他通过平常与各方贤士的接触交往，了解掌握了他们的贤德才能，所以一旦需要，便能一日荐七贤。

从上述的故事中，我们可以看到，人才是客观存在的，能否发现他们，合理使用他们，并充分发挥他们的聪明才智，关键在于主管是否能发现人才，爱惜人才，尊重人才，是否认识到人才在事业中的地位和作用，并且是否能走出自我，全面客观地认识人才。因此，主管在招募、挑选人才时，一定要做到以下几点：

（1）全面客观

知人识才比较困难，有时甚至会出现失误。主管的主观偏见有时自己能察觉到，有时则察觉不到，所以要有意识地努力排除自己的主观偏见。评价人才一定要全面地审视，不能只看一时一事，不能以偏概全。

一些主管过分地依赖经验去发现人才、选拔人才。他们听不进别人的意见，接受不了新生事物，而且视野狭窄，很难发现人才、朋友。新人就更难被他们看中选用。有一些主管形成了思维定式，认为原来好的现在一定好，原来差的现在一定差，原来犯过错误的一定不能再受重用。一些主管的思维僵化保守，而自己却意识不到。

（2）排除固有印象

固有印象是在未见到对象时就形成的一种不易改变的印象。有的主管认为女性不可能担当重任，这就形成了他对女性的固有印象。在他头脑里一旦形成了女性不如男性能干的偏见，就很难改变。

除了对性别的固有印象，还有对年龄的固有印象。比如认为年轻人不稳重，嘴上没毛，办事不牢；认为年纪大的人思想保守等等。其实年轻人不一定不稳重，他们很多人是很老练的；年纪大的人也不一定思想保守，

很多人思想是很前卫的。有时，地域造成的固有印象也是很明显的。

另外，还有的主管认为性格内向的就一定老实听话，就一定深思熟虑，认为性格外向的就风风火火，好惹乱子，难以管理等等。其实这都是偏见。

固有印象的要害是先入为主，主观为主。要克服固有印象就要让事实说话，让实践证明你的印象、观念是否正确。克服刻板印象的另一方法是少听汇报，多看其人其事；少看档案资料，多看实际成果。

（3）善辩"长"、"短"

某些主管注意到人才的某一长处后，容易忽略其缺点和不足，以至于把对象的一切都美化了；相反，发现了对象的某一劣势，就忽略其他优势和长处，以至于把对象的一切都弱化了、丑化了。

这对人才的识别和选拔都会带来了消极影响。例如：高层主管发现一个年轻的科技人员专业基础知识扎实，很有一股钻劲拼劲，开发出了新产品，很快提拔他当了中层主管。但遗憾的是这位年轻人工作得很吃力，成绩也不怎么样，原因何在呢？这个年轻人技术上有一套，但搞管理不行，协调人际关系方面也没有优势。那位主管只看到他技术过硬这一亮点，就认为一好百好。人总是有所长有所短，有优点也有缺点，主管不能只见其长不见其短，更不能只见其短不见其长。

（4）排除自我

主管千万不要以自己的好恶为标准来识别、评价人才。主管如果以自我为中心，把自己的心态投射到别人身上，认为自己喜欢的别人也喜欢，自己讨厌的别人也讨厌，认为自己的看法就是别人的看法，那就大错特错了。

一些主管识别人才、选拔人才时不由自主地倾向于那些和自己类似的人。性格耿直的主管常选拔性格耿直的人；性格内向、作风沉稳的主管常常认为性格内向、作风沉稳的人最能干，最值得信赖。长此下去，管理层的年龄结构、知识结构、气质结构、专业结构会很不合理，直接影响管理效能的提升。

排除自我为中心最好的方法是主管要多倾听群众意见，要充分听取其他成员的意见、建议。特别是选拔高层人员要经过严格的程序，这样才可以克服掉个人偏见造成的副作用。

一个主管有上述一个偏见也就可能有其他几种偏见，因此要找到这几种主观偏见的病根一并治疗。

5. 善辨英才

创新型人才对事物有敏锐深刻的洞察力，能在实际工作中抓住决策的最佳时机。

创新型人才决不因循守旧，墨守成规，而是更喜欢提出新问题，寻找新思路。

创新型人才比较自信，他们深信自己的价值，深信自己所从事工作的价值，即使遭到误解和挫折也不会轻易改变自己的理念。

创新型人才的毅力比一般人强，一旦认准目标就锲而不舍，不达目的决不罢休。在客观环境比较复杂的情况下，特别在创业阶段，有没有毅力是评价人才的一个非常重要的方面。

创新型人才善于变通，思路新，能够应付各种复杂的局面，能够找到恰如其分的解决难题的方案。

创新型人才永不满足已经取得的成绩，不仅喜欢与别人竞争，而且愿意向别人学习，追求不断超越自己。

第二章

主管的心理与位置调适

新官上任,地位变了,职责变了,身边的环境也变了。原来简单的事情可能会变得相对复杂起来,新主管极易患上"消化不良症",不能正确面对新局面,从而承受着巨大的心理压力。这时候,自主的心理调适不仅必要,而且迫切。

知道自己该干什么

作为一位新主管,如果你感到并不特别受欢迎,也要积极果断地和你的平级和上级接触,以后他们就是你的新同事了,不能指望单凭个人就能把工作干好,得主动地去加入他们的行列,不能等着让他们邀请你加入。如果他们是个关系很密切的小团体,新主管要加入其中会有些麻烦。作为一个初来乍到的人,甚至会受到怀疑。他们会想:你能被信任吗?你会把无意中听到的事情向上级反映吗?是不是个马屁精?爱不爱打小报告?工作卖力吗?对公司忠诚吗?对一个刚成为主管的人来说,注定会经历一段被晒在一边不受重视的时间,在这段时间里,你已离开了旧日的老同事,却还没有被新同事所接受。这是段孤单的时间,可能会使你害怕,你也许会想"谁稀罕他们搭理呢?"别傻了,难道一个下马威就让你成了缩头乌龟了?与他们接近些,在他们周围逗留一下,熟悉你的同事们,帮他们一些忙,学一下什么是一个好的成员必须做的,这样,慢慢地,你就会被大家所接受了。

作为一个新近才被雇佣或升职的人,人们会希望你尽快与他们打成一片。在学习你要做的日常工作的细节的同时,也得睁大眼睛,竖起耳朵,收集一切对你有帮助或该知道的信息,从而在你的脑海里勾画出公司和部门的情形来。

你可以把学到的东西与员工们分享,这样,他们不仅会感到自己确实是公司的一部分,而且也会明白他们的工作如何的与公司前途密切相关。

当人们确切地知道他们个人或集体的工作会产生何种效果时,其工作热情会更高些。如果你知道为什么要做的话,整天地填表或拧紧螺丝甚至也会变得有意义起来。令人奇怪的是,在一定的情况下,一些工人喜欢一成不变、单调而且简单的工作,但同时,他们仍然希望感觉起来是大机构的一部分。

接下来要知道的就是,公司对你的部门所抱有的具体期望。你的直接主管者就是你了解这些的源泉。

令人费解的是,主管们常常并不会把他们对产量的要求明确地告诉主管。因此,新主管得完全地明白要完成多少工作量,产品质量的标准是什么,以及分配给你完成一项工作的时间有多长。留出足够的时间来和你的主管充分地讨论一下这些问题,以便得到令你满意的答案。

如果你不了解别人制定的目标是什么,当然无法完成它。如果你的员工干得不错,你自然面上有光;如果你干得好,你的主管也觉得很有面子。一个主管总是要在领导的要求和下属的需求之间两头奔忙。你的一个主要职责就是把工人们的需求反映给领导,再把领导的要求传达给工人。一个主管的作用就好像是一个导体和缓冲器,在高级管理层和工人之间起到传递信息和缓冲作用。

新任主管的实干能力对其未来是否成功是非常重要的,但是一定要记住这句话:"用慎重为创新做好铺垫。"这是因为:

成为管理者不外经由两条途径:一是在此工作单位很久、工作经验丰富,因而晋升为领导者;另一种则是由其他工作单位调过来的。前一种情况,由于相处的时间很久,晋升的领导者能够很清楚地了解每一位同事、下属的个性,在管理上不会发生太大的困难。而后者可就难说了。

当你刚刚调到新的单位担任主管时,所见到的都是陌生的面孔,这时绝对不可全凭私见,对他们有先入为主的印象,因为这样往往会造成错误的判断。另一方面,在尚未到达新工作单位时,这些同事、下属可能对你已掌握了相当多的情报。

"这次新调来的主任,听说是位很能干的人。"

"听说是不喝酒、不抽烟,像木头般的人。"

诸如此类的事情,下属可能已经调查得一清二楚,然后睁大眼睛等着看你的表现。这时,你大可不必在乎别人的评论,因为这只会徒增工作上的困扰而已。要将自己当作一张白纸,一切从头开始。

"我还不了解诸位,对新工作也得有个熟悉的过程。同样地,诸位对我大

概也很陌生,但不管如何,既然今后大家都要在同一单位工作,希望大家能和我共同合作,支持我的工作!"新任主管者要用这样的态度开始才可以。

新官上任三把火,但这火还是缓一缓再烧。领导者即使有看不顺眼之处,也不要说:"这件事要这么做才对"或"我以前工作的地方不是这样的",否则会引起同事、下属的反感。要带着新鲜的心情来开始此项任务,即使对新单位业务已有十足的信心,也要谦虚地对下属说:"我还需要进一步提高,希望诸位能多多指教。"

对于新任领导者来说,新单位的一切信条、规定、制度、方针……也都要从头仔细学习。对于不熟悉的事务,应当征求下属之意见或请他们加以说明,此时有几点要特别注意:

(1)人各有异,知识程度或品格高下亦参差不齐,因而下属之意见或说明不可照单全收,当斟酌接纳,对于疑问或难理解之处,须特别留心。

(2)第一次的询问,下属可能会非常乐意回答,但重复第二次时则会显出不耐烦,因此,发问时应当注意聆听。

即使被当作"傻瓜"也无妨,遇有疑难即追根究底,甚至冒着遭背后嘲笑的可能,也在所不惜。毕竟,这要比因不敢问而真正变成一无所知的傻瓜要好得多了。

要有勇气当"傻瓜"——这就是新任领导者第一步要做到的。

自然,塑造一个成功的新任领导者形象的最好方法是工作成绩突出。你的杰出表现及其带来的声誉,将使人们知道你是多么了不起。人们从你昔日成功的记录,或仅仅通过目睹你工作时的风采,就可认定这一点。当人们看见你在所从事的领域里的非凡表现时,他们也不会怀疑你的职业水平。

世界上没有不可克服的难题,只要新任领导者抱着实干的态度,扎实地走好每一步,就能走向成功。如果缺乏一步一个脚印的实干精神,只能是"四面楚歌",创新更是无从谈起。

清楚自己所处的工作环境

作为新主管,你必须了解自己的工作环境——就像探险者无论到什么地方都会先测方位一样。而你要做的就是从三个方面去寻找答案:

- 你主管的人;
- 你所在部门的任务和地位;
- 主管你的人。

(1)你主管的人

在上任最初的十几天里,你至少要用一半的时间来与你的员工交谈,尽可能地去了解他们。在交谈中,你应向他(她)询问关于本部门的运作方式、市场、技术和社会联系等方面的信息,并观察他(她)的态度和志向。对每一个人都有两个评判标准:能力以及他(她)对于你和集体中其他成员的态度。

评估员工的最佳办法是在观察他们工作以及收集有关你新工作领域的资料的同时附带进行,你的前任、主管和其他员工的评价也可作参考,当然,最直接的还是问员工本人。以下便是一些必不可少的询问员工本人的问题:

· 你在做什么?为什么?

· 你要依靠谁,依靠什么来做好工作?

· 什么会使你工作得更好?等等。

以色列名将摩西·达扬说过:最伟大的将军就是那些能够让普通军队发挥最大作用的人。无论以财富、幸福或其他标准来衡量,智力和成功之间并没有太大关系。一支由普通人组成的坚定、高效的队伍,通常比一群聪明但懒惰的人组成的队伍表现要好得多。

(2)你所在部门的任务和地位

美国前总统约翰·肯尼迪说:"不要问你的国家能为你做些什么,而要问

你能为你的国家做些什么。"现在,你的公司已为你做了一些什么——交给你一个部门;那么你能为公司做些什么? 只有明白了部门任务是什么,而且它确实是值得去做的,你才会对自己所做的一切坚信不疑,你和你的队伍才会感到工作的乐趣。在此,你可以考虑两个问题:

· 你的部门为什么能在公司里占一席之地?

· 不管从事何种工作,在事实和理论上都能有别的单位来代替,为什么要由你的部门来完成?

与此同时,你还需要通过收集的资料和意见来评估本部门在公司中的竞争地位;你可能具有的竞争优势包括:

□成本/价格。即本部门提供的服务更便宜或更有效率。

□质量。即本部门提供的产品或服务更好。

□服务。即本部门比其他供应者更负责任。

□天然受保护地位。由于拥有别人缺乏的专业知识、资金、位置、技术或其他因素,只有本部门能提供产品或服务。

□非天然保护地位,由于行业垄断、政府法令、专业限制、环境或习惯的影响,或仅仅是无知和惰性,其他理论上能提供该产品或服务的部门没这样做。

在与员工交流和领导沟通之后,新主管还应该去机构中的其他部门,甚至是你的顾客或你部门所做工作的受益者中间去确认自己部门的优势,并获得下面几方面的资料:

· 优势有多稳固?

· 哪些因素会破坏这种优势?

· 维持现状的可能性如何?

· 哪些措施可以比较容易巩固或创造竞争优势?

当然,在最初的十几天里,主要还是做资料收集工作,但要始终思考这些优势是否足够,以及如何进一步改善。

(3) 领导你的人

在上任后,有一件不易处理的事,就是如何把握与领导在刚开始时交往

的程度和性质。在这个问题上,拘谨往往会误导你。许多新上任的主管都认为自己应该躲开领导,直到他们确切地知道自己在做什么并且能有把握地谈论自己的新工作时再去见领导。

但事实上你的领导不会要求你在第一周就完全处于事业的巅峰(其实如果领导发现你在一两天内就把所有的事情都弄得一清二楚。他反而会不高兴)。拘谨对你、对你的队伍以及你的主管都没有任何好处。在一开始的关键日子里,你的领导一定是真心帮助你,同时他也有足够的影响力和知识这样做。

不要隐瞒所面临的挑战和困难,并让你的主管自己决定是否要加以评论或帮助。要相信他决不会因为你意识到了一些困难的存在就降低对你的评价,相反,你觉察工作中隐患的速度和创建美好未来的决心,会给他留下最深刻的印象。

请记住一句忠告:当你取得成功的时候。你的领导将是最有成就感的人!

新主管刚上任时,对待前任主管要注意以下几点:

(1)要充分肯定原有的成绩。一般地说,前任主管总是有一些成绩和优点,后任者对此要给予充分的肯定。这不仅是对哪个主管成败得失的评价问题,而且关系到一个部门或单位广大员工的思想情绪。当然,你刚上任,总是希望能解决问题、做好工作的。但是做起来要有分寸,不能对过去采取全盘否定的态度,把人家说得一无是处,更不能从人格上贬低人家。

(2)对前任决定的问题要多问几个"为什么"。一般来说,前后任的交接只是例行公事而已,接任者也不便在当场提出过多的疑问。但接任以后,遇到某些疑难问题不好理解,头脑中就要多问几个"为什么":"为什么他要这样做?""他是怎么考虑的?""是不是他有他的道理?"必要时还可以找前任请教;如前任不在此地,还可以找参与处理这个问题的人谈谈,弄清原因,然后再决定怎么办。这样做比"想当然""大估摸儿"地进行猜测,以及简单、武断地肯定或否定,不知要好多少倍。

(3)工作要有相对的连续性。一项重要的工作从部署到完成,需要一定

的时间和过程,有的甚至需要几任主管的连续努力才能完成。这样的工作,不能因主管者的变动而受到影响,不能因为与前任的主张不一致而中断。新主管到任后,对原班子决定的、连续性较强的重要工作,如无特殊原因和重大失误,就应当接着抓下去,并努力抓出成效来。决不能对前任搞的那套随心所欲,想改什么就改什么。中国有句成语,叫"萧规曹随"。说的是西汉初年,丞相萧何死后,曹参继任,他认为萧何搞的政策、法令和制度都很合适,不需要做什么大的修改,所以就沿袭下来,还照那套继续干。这说明曹参很有头脑,敢于实事求是。

当然,所谓"萧规曹随",也并非一点变动也没有。对那些连续性不强,前任又确实搞错了,或因形势的变化而不再适合的东西,也没有必要碍于前任的面子而不改正。但怎样改,要看准了再动手。千万不能为了显示自己"高明"、"有魄力"、"不同凡响"而胡批乱改,那样会"图虚名而得实祸"。而且,换一任主管,翻一次烧饼,如此折腾下来,局面便越发不可收拾了。

学会排解情绪压力

具时效性的庞大工作量和执行时的阻碍会给新主管带来巨大的情绪压力。当事务很多时,如果没有良好的掌控力和应变力,很容易就会陷入压力的困境。这里谈的掌控力,指的是对工作的了解能力和对情绪的处理能力;应变力则是指遇到突发事件的变通能力和协调能力。其中情绪压力的处理是否得当,常常是工作执行顺畅程度的关键之一。

情绪压力产生时,通常身体会出现信号。事实上,当你承受压力时,身体会启动自律神经系统、内分泌(荷尔蒙)系统及免疫系统等来调节。当压力过大或长时间超负荷时,就会出现身心失调的现象,甚至产生身体的疾病,即所谓的"身心症"。

身心症出现的现象因人而异,有人会胸闷、胸痛、高血压;有人会头晕、头痛、发麻、四肢无力或酸痛；有人会消化溃疡、腹泻或便秘；有人会暴饮暴食、肥胖或厌食。

情绪与压力是一体两面的，情绪是外显，压力是内隐。压力大时，常伴随情绪而来；而情绪发泄时，也常常会带来后续的压力。在职场中，你可能会经常被要求在短时间内完成超出自己能力所及的事情。如果工作量已经很大，而稍有一点差错或突发状况，可能就无法完成限定时间内要完成的工作，对有责任感的主管来说，这绝对是一件痛苦的事。如果这时你因情绪没控制好而自乱阵脚，很可能你所有的努力或绩效都会被完全抹杀。

近代许多管理学者的研究都指出："一个人的成功，其中智商能力（IQ）仅占20%，而80%靠的是机会、运气和情绪智商（EQ）。"还有更多的数据显示："在能力相近的情况下，个性乐观的业务员在两年内绩效上的表现，会比个性悲观的业务员平均高出37%；而个性悲观的业务员在第一年的离职率是乐观业务员的两倍。即使能力稍差一点的乐观者，在第一年的绩效也会比能力好一点的悲观者高出21%，而且第二年更超出了57%。"

由此可知，乐观的人情绪管理能力好，面对挫折或压力时，经常能自我调适，积极向目标迈进。另一方面，IQ能力稍差的乐观者，学习时间虽然需要久一点，但熟悉业务后，与IQ高的人所做出来的成绩基本相同。乐观者较佳的学习态度和情绪管理能力，甚至会有更出色的表现。

职场中的情绪压力，常来自四面八方。不同角色功能的需求，很容易使主管在自身的负荷和冲突下形成情绪压力，进而伤害身心。

处理情绪的方法很多，"面对它、接受它、处理它、放下它"正是情绪处理最好的疏解过程；也就是要勇于面对情绪，正视它的存在，寻求解决，最后要学会放下情绪。毋庸讳言，当情绪来时，你可能无法掌控，甚至连自己都难以察觉，继而做出失态的行动或错误的决策，导致事后后悔。**最好的处理情绪的办法，在于你平时的自我管理训练，做一名好的情绪管理者。**

第二章 主管的心理与位置调适

做自己的"品牌经理"

一种商品能够在市场上不可代替,是因为这种商品有它独特的卖点。

在市场经济日益发达的今天,人也是一种商品。作为一种特殊的商品,人正在由各类学校和公司批量生产。这使得人与人之间的竞争更加激烈,能够胜出而不可代替的人都必须拥有自己的卖点——行销学上称为"独特的销售卖点"。学历不是卖点,你有别人也有;基本技能不是卖点,外语、电脑人人都在学;经验也不是卖点,21世纪变化实在太快了,你所谓的经验很快被创新的方法所代替。商品是靠卖点来争夺眼球、扩张市场。人也一样,那些缺少卖点的人只能当替补队员了。

你是主管,更是自己的品牌经理。你得为自己找个独特的卖点。学历、技能、经验,虽然听起来都不错,可这些显然还不够独特。老板们会认为这是每个求职者必备的敲门砖,没什么大不了的。再者,职场中的绝大多数人,都把这"老三样"当作"卖点"在卖,你有十足的把握竞争过他们吗?

其实,职场中可以成为卖点的东西很多,只是多数人不知道这些东西也可以卖,而且还能卖高价。比如:学习能力、创新能力、组织领导、人际合作、沟通表达、效率管理……一个人总得有几手绝活,在学历、技能、经验都不相上下的时候,这些就成了你能胜出的独特"卖点"。

花点时间。好好找找你的卖点在哪里。如果你没有。请你赶快拿出读文凭、考证书的热情。帮自己获得竞争优势。

今天在职场中推销自己比以往更困难了,原因很简单:就是环境瞬息万变。身为主管应该找准自己的"卖点",这样,你才有竞争优势。

竞争激烈的确是个事实,可很多公司因为找不到合适的人选而不得不让职位空置的事实提醒今天的求职者:不是没有机会,而是你必须告诉自己,你究竟"卖"的是什么?

做自己的"品牌经理"吧,打造自己的"卖点",你才会成为不可缺少的那个人,在竞争的激流中立于不败之地。

美国最著名的企业家之一查尔斯·齐瓦勃先生,在钢铁大王安德鲁·卡内基的工厂做工的时候,就发誓要做厂里的经理。他不计较薪水的高低,只是努力工作,使自己工作所产生的价值远远超过所得的薪水,努力做出成绩来给老板看。他心情愉快地工作着,终于一步一步取得了今天的巨大成就。

齐瓦勃出生于一个贫困的家庭,只受过短期的学校教育,15 岁至 17 岁在家乡做马夫。后来,获得了一个周薪为 2.5 美元的工作机会,并时刻留意其他的工作机会。再后来,应邀去卡内基钢铁公司的一个建筑工地工作,工资变为日薪 1 美元。后来,升任技师、总工程师、房屋建筑公司经理、卡内基钢铁公司总经理、全美钢铁公司总经理。最后是贝兹里罕钢铁公司总经理。他有决心,肯努力,不畏难,干任何事情都非常乐观而愉快。他总结自己成功的心得是:努力从全局角度考虑问题。

一个职员要想迅速获得提升,只要去做成一件同事无法做或做不成的重要工作就可以了。如果一个人处处替公司、替老板着想,明智有创见,那么他的领导自然会逐渐重视他。

帮助老板获取成功有许多方式,但不是拍马屁。杰克是一位国际市场部总经理助理。他接到了一项紧急任务,根据老板的笔记,准备好业务进展曲线图表。起草图表时,他注意到老板写的:"美元坚挺,则出口就会增加。"杰克知道,事实恰恰相反。于是,便通报老板,告知已经纠正了这一错误。

老板很感谢杰克发觉了他的疏忽。第二天向上呈报未出丝毫纰漏,老板对杰克做出的努力再次道谢,不久,杰克发现自己的薪酬有所增加。

老板并非全才,在工作中他会遇到许多难题。这些难题也许不是你的分内工作,可是这些难题的存在却阻碍着团队的前进,如果你能够帮助老板解决这些难题,无疑,你在成功的路上会进展得更快。

卡尔是某学院的部门助理,他的老板罗格负责管理学生和教职员工。极其糟糕的签到系统使学生们常常因还未上课就被记名,许多班级拥挤不堪,而另一些班级却又太小,面临被注销的危险。意识到罗格承受着改进学生签

到系统的压力,卡尔自告奋勇组织攻关,负责开发一个新的体系。老板高兴地同意了他的意见,于是这个攻关小组开发出一个大有改进的系统。之后的一次组织机构改组中,罗格升任了主任,随即,卡尔被提升为副主任。对卡尔开发并成功地完成了这套系统,罗格给予了高度赞扬。

一般说来,具有老板那样的全局观,并时刻和老板保持一致,帮助老板取得成功的领导,往往最终会成为企业的中坚力量。

不仅要物有所值,更要物超所值

一件商品有没有竞争力,除了要看它本身的品质外,更重要的是看顾客的感受。广告中大量的顾客见证、明星见证,就是为了告诉你:他们用了都说好,你为什么不试一试呢?毕竟只有使用过的人才认为它物有所值,甚至物超所值,那才是最有竞争力的商品。

身为主管的你不也是这样吗?学历、能力和资历当然是一种竞争力,可是老板对每个主管,都有自己的期望值。你的表现和他的期望基本吻合,他就会认为你物有所值,当你的表现超越了他的期望,他就会认为你物超所值。

真正的竞争力是不容易被取代的,它是你做事的表现和老板的满意度,而不只是几张"质量认证书"。

所以在你打算推销自己之前,你最好先搞清楚老板对你的期望值。如果你是管理者,率领团队达成目标是理所当然的,月月如此,你自然物有所值。要是你还能培训员工、激励员工、营造高效的工作氛围,那你就身兼领队、教练和队长三重角色了,这时你自然就是物超所值。想一想,做老板的通常会选择哪一种人?

把事情做好,帮老板"救火",那些只是分内的事。懂得自我教育、始终保持成长、主动沟通、积极合作的人,才是物超所值有竞争力的。现在,很多公司聘用主管人的标准已经从原来的重学历、重资历,转变到现在的重态度、重价值观、重综合素质了。

今天的商场,要想获得高额利润就必须甩开竞争者,而甩开竞争者的最佳选择就是提高产品和服务的附加值。这条规则在职场同样有效,拿多少钱做多少事的年代早已过去了。竞争迫使你不得不去思考自己的附加值在哪里。

把分内的事情做得至微至周的同时,建议你想一想,除了分内的事以外,你还能做什么?这样,你才更有竞争力。

对你的老板来说,一个物超所值的主管意味着效率、价值和榜样。对你来说,它意味着机会、成长和实力。

分外事做得越多,你的"附加值"就越高。这种物超所值,会使你学到更多知识,掌握更多的技能,使自己变得更加不可缺少。

大胆拍板拿主意

作为主管总要碰到一些关键的时刻,在这个时候,不能退缩,不能无主见,而是要敢于拍板拿主意,要表现出非凡的决策能力。

"夫英雄者,胸怀大志,腹有良谋,有包藏宇宙之机,吞吐天地之志也",曹操的这番话,说的正是成大事者能拿大主意的决策能力。它包括以下几个方面:

要有全局观念

古今中外杰出管理者大都是战略家,都是成大事者,他们具有战略头脑,即具有开阔的视野,统筹全局的能力,成大事者只有具有统率全局的战略头脑,才能从客观上把握事物发展的态势和规律,做出正确的决策。

要有一颗多谋善断的决策头脑

决策者水平的高低取决于自身的修养,为了提高决策水平,他要树立不断创新的思想,克服因循守旧、墨守成规的思想;要有渊博的知识,当然,一个

成功者多谋善断,必须具有分析、判断能力。

分析、判断能力,主要在于是否能在一大堆急于要办的工作中,分清孰重孰轻,哪些需要自己去办,哪些需交给下属去办。

在错综复杂的人际关系中,准确地判断各个层次,各个类别的人员个体和群体的德才情况、思想态度和相互关系,然后区别情况,分别调动他们的积极性和主动性。分析、判断能力还有助于使领导者遵循事物的发展规律,预测到未来事物的发展变化,据此分析判断自己所在单位,自己所做的工作,在整个宏观布局上的位置,以及与社会潮流的关系,从而做出相应的正确决策。

主管的日常活动中,有一项便是要经常做决策,因此主管往往需要较强的决策能力,即决定采取哪一种最有效方式的决断能力。

一是需要有选择最佳方案的决策能力,决策就是方案选优。不过,这个选择不是简单地在是非之间挑选,而往往是在一种方案不一定全优于其他方案的情况下进行。科学决策必须建立在对多种方案对比择优的基础上,这就要求主管者具有方案对比选优的能力。

二是需要有风险决策的精神。客观情况,往往是纷繁复杂的,有一些情况是不可能让人事先做出百分之百正确判断的。现实生活中,主管常常遇到的是一些不确定型、风险型的决策,这就要求决策者有敢想敢干、敢冒风险的精神,不能追求四平八稳,因循守旧。

三是要有当机立断的决策魄力。"当断不断,反受其乱"。决策是不能一拖再拖的,它需要在有效的时间地点内完成。否则,正确的决策一旦过了时机就会成为错误的方案。

有一双指挥方向的手

主管还必须具备的一项能力就是组织指挥能力,所谓组织指挥能力是指为了获得理想的社会效益和经济效益,对被管理的客体实行有效管理和控制的能力。它包括两层含义:其一是"管理",即熟悉运用各种组织形式,如集权结构、分权结构、矩阵结构、系统结构等,并善于运用组织的力量协调各方面的人力、物力、财力,使其达到动态上的综合平衡,从而获得最佳的社会效益和经济效益。其二是"控制",即采取有效的控制手段，使被管理的客体（人、事、物）按照主管的意图，沿既定的方向运动前进，并最终取得预期的效果。

上层领导感觉到困难的事情，主管也许会感到更难，这时你就得拿出干你自己事情的那种精神来：碰到困难绝不言退。

碰到困难绝不言退，这里有两个方面的含义：

一是做给别人看——要让别人知道你并不是一个懦弱之人、一个胆小鬼。即使你做事失败了，你不怕困难的精神和勇气也许会得到他人的赞赏；如果你顺利地克服了困难，这就更加向他人证实了你的能力！如果有人出于对你的不服、怀疑、中伤、嫉妒而故意给你出些难题，当你一一解决时，你不仅解除了他人的不良心理，而且还提高了自己的地位。

二是做给自己看——一个人一生中不可能一帆风顺，事事顺心如意。碰到点困难，这并不可怕，应把困难当成是对自己的一种考验与磨炼，一种"练功"的机会。也许你不一定能解决所有的困难，但在克服这些困难的过程中，你在智慧、经验、心志、胸怀等各方面都会有所成长，所谓"经一事长一智"说的就是这个道理。这对你日后面对困难有很大的帮助，因为你至少学会了"不怕困难"，也习惯于"应付困难"。如果你顺利地克服了困难，那么在这一过程中你所累积的经验和信心将是你一生当中最可贵的财富。

如果你不相信，那就想象一种"遇难即退"的后果吧，这种人首先就会被人认为是一种庸庸懦懦之人，没有人认为他能成就大事；而事实上也是如此，因为他闪躲、逃避，无法克服困难、提升自己，自然也只能做一些无关紧要的小事情了。

如果问题一时间无法解决，不要隐瞒，要向领导说明情况，看有没有另一条路可走，这与遇难而退完全不同。因为你并未放弃解决这一困难，只是采取了一种灵活的方式。在你的心里，时时还想着这一困难，并且正想着用各种办法去加以解决，所以这不算退却。

你尽力了，或许你成功了，或许你失败了，但是如果你失败了，千万不要为失败寻找借口。

第二章　主管的心理与位置调适

在现实生活中,不把失败当一回事的人实在不多,而这种人也不一定会成功,因为如果他不能从失败中汲取教训,尽管有过人的意志,但不敢面对失败,老是为失败寻找借口,也不能使自己获得成功。

实际上,一般领导都十分讨厌为自己的失误、失败寻理由、找借口的人,同样,他也十分反感在困难面前畏首畏尾的人。如果不想做一个让领导讨厌的人,就应该遇事勇于承担,即使结果未尽如人意,只要你尽了力,领导也会谅解的。

奖赏不要一步到位

有一位叫布鲁玛·紫格尼克的心理学家,给128个孩子布置了一系列作业,她让孩子们完成一部分作业,另一部则令其中途停顿。一小时后测试结果,证明:110个孩子对中途停顿的作业记忆犹新。

紫格尼克的结论是:人们对业已完成的工作较为健忘,因为"完成欲"已经得到满足,而对未完成的工作则在脑海里萦绕不已。这就是所谓的"紫格尼克效应"。

"紫格尼克效应"的心理机制是什么呢?被誉为现代社会心理学之父的德国心理学家勒温认为,人类有一种自然倾向去完成一个行为单位,如去解答一个谜语,学习一本书等,这就叫"心理张力"。被唤起但未得到满足的心理需要产生一个张力系统,决定着个人行为的倾向、心理的基调和特点。如果中断了满足需要的过程或解决某项任务的进程,而产生了张力系统,就可以使一个人采取达到目标的行动。勒温认为,没有完成的任务使得没有解决的张力系统永远存在,当任务完成之后,与之并存的张力系统也将随之消失。

可见,一个人的"心理张力"系统,是产生"紫格尼克效应"的心理机制。

一位著名企业家在做报告。当听众咨询他成功的原因时，他拿起粉笔在黑板上画了一个圈，只是并没有画圆满，留下一个缺口。他反问道："这是什么？""零""圈""未完成的事业""成功"，台下的听众七嘴八舌地答道。

他对这些回答未置可否："其实，这只是一个未画完整的句号。你们问我为什么会取得辉煌的业绩，道理很简单：我不会把事情做得很圆满，就像画个句号，一定要留个缺口，让我的下属去填满它。"

事必躬亲，是对员工智慧的扼杀，往往事与愿违。长此以往，员工容易形成惰性，责任心大大降低，把责任全推给管理者。情况严重者，会导致员工产生腻烦心理，即便工作出现错误也不情愿向管理者提出。何况人无完人，个人的智慧毕竟是有限而且片面的。

由于紫格尼克效应，管理者为员工画好蓝图，给员工留下空间，发挥他们的智慧，他们才会画得更好。管理者多让员工参与公司的决策事务，是对他们的肯定，也是满足员工自我价值实现的精神需要。赋予员工更多的责任和权利，他们会取得让你意想不到的成绩。

此外，在薪酬制度中，管理者也可以运用紫格尼克效应，来充分调动员工的工作积极性。

有一个故事，说的是一个车夫为了使拉车的驴子跑得快些，就将一把青草拴在前面，恰巧离驴的嘴巴有半尺距离远。驴子为了得到那把绿茵茵的青草，便拼命地向前跑，可无论怎样用力，那把青草也到不了嘴里。

当然，车夫完全可以在拉完货后，将那把已经有些发黄的青草丢到驴子脚下，任凭其去品尝胜利所带来的喜悦。

但是，人都有一个通病，就是太容易得到的东西不容易珍惜，只有自己千辛万苦挣来的才格外看重。如果你的践诺和许诺那么不经意，即使其中真的费了不少心力，效果也未必好。

南宋初年，面对着金人的大举进攻，当时号称名将的刘光世、张竣等人只会一味地避敌逃跑，而不敢奋起反击。这一方面因为他们天生就有"软骨病"，另一方面，因为他们官已高，位已尊，以为即使立了大功，也

没有更大的升迁机会。可以说，他们已经吃到了那把"青草"，他们已经饱了，不再饥饿。

当时，岳飞虽然已崭露头角，毕竟还没有太大的名望和地位。只有他在和金人进行着殊死的战斗时，才有个叫郡缉的人上书朝廷，推荐岳飞。那封信其中这样叙述："岳飞虽然拥有数万兵众，但他的官位低下，朝廷对他也没有什么恩惠，是个默默无闻的低级军官。这也正像饥饿的雄鹰准备振翅高飞的时候，如果让他去立功，然后赏他某一级的官爵，完成某一件事，给他某一等的荣誉，这就好比雄鹰那样，抓住一只兔子，便喂一只老鼠，抓住一只狐狸，就喂它一只家禽。以这种手段去驾驭他，使他不会满足，总有贪功求战之意，这样他必然会为国家一再立功。"

虽然说这位郡缉将岳飞看成一个贪功求利的人，是对民族英雄的曲解、贬低，但他推荐信中所涉及的人性的贪功求利特点，可以为管理者提供很好的参考：

（1）许诺的过程，不能一步到位。许诺如同商品交换一样，"得一兔则饲以一兔，得一狐则饲以一禽"。立小功得小利，立大功得大利。要有意识地把许诺、践诺的过程拉得特别长，使员工取得突出业绩的欲望永远处于饥饿状态，永远不会有满足感，这样他才会有立功的动力。

（2）许诺、践诺不仅不能一步到位，而且最好永远也不要到位。一个人工作上的欲望过早满足了，立功进取的意志就懈怠了；一旦达到其欲望的顶点，不但立功进取的意志消失，甚至会滋生野心或骄傲堕落。

（3）践诺不能"缩水""超加"，更不能"更换"，否则，你就会失信，下属对自己的未来不确信，就不会激发出动力，你也就不可能使下属实现预期的目的。

（4）许诺、践诺过程，也是双方意志的"斗争"过程。为了保证驴子跑得快，不能让驴看出你的"计谋"，必须不断变化方法，否则，你的方法就不灵验了。

让下属之间良性竞争

以前,挪威人在海上捕得沙丁鱼后,希望鱼能活着抵达港口,因为活鱼比死鱼的价格高好几倍,然而只有一艘渔船能成功地带活鱼回港。人们纷纷探访,想知道这位船长是怎么做的,可是他严守成功秘密。直到他死后,人们打开他船上的鱼槽,发现和别人的没有什么不同,只不过里面多了一条鲶鱼。

人们百思之后终于明白,原来鲶鱼装入鱼槽后,由于环境陌生、生性好动而四处游荡,偶尔追杀沙丁鱼。沙丁鱼则因发现异己而紧张不已,四处逃窜,把整槽鱼搅得上下浮动,也使水面不断波动,从而氧气充分。如此这般,就能保证沙丁鱼活蹦乱跳地运进渔港。

根据这个故事,心理学上,把因为有了竞争对手而激发出更大的干劲和能力的现象,叫作"鲶鱼效应"。

企业的活力根本上取决于企业全体员工的进取心和敬业精神,取决于全体员工的活力,特别是企业各级管理人员的活力。

一个企业的许多员工,可能开始时十分优秀,后来不知什么原因,团队的精神状况下降了。如果对这样的员工实行淘汰,一方面会受到工会方面的压力,一方面,又会使企业蒙受损失。其实,他们也能完成工作,只是暂时停滞不前,如果全部淘汰,显然行不通。

那么,该怎样做,才能让员工重新恢复自动自发的活力呢?才能使企业充满活力,基业长青呢?管理专家告诉我们,一个公司如果人员长期固定不变,就会缺乏新鲜感和活力,容易养成惰性,缺乏竞争力。但是如果有了压力,存在竞争气氛,员工就会有紧迫感,就能激发进取心,企业才有活力。

日本本田公司总经理本田先生就遇到了这样的问题。于是他找来了自

己的得力助手、副总裁宫泽。宫泽给本田讲了"鲶鱼效应"的故事，本田听完了故事后，豁然开朗，连声称赞这是个好办法。

于是，本田先生进行人事方面的改革。特别是销售部经理的观念离公司的精神相距太远，而且他的守旧思想已经严重影响了他的下属，必须找一条"鲶鱼"来，尽早打破销售部只会维持现状的沉闷气氛，否则公司的发展将会受到严重影响。经过周密的计划和努力，终于把松和公司销售部副经理，年仅35岁的武太郎挖了过来。

武太郎接任本田公司销售部经理后，凭着他丰富的市场营销经验和过人的学识，以及惊人的毅力和工作热情，员工的工作热情被极大地调动起来，活力大为增强。公司的销售出现了转机，月销售额直线上升，公司在美国及欧洲市场的知名度不断提高。

本田先生对武太郎上任以来的工作非常满意。这不仅在于他的工作表现，而且销售部作为企业的龙头部门带动了其他部门经理人员的工作热情和活力。本田深为自己有效地利用"鲶鱼效应"的作用而得意。

从此，本田公司每年重点从外部"中途聘用"一些精干利索、思维敏捷的30岁左右的生力军。有时甚至聘请常务董事一级的"大鲶鱼"，这样一来，公司上下的"沙丁鱼"都有了触电式的感觉。

把忧患意识注入竞争机制之中，使组织保持恒久的活力，这是日本本田公司取得成功的关键。在上述事例中，本田营造了一种充满忧患意识的竞争环境，激发起每一个人的进取心、荣誉感，调动了员工的工作热情，使得本田公司又重新充满了活力。本田的高明之处在于巧妙地运用了"鲶鱼效应"，牵一发而动全身，在公司上下形成了百舸争流、万马奔腾的局面，达到了"不待扬鞭自奋蹄"的理想效果。

如同这个例子中的情况，随着竞争的激烈，一个人要想在社会上立足，就必须提高自己的能力而不被"狼"吃掉。管理者可以利用下属的这些心理，从外部招纳有能力的人做自己的下属，让他们去抢旧部属的饭碗。面对竞争的压力，旧部属们也就不得不放低姿势，努力去提高自己的技能以做好自己的工作。

"引狼入室"的主要目的是让下属都有一种生存的压力,从而努力地提高自己的能力,把工作干好。不过,在引进外部人才时主管也必须注意,这些人才必须是少而精。精才能达到实际的效果,不然就对内部人员构不成压力;另外,下属长期为你工作,心目中有一种功臣的感觉,如果引进人员过多,则会使下属认为主管喜新厌旧、让外人来夺自家人的饭碗,就会导致自己人愤然出走,也就达不到育人的效果。

竞争心并非仅限于个人竞争,在团体中也有同样的竞争,而且效果更大,公平程度也更高。团体竞争可先由公司内部开始,然后再以别家公司为对象,逐次扩展。例如,在同一家公司内,我们常可听到这类话:"第二科的生产成绩达到目标的120%,我们绝对不能输给他们。"这种说法即由内部职员集体竞争。

若有优秀的集团竞争对象,可由对抗意识形成更高的工作意志。此时,两个竞争集团彼此会"互不相让",总要求自己有更高的成绩。

公司内部都上轨道了,再以其他公司作为竞争对手,效果也会非常大。因为如此做时,公司上下就形成一个集体,大家同心协力、同舟共济,工作绩效也会大为提高。

能够自律并尽量让自己更有魅力

要想战胜别人,首先要战胜自己。自律,就是自己控制自己的毛病,少一点把柄在人前——任何一点把柄对于主管的管理工作都可能是致命的。

主管本人的情绪状态,会直接影响手下员工。一个情绪孤僻、冷漠、偏执、自大、暴躁的领导者,其不良情绪必然会妨碍与他人的正常交往,也必然妨碍他与上下级之间顺畅的沟通与团结,更难以建立个人的友谊。而一个乐观、自信、宽容、幽默的领导者,就容易与相关人员交往,就容易获得上下级的支持与帮助。这就要求主管应经常注意自控,注意自我排

解焦虑、忧愁等不良情绪。领导者注重个人情绪的调节，长期保持良好的心境，还会带来两种积极的心理效应：一是给下级带来心理和情感上的吸引，找到认同感，使下级愿意主动与你接触，愿意向你交心，愿意与你共事；二是某些特定的时刻，会表现出巨大的性格魅力，使被领导者尊敬和佩服，从而对被领导者产生巨大的凝聚力。无疑，这对领导完成其主管职责所需要的良好的人际关系是十分有益的。

心理学上把那些对人有鼓舞、激励、促进、推动、提高效率等积极的情绪叫"增力情绪"，像挫折后依然自信、困难中保持乐观、紧张时沉着冷静等，就是增力情绪的表现。相反，不良的情绪，如自卑悔恨、烦恼懈怠、萎靡不振等等，就是种种压抑人的积极性发挥、阻碍人们奋进努力的内部障碍，人们会因此心神不宁，无所事事，精神萎靡，造成工作学习缺乏活力，身心健康受损，这就是"减力情绪"。受减力情绪的影响，形成一种消极的心境，则必然会导致反应迟钝，效率低下。

主管从事的主管活动，涉及本单位、本部门的工作发展，某项事业的兴衰成败，相关人员的利害得失，没有积极情绪的支持是不行的。若是减力情绪增加，则会使整个主管行为受到影响。这就需要主管者自觉主动地对个人的情绪进行自我控制，保持较长时间的增力情绪的刺激，创造良好的心境。这种良好的心境，对主管者的正面心理效应是非常明显的：一是能使主管者较长时间地保持不衰的活力与工作热情，并以此影响、感染其下属，有利于工作开展；二是可能促使主管者最大限度，甚至超水平发挥自己的能力，思维活跃，决策正确，协调顺畅，指挥得当，最终取得成功。

所以，对一个主管者而言，若要主管好别人，必须很好地主管自己。

主管在工作中总会碰到不愉快的人和事，难免怒火中烧，但随后应该立刻想办法平息它，这就是息怒。息怒的方法和技巧一般有以下两种：

拖延法

就是当心中生起怒火时，要强忍下来，不做任何反应，等过了一段时间以后，再回过头来考虑和处理这件事情。这样做，也许会有许多不同的

结果，说不定是一场误会，说不定事情并没有当时想的那样糟糕，说不定会找到更好的解决方法。古罗马哲学家西尼卡认为："拖延是平息怒火的好办法。"美国总统杰弗逊说："当你生气时，便在心里从一数到十后，才开口说话；如果怒不可遏，再数到一百！"英国作家悉尼也认为拖延对熄灭怒火十分有效，他以自己的经验为证："在事情未明朗之前，不要随意判断和鲁莽行动。因为我发现只是 24 小时之差，看法就会有天壤之别！"

转移法

就是当发怒时，应立即脱离发怒时的环境，转移自己的注意力，参加其他的活动，或者看看电影，或者听听音乐，或者是打打球，最好是选择自己的业余爱好，或者是痛痛快快地去干一会儿体力活，怒气便可以通过这些方式发泄出去。这里尤其要注意选择具有积极意义的转移方式，而不要选择消极的转移方式。如回到家在自己的妻子（丈夫）、孩子身上出气发火，或者通过破坏公共设施来出气泄火，或者是通过酗酒来出气泄火，这些消极的转移方式都会造成不良的后果。

主管一定要使自己处于良好的"竞技状态"，杜绝任何犹豫和胆怯。要精神饱满，斗志旺盛，勇敢坚定，以义无反顾、所向披靡的冲击力，信心百倍地前进。没有这样一种良好的精神状态，那是什么事情也做不好的。

主管跟员工在一起时，要适当表现自己的"身份"。如果别人不能一眼就看出谁是员工、谁是主管，那么，你这个主管就是失败的。你虽然不需要过于矜持，但要让你的员工起码意识到，你是主管。他在你面前会小心谨慎，会看你的脸色行事，当你们一起离开办公室时，他会恭恭敬敬地把门打开，让你先行。

主管要保持自己的威严，在无形中培养员工对你的尊敬之意，这会为你的工作开展创造条件，当他们执行任务遇到困难时，就会自觉地向你请示，而不会自作主张，自行其是。

主管要注意自己的讲话方式。在办公室亲切随和，以便更好地让对方领会自己的意思。但是在公开场合讲话，如面对许多员工做演讲，做报告，

要威严有力，有震慑力。但不管在什么情况下，主管讲话都要一是一，二是二，坚决果断，切忌含糊不清。与职员交谈，即便职员一方处于主动，主管听取对方谈话，也切忌唯唯诺诺，被对方左右。如果对方意见与自己意见相冲突，就要明确予以否定，即使员工的意见是对公司对自己有利，也不要急于表态。

多考虑少说话，可以用"让我仔细考虑一下"或"容我们研究、商量一下"来结束谈话。这样，在回去之后，员工不会沾沾自喜，而是更加谨慎，主管也有足够的时间从容仔细考虑是取是舍，这在无形中增加了主管的权威，总比草率决定更令人信服。

行为是无声的语言。很多员工与主管直接交谈、交往的机会很少，他们了解你，常常是细心地观察你的一举一动，或通过其他一些资料，员工们会根据每一个细小的事情来判断你。

当你显示自己的身份时，每一个细节，都在向员工们传达你自身的一份信息。

行为有时比语言更重要，管理者的身份权威，多数常常不是由语言，而是由行为动作表现出来的，聪明的主管者尤其如此。

一个出色的管理者必然有其过人之处，不过这种过人之处只可能集中在某些方面。有人认为主管者为树立威信而时时处处显得比员工高明。其实，这根本没有必要。某分厂厂长一次下车间巡视，指出一车工技术粗糙，该职工微有不服之态。此厂长二话不说，换上工作服，上车床操演起来，果然又快又好。一时围观者为之叹服。如果事情到此为止，那就是以行动树立威信的范例。错就错在该厂长以下的言行。大概得意忘形，该厂长竟一拍胸脯言道："技术不比你强，我敢做这个厂长吗？不是吹牛，无论车钳铆焊，只要有谁的技术比我好，我马上拱手让位。"此君把威信理解错了。可以看出，此君并没有对自己作为一厂之长的工作性质和存在价值有一个清楚自信的认识，他把自己降为一个和员工比技术的角色。据说，真有一好事青工要和此君比试焊接，该厂长自知失言，并未应战。后来此事在当地企业界传为笑谈。

以清高的方式来表现"威信",不仅不利于权威的塑造,还可能拉大主管与部属之间的距离,增加隔阂,其所要塑造的威信也会大打折扣。因而一个主管者切勿以清高为威信,走入"威信"误区。

保持距离也是主管者树立威信的一种方式,因为保持距离往往在处理问题时显得非常有效。

工作中最难划分的界线之一就是你喜欢哪些下属,不喜欢哪些下属。这个问题,作为主管确实难以处理。但有一点你要记住,一定要和下属们保持适当的距离。若是你离他们过于遥远,你就会受到脱离、疏远员工的指责;若是离得太近,员工又会认为你不够庄重,也许会失去对你的尊重,从而失去了你的威严。保持一定的距离,给下属一个庄重的面孔,这样就能够获得他们的尊敬。主管与下属保持一定的距离,具有很多独到的驾驭功能:

首先,可以避免下属之间的嫉妒和紧张。若是主管与某些下属过分亲近,势必在下属之间引起嫉妒、紧张的情绪,从而人为地造成不安定的因素。

其次,与下属保持一定距离,能够减少下属对自己恭维、奉承、送礼、行贿等不良行为。

第三,与下属过分亲近,可能使主管者对自己所喜欢的下属的认识失之公正,妨碍用人原则。

第四,与下属保持一定的距离,能够维护主管者的权威,因为"近则庸,疏则威"。

作为一名主管,要善于把握与下属之间的远近亲疏,使自己的主管职能得以充分发挥其应有的作用。这一点是很重要的。

有些主管想把所有的下属团结成一家人似的,这个想法是很可笑的,事实上也是办不到的。如果你现在有这个想法,劝你最好马上放弃。

在逆境中修炼自己

　　逆境普遍存在，人们在工作、学习以及整个人生旅途中总会遭遇这种或者那种不顺利的情况，总会碰到各种挫折和失败，主管当然也是如此。比如家庭的破裂、财产的损失、亲人的死亡等等，都会引起身为管理者思想上的波动、情绪的紊乱和行为的失常。

　　人际关系比较紧张，得不到下属的拥护、支持，也会使主管者感受到逆境。而进行一项新的工作，掌握一门新技术，其失误或失败的概率就会更大，更容易使主管者的愿望遭受挫折。主管者要摆脱逆境，有赖于自己正确的态度直面逆境，采取正确的对策，改变错误的行为，尽量适应逆境，韬光养晦，突破困境，实现目标。

　　作为管理者应该意识到，每遭遇一次逆境，就意味着对生活的内涵多一分领悟。从这个意义上来讲，逆境也是一种财富，要想获得成功和幸福，要想过得快乐，就要把失败、不幸、挫折和痛苦当作必要的锻炼。

　　成功的主管最善于通过人生中的逆境来剖析自己、把握自己、调整自己、完善自己。

　　总而言之，自己把自己说服了，是一种理智的胜利；自己被自己感动了，是一种心灵的升华；自己把自己征服了，是一种人生的成熟。一个成功的主管者，必须把握理智的胜利、心灵的升华和人生的成熟，一个说服了自己、感动了自己、征服了自己的人，就有力量征服一切挫折、痛苦和不幸。

　　主管发出的任何号令必须执行，否则自己所主管的部门就有成为一盘散沙、各自为政、各行其是的危险。当然，作为发号施令的主管，一定要明白号令的法规作用，切忌随意施令。

　　假设你是业务部的主管，你交代下属某项任务，然而他始终认为"这件工作应该由管理部做",可想而知,他不可能忠实地完成你的命令。

这时你所要做的是能够使下属充分了解工作的内容、意义、价值以及可能造成的影响,相信他必能全身心地投入到工作中去!也许只有这种做法,才能让下属对你的号令完全理解,完全照办!经理在发布号令时,总有一些下属在你下命令时故意装作不解其意,对付这种人,你必须始终坚持:令出如山,不可动摇!只有这样,你才能在下属中建立起主管应有的权威!

给下属发布号令的技巧有:

·号令要重点突出,不要面面俱到,如果把你的号令讲得过于详细和冗长,那只会造成误解和混乱。

·为了使你的号令叙述得简要中肯,要强调结果,不要强调方法。为了达到这个目的,可采用任务式的号令。任务式的号令为那些替你工作的人敞开了可以调动他们的想象力、主观能动性和独创性的大门。

·号令不要太复杂,要尽量简单。最好是在制定、表达和执行上都不复杂的计划。这样的计划更便于大家理解。

掌握了以上的技巧,你下达号令时便会信心倍增,你的下属除非故意冒犯,否则找不出任何理由不去贯彻执行号令。

我们常说的个人威信与这样一种能力有关,这种能力影响当事者周围的人群、环境和条件。它可以使别人相信当事者的言行,从而按他的意志来做事情。

个人威信与一个人特有的品质和特点密切相关。人格、能力、经验以及所控制信息都是形成个人威信的必不可少的条件,这些条件能够使当事者对某些后果产生影响从而增加他们的控制能力。成功者总是能够利用任何的机会和场合来扩大自己的个人威信,他们知道在任何时候,没有威信、不能影响别人的人是永远也不会赢得别人信赖的,而得不到别人信赖的人是不会把事情办成的。

作为主管如果没有威信,虽然下属们表面虚心应承,背后却可能违背主管者之意图而行事。可以想象,那将是怎样一种情况。作为一个主管,

必须在员工中树立起自己的威信,"说一不二"。这样,才能在任何情况下把组织活动控制在自己手中,一旦有了大的波动,出现混乱局面,一个权威声音总比大家一起吵吵嚷嚷更能解决问题。

主管的威信来源于自身的丰富知识。知识尤其是与自身工作相关的专业知识是主管的宝贵财富。专业知识不但是征服困难的力量,也是征服人心的力量。主管具有丰富的专业知识,能够回答下属不能回答的问题,特别是丰富的知识能够给下属带来实惠时,下属就会对主管产生敬佩感,主管就能在下属中树立起较高的威信。

主管的权威建立在自己主管能力之上,在指派任务时,注意进行情况预测,对于任务的艰巨程度,领受任务下属的承受能力,分配任务时可能出现的问题等等,都能做到心中有数,胸有成竹。必要时常常事先与领受任务的下属相互沟通,事先做好工作,征询意见,尽量避免分配任务时出现顶牛现象。

主管权威的树立关键还在于其主管能力和用人技巧。在决策前多听取意见,意见基本一致时,再定下决策。

作为一个主管,在某些时候,为了避免决策错误,少做决策也是一个极好的办法。有的管理学家甚至这样说:"一个单位总是需要主管者匆忙地去做决策的话,那就不是一个好单位。"如果这样的话,主管者会始终在一种压力下工作,不断地头痛医头、脚痛医脚。

主管发出的指令能否得到最有效的施行,直接关系到主管者权力的影响度和威信的力量。成功企业主管的管理经验证明,主管谨言慎行、不轻易许诺是做好主管的必备素质。

精心塑造个人形象

决定一位主管成功与否的因素首先是他的思想、他的能力，但不可否认的是，他的形象也是展现其魅力的重要手段。当然，主管的形象决不仅仅是长相、穿戴而已，更重要的是他的精神面貌、思想品德、个人影响力、主管作风及情感艺术。

1. 自识

要客观地、辩证的认识自己的长处与不足，要有自知之明。对自己估计过高就容易自高自大，不能充分看到完成任务中的困难，也不能正确对待别人，影响正常的人际关系；估计过低，容易使自己的创新力、开拓力受到压抑、束缚，影响积极性、创造性的发挥。只有正确地认识自我，才能扬长避短并获得事业的成功。

2. 自尊

自尊是指自己意识到自己的尊严，尊重和珍爱自己的人格，不向邪恶卑躬屈膝，也不容许别人对自己的人格和尊严进行歧视和辱没。

3. 自信

只要持有坚定的信念，就可以征服世界上任何一座高峰。一个穷人若心里老想："我痛恨贫穷，却没有办法改变。"他真有可能一辈子受穷，假如他不断地想："我采取这样的办法，一定能摆脱贫穷，我将获得成功。"结果可能就完全不同了。

4. 自强

主管担负管理的重任，必须有一种不服输的自强精神，才能自觉地调节自己的行为去克服困难、战胜困难，表现出坚强的意志。

5. 自学

大脑不能简单机械地往里装知识，而应把学到的知识转化为能力。一

要领会知识,不能囫囵吞枣;二要驾驭知识,不要做书本的奴隶;三是超越知识,不要被"本本"所框死。学习中要不断调整自己的知识结构。最佳的知识结构应当具有"五性",即:目标性、合理性、整体性、有序性、动态性。

6. 自研

主管应自觉地、经常地研究、总结企业经营管理活动中的经验,从感性认识上升到理性认识,总结和掌握管理规律,然后再指导实际工作。通过研究、总结,发现问题,及时解决,有所创造,有所前进。要知道,"实践——总结——再实践——再总结",这是提高自己工作能力的有效手段,是一切成功者的共同经验。

7. 自省

- 一省全天所言、所为,是否符合国家的法规、政策、社会道德规范。
- 二省全天的工作,是否尽职尽责,有什么新作为、新贡献,又有什么经验、失误、教训。
- 三省全天生活中,是否有所学习、有所进取。
- 四省全天的交往中,待人是否谦虚、热情、真诚、守信。
- 五省全天过得是否充实?是否有让时间白白溜掉和浪费别人时间的情况。

主管应通过"日省吾身"来认识自己、评价自己,激励自己不断进取和完善。

管理者尤其是企业的主管是不能单靠恩惠办事的,有时必须坚定不移,这就是所谓的恩威并用。譬如发现一个人实在不可救药,就要坚决地开除,对这种人如果过分迁就,那么整个组织风气就要被带坏,也可能因此要损失一些主管者的权威。

主管就是要及时拿出主管者的权威,对于下属的缺点和不良倾向不能视而不见,举措不力,姑息迁就,否则,从根本上讲也是害了你的下属本人,不利于他的成长进步。

同时,如果任其自行自便发展下去形成了气候,组织内部的不良风气

就会滋生蔓延，就会对其他下属造成恶劣的影响。长此以往必然损害你的威信，不利于推动其他下属展开工作。

主管对自己下属的缺点错误，发现了苗头就该及时提醒，防患于未然。对于已经出现的错误，要给予适当的批评，帮助下属找出原因，认识错误，并以此教育他人。当然遇事也要因人而异，对于有药可救的下属，不能过于绝情，极端的行为也极易引起下属的反感。

在你的组织中，肯定会有人向你提出带有诱惑性的请求，或许这种请求之中同时还有某种许诺，比如你的一位下属找到你，略带愧色，但又好像壮志在胸地对你说："如果你不太计较我这个月的那几次缺勤，我保证会更好的工作。"这种说法也许会使你扪心自问，下属都把未来交给我了，我还能铁石心肠吗？在有些时候，下属的请求又近似于敲诈，比如"我不会告诉其他人的，特别是汪经理，说你把文件搞丢了，但我太想休假了……"

还有一些说法，则以一种非常巧妙的方式，来促使你改变初衷："我们都知道老李不完全合乎当下一届负责人的要求，但他确实为公司工作了大半辈子，没有功劳也有苦劳啊！况且别人都很支持他。"这种带有极大攻心的意见，会让你在关键问题上放弃原则。

的确，你完全可以将所有的决定顺乎"人心"，但你必须得意识到，当你在做出决定的时候，你并不是出于决策合理化的考虑，而是出于对自身利益的考虑，或者是出于类似的动机。

你必须敢对下属说"不"。这不仅体现你的尊严，还体现着你所主管的团队的一贯原则与处事风格。每个人都会在这样的原则约束下，使彼此的关系更加紧密、健康。

在管理中，根据实际情况需要，有时必须以强制的手段直接告诉部属："本部有本部的作风"，或"我们有我们自己的一套"。

道理没有十全十美的，也不是凡事都可以用道理来说服他人。尤其是教导者，当学习者对某种道理有所疑问时，必想找出其漏洞予以批驳，甚至于举出一大堆不成理由的理由。在这种情形下，公说公有理，婆说婆有

理,站在对立的立场相抗衡时,如果你承认自己的道理有破绽,必使对方因此而占上风。

如果在事后说明道理则为时已晚,因为此时对方必然能够提出一箩筐的理由,支持自己的论调说:"人家××都是这么做的。"或"听说×××部长也是这么说的。"如此一来,事态越发不可收拾了。

主管应该有自己的主见,否则,就好比墙头草两边倒,主管怎么说就怎么做,那么不但对方会不满,自己工作也没办法做好。主管的工作就是避免错误。如果等到发现错误再忙着道歉,那就为时已晚,而且更失去了担任主管的资格。

所以,"不要随便道歉"这句话,更深一层的解释应该是,做任何事之前要深思熟虑,要充满信心地去做,免得造成以后的遗憾。

抱这种工作态度的主管,一定能得到上级和卜属的信任。

同时,轻易道歉的主管,就是不可靠、不能托付重任的人。虽说坦率的个性可取,但如果表现太过分,视道歉为"儿戏",视道歉为推卸责任、放弃责任的手段,这样的主管者不仅其信用要打折扣,其人格也值得怀疑。

第三章

知人善任,量才用人

一个企业从诞生的那一刻起,有很多因素决定着它的命运。充足的资本、尖端的技术、先进的设备、广阔的市场前景……许多主管在执意追求这些客观条件的时候,却多多少少忽视了"人"在其中的决定性作用。"人"是永恒的主语,员工才是企业命运的主宰者,对于"人",千万不可大意,那些看似细枝末节的问题,却是影响企业发展壮大的关键所在。

企业操作实务方略：如何当好部门主管

选人才事业兴，选奴才事业衰

人才和奴才，虽然在字面上都带有一个"才"，但在本质上却有着很大差异。前者有才，后者也有"才"，只不过后者之"才"是歪才罢了。问题是，萝卜白菜，各有所爱，有的管理者喜欢用人才，有的管理者喜欢用奴才，毕竟是现实生活中一个不争的事实。这是为什么？有人简单地概括为八个字：人才难用，奴才好用。

这话是有一定道理的。在一些单位里，有用的人才被闲置不用，而没用的奴才却被委以重任，"掌门人"往往振振有词，美其名曰"不拘一格用人才"。某些人就是喜欢奴才，奴才听话、顺从和好用，可以不厌其烦地跑前跑后，并且还有领会意图、投其所好、逆来顺受、阿谀奉承等一大堆"优点"，如果再加上连着裙带和沾点贿赂之类的微妙关系，那就是妙不可言了，用来"辅佐"，夫复何求？在这样的主管眼里，人才与奴才一比显然没了"长处"，靠边站也就不足为奇了。所以，用奴才不用人才，追究到更深一层，则是用人机制不合理。

"楚王好细腰，宫中多饿死。"有人喜欢奴才，就有人当奴才，这是奴才能够生存的环境所产生的因果关系。试想，如果没有人喜欢奴才，世界上怎么会有奴才！可怕的是，选用奴才的结果，只能是更加恶化用人环境，把事业搞得越来越糟。

在市场经济条件下，一切竞争归根到底是人才的竞争，重用人才，不用奴才，我们的事业才能立于不败之地。

美国IBM公司的第二代总裁小托马斯·沃森是位经营企业的高手，其用人的特点是：选人才不选奴才。

小沃森自小生活在其父老沃森身边，耳濡目染，非常崇敬和钦佩那些有本事的人。他从小就认识一位经理，叫雷德·拉莫特，这是一个极有能力的人。雷德·拉莫特认识 IBM 里所有的人，无论老少，对人有着合乎情理和不偏不倚的看法，面对老沃森敢于毫无顾忌地说出自己的真心话，敢于对小沃森提出严厉的忠告。小沃森说，这位经理对他教益极大，否则他会犯更多的错误。

有位"未来需求部"经理叫伯肯斯托克，是刚刚去世不久的 IBM 公司第二把手柯克的好友。由于柯克与小沃森是对头，所以伯肯斯托克认为，柯克一死，小沃森就会收拾他。于是决定破罐子破摔，打算辞职。有一天，他闯进小沃森的办公室，大声嚷嚷道："我还有什么盼头！销售总经理的差事丢了，现在干着因人设事的闲差，有什么意思？"

小沃森的脾气相当暴躁，但面对故意找茬的伯肯斯托克，小沃森并没有发火，他了解他的心理。小沃森觉得，伯肯斯托克是个难得的人才，甚至比刚去世的柯克还精明。虽说此人是已故对手的好友，性格又桀骜不驯，但为了公司的前途，小沃森决定尽力挽留他。

后来，事实证明留下伯肯斯托克是极其正确的，因为在促使 IBM 做起计算机生意方面，伯肯斯托克的贡献最大。当小沃森极力劝说老沃森及 IBM 其他高级负责人尽快投入计算机行业时，公司总部响应者很少，而伯肯斯托克却全力支持他。正是由于他们俩的携手努力，才使 IBM 免于灭顶之灾，并走向辉煌的成功之路。

小沃森在回忆录中写道："我总是毫不犹豫地提拔我不喜欢的人。那种讨人喜欢的助手，喜欢与你一道外出钓鱼的好友，恰恰是主管们的陷阱。相反，我总是寻找精明强干、爱挑毛病、语言尖刻、几乎令人生厌的人，他们能对你推心置腹。如果你能把这些人安排在你周围工作，耐心听取他们的意见，那么，你能取得的成就将是无限的。"

选人才事业兴，选奴才事业衰。主管一定要对这一问题有一个充分的认识，毕竟企业发展靠的是人才，而不是奴才！

企业操作实务方略：如何当好部门主管

多样化的人才与后备人才的储备

人才无疑是企业最重要的一种资产，尤其在社会变化越来越快，不确定因素越来越多的今天，更是如此。

对于一个球队来说，主力队员很强大，但"板凳"（替补队员）不够"深"（能力不够），一旦主力队员受伤或遇上"多线作战"疲劳时，踢不过一支弱队也就没什么大惊小怪的了。此理对于企业而言亦然，我们通常把这些后备人才称之为企业里的"板凳队员"。

麦当劳，一个家喻户晓的名字，它的服务水平、服务质量让世界每一个人都佩服得五体投地，它的商业广告涉足每一个角落，甚至聘用刚刚学会说话的儿童来做——"一切美好，尽在麦当劳"。当你品味着香喷喷的汉堡，你会感到一种文化的味道，而不仅仅是一种实惠的享受。

麦当劳作为一种时尚也好，一种文化享受也好，它的服务水平、服务标准、服务速度，都体现了高超的组织和管理水平，其所运用的一套有效的人事制度功不可没。

多样化的人才结构是麦当劳普通员工的一大特点，也是麦当劳公司招聘工作中的指导思想之一。正因为如此，麦当劳的职工不同于其他公司。按理说，毕业于饮食服务大学的职工应该占大半数，然而实际上只占30%，40%的职工毕业于商学院，其余的则来自在校学生、工程师、教师等。同时，麦当劳公司拥有一支庞大的年轻人才组成的后备军，它由许多名大学生组成，他们一边上学，一边利用空闲时间到餐馆打工。这些后备人才将有机会成为麦当劳公司未来的总裁、经理，他们可以根据麦当劳安排的培训计划担任各种职务，并且有可能是担任当地麦当劳经理助理。

多样化的人才组合与庞大的后备力量使人才的培养和提升有极大的选择性，他们一起成为麦当劳管理阶层的稳固基石，不断构成新鲜血液，注入公司中去，为公司赢得更多的利润。

那么怎么才能建立多样化的人才培养和组合体系呢？当前的劳动力结构在技术与经济发展过程中明显具有多样化的趋势，这是因为经济全球化使当代劳动力结构和劳资关系发生了巨大变化，日益多样化的劳动力结构有利于加速企业创新。因此，管理者需要在企业内部建立富有弹性的人性化劳动力管理政策与体系。这些政策与管理体系包括弹性的工作时间与排班计划、灵活的财务报销与福利计划、设立符合人才能力的工种和相应的工作环境、给予个人充分发挥潜能的职业机会。

麦当劳在很早就建立起一套专门用于后备人员的晋升制度。一般人才在麦当劳公司工作6个月以后都会成为麦当劳公司的雇员，一个刚参加工作的出色的年轻人，可以在18个月内当上麦当劳公司的经理，可以在24个月内成为监督管理员。而且，晋升对每个人是公平合理的，既不作特殊规定，也不设典型职业模式，每个人主宰自己的命运。适应快、能力强的人能够迅速掌握各阶段的技术，从而更快地得到晋升。这个制度可以避免滥竽充数，因为每个级别都要经常性地培训，只有有关人员获得一定数量的必要知识，才能顺利通过此阶段考试。因此，这种公平的竞争、充足的机会吸引着大量有能力的人才到此施展自己的才华，实现理想。

麦当劳的晋升制度是这样的：

首先，必须当4~6个月的实习助理，在此期间，以一个普通班组成员的身份投入公司各个基层工作岗位，在这些一线工作岗位上做实习助理的工作。并且应当学会保持清洁和最佳业务的方法，并依靠自己最直接的实践来积累客观良好的管理经验，为以后的管理做准备。

第二，4~6个月后在每天规定的一段时间内负责餐饮工作，与实习助理不同的是，还要承担一部分管理工作，如：订货、作计划、排班、统计……来展示管理才华。

第三，8~14个月以后成为一级助理，即经理的护卫队，与此同时肩负着更多的责任，并且在餐饮管理的各方面要独当一面，管理经验才能日臻完善。

第四，从此以后，会有一个欢乐的"度假期"，进入芝加哥汉堡大学进修15天，此时可以与全球管理经理畅所欲言，各抒己见、谈笑风生。因为那里是国际培训中心，是理论与实践相结合最完美的地方。当然，如果很羡慕这美丽的地方，可别忘了向麦当劳总公司请求，它一定会要你每年至少一次去美国芝加哥学习。也有很多人讨厌这种循环往复的机械学习，可是麦当劳总公司并不这样认为，"不想当将军的士兵，不是好士兵"。这种最简单的学习，是提高服务水平、服务质量的基础，只有熟练才能生巧。

克里曼·斯通曾经说过："全世界所有员工最大的福利就是培训"，要使人才培训后不流失，关键要把培训与员工个人的职业生涯发展相结合。

麦当劳的这种人事制度不仅有助于工作人员管理水平的提高，而且可以提高员工的自觉性、积极性、能动性、创造性和企业归属感，来增加企业产出的效益和组织凝聚力，并因此吸引了大量有才华的年轻人加盟，为企业的长期战略发展培养后备力量，从而使企业长期持续受益。

这种人事制度不仅吸收了一般工作人员参与，而且为麦当劳管理人才提供了广阔的发展空间。

在麦当劳取得成功的人，都有一个共同的特点：从零开始、脚踏实地、实事求是。炸土豆条、做汉堡包，是最简单的工作，也是走向成功的必经之路，这对于那些在校的高才生来说是不是大材小用呢？用麦当劳总裁的话说：最伟大的人来自最平凡的工作。他们必须懂得：脚踏实地、实事求是、从零做起，是在这一行业中成功的必要条件。如果没有尝试，没有实践，那你又如何以管理者的身份对你的员工进行监督和指导呢？这是管理者最起码的工作。

麦当劳以一流的服务、一流的质量赢得顾客的信赖，以与众不同的人事制度、管理模式，招揽世界各国英才，也培养大批的管理人才，使它的"板凳"更有了"深度"。

成功和有效的员工培训和培养计划，不仅提高了企业员工素质，丰富了员工的职业技能，而且满足了员工自我实现的需要，从而增强了企业凝聚力，是企业多样化人才战略的强有力武器。不论是多么优秀的员工，企

业都负有进行培训和培养的任务。培训和培养不仅仅局限在新员工的岗前培训，重点应当是企业员工的岗位再培训。这不仅能提高员工完成本职工作的技能和知识，更可以通过对员工其他技能的培训，进一步开拓员工的潜能。同时，企业的独特文化和职业技能，也为企业的后备人才烙上深深的印迹。

人才结构状态需要互补

企业在用人时，如果让两个或两个以上性格、学识相仿的人合作，看似能够和平共处，顺利完成任务，实际上除了把他们的缺陷加深、障碍增多外，最大的好处，也不过是将其仅有的优点扩大罢了。对企业来说，这些优点是不足以应付全部外来困难的。举个例子来说，几十把二胡一起拉《二泉映月》和一个拥有不同音阶乐器的交响乐团合奏《第九交响曲》，哪个更好听一些呢？答案不言自明，不同音阶的乐器互相配合，高音与低音的互补，深沉与高昂的对衬，更能让乐曲的精髓喷洒而出。

企业用人也是同理。在一个组织中，每个人才因素之间最好形成相互补充的关系，包括才能互补、知识互补、性格互补、年龄互补、性别互补和综合互补。这样的人才结构，在组织上常需"通才"主管，使每个人才因素各得其位，各展其能，从而和谐地组合在一个"大型乐队"之中。

近来国外的研究表明，一个经理班子中，最好有一个直觉型的人作为天才军师，有一个思考型的人设计和监督管理工作，有一个情感型的人提供联络和培养职员的责任感，并且最好还有一名冲动型的人实施某些临时性的任务。这种互补定律得到的结果是整体大于部分之和，从而实现人才群体的最优化。管理者用人时不能不明白此理。

人才结构中的平衡互补原则，在现代企业的经营管理中起着越来越重要的作用，只有了解了人才结构中的互补定律后，才能更好地用人。

丹麦天文学家第谷有着杰出的观察才能，经过日积月累，他得到了大量天文观察资料。尽管如此，他的学说仍然没有摆脱托勒密地心说的束缚。1600年，第谷请了一位助手，德国天文学家开普勒。开普勒虽然观察能力不及第谷，但他的理论分析和数学计算才能却非常突出。他们两人合作不久，第谷就去世了。在第谷丰富的观察资料的基础上，开普勒进行了大量的理论分析和研究，大胆地提出了火星轨道为椭圆形的开普勒第一定律，接着又提出了第二定律（行星与太阳的连线在相等的时间内扫过相等的面积）和第三定律（行星公转周期的平方等于它与太阳距离的平方）。开普勒行星运行三大定律的发现，有力地证明了它是第谷观察才能与开普勒理论、计算才能互补效应的结晶。

用人除了要了解人才的才能互补、知识互补外，还应了解人才中的个性互补。无论在哪一个人才结构里，人才因素之间都存在着个性差异，每个因素的气质、性格都各有不同。例如，有的脾气急，有的脾气缓；有的做事细致、耐心；有的办事麻利、迅速。这些不同的个性特征，都可以从不同角度对工作产生积极作用。如果每个人才因素都是一种性格、一种气质，工作反而难以做好。例如，全是急性子的人在一起，就容易发生争吵、纠纷。这和物理学上的"同性相斥"现象极为相似。个性互补，有利于把工作做好，中国女排的崛起就是个鲜明的例子。原女排教练袁伟民是这样总结的："一个队十几个队员应该有各自的个性，这个队打起比赛来才有声有色。如果把他们的棱角都磨光了，那这个队也就没有希望了。"这话讲得非常有道理。一般而论，人才都有着鲜明的个性特性，如果抹杀了他们的个性特征，就等于抹杀了人才，只有把他们组织在一个具有互补作用的人才结构中，才能充分发挥他们的作用。

另一方面，还要注意其中的年龄互补。老年人、中年人、青年人各有各的特长和短处，这不管从人的生理特点还是从成才有利因素来讲，大都如此。因此，一个科学的人才结构，需要有一个比较合理的人才年龄结构，从而使得这个人才结构保持创造性活力。明朝开国皇帝朱元璋取得政权后的用人方针就是"老少参用"。他是这样认为的："十年之后，老者休致，

而少者已熟于事。如此则人才不乏，而官吏使得人。"朱元璋的这一用人方针是从执政人才的连续性、后继有人出发的。其实，它还有更高一层的理论意义，老少互补对做好工作，包括开拓思路、处事稳妥、提高效率等都意义深远。

性别互补也非常重要。物理学上有条规则："同性相斥，异性相吸。"男女都需异性朋友。人们只要与异性一起做事，彼此就格外起劲，也就是人们常说的"男女搭配，干活不累"。这种情形并非恋爱的情感，或者寻觅结婚对象，而是在同一办公室中，如果掺杂异性在内，彼此性情在不知不觉中就会调和许多。以前的公司内，有些部门专是男性负责，有些部门全是女性，并非故意如此安排，实则是因工作上的需要，不得不如此。在纯男性或纯女性部门中，经常有人发牢骚，情绪非常不平稳。于是有人建议安置一些异性进去，结果情况大为改观，他们不再那么愤世嫉俗，而且工作情趣陡升，工作绩效也大为提高。

现在越来越多的人都认识到，办公室内若有异性存在，就可松弛神经，调节情绪。男女混编，不但能提高工作效率，也可成为人际关系的润滑剂，产生缓和冲突的弹性作用。但是，男女混编要掌握一定的平衡规则。在众多男性中只掺杂一位女性，或者许多女性中只有一位男性，这样做也是不妥的。有效的男女混编至少要有20%以上的异性，同时也都希望彼此年龄能够相仿，因为彼此年龄悬殊，可能会形成代沟，也不会合得来。现代的年轻人，多半认为男女交往是一件正当的事，对自己的行为也大多能负责，所以你无须过分担心。

工作上不可能实行男女混编时，应经常举办康乐活动或男女交谊团体活动，增加男女交往机会。公司方面也不妨鼓励员工多参加公司以外的活动，总的说来，对公司是裨益良多的。

平衡互补的用人之道在现代企业管理中，地位越来越重要。规模越大，越需要在其人才结构中体现这一原则。

企业操作实务方略：如何当好部门主管

技术人才配置的规模效益

在经济活动中，经营管理者采用小打小闹的经营规模所获取的经济收入，显然不及采用较大经营规模的经济收入；个体的、分散的、零星的经营方式所具有的竞争实力和抗风险能力，显然不及群体的、集中的、大宗的经营方式所具有的竞争实力和抗风险能力。在经济学中，把后一种经营效果，即经营主体通过一定的经营规模而获得的经济利益，叫作规模效益。

类似的现象，在用人行为中也到处可见。

华北某市政府，先后从外地引进各类人才百余名，其中约有87%左右的人才，由于分配到所在单位以后，被基层主管采用单打一的使用方式予以使用，其结果，不仅大多数部门没有取得明显的人才效益，甚至有不少人抱怨不如在原地区工作来得顺手。

某市某企业，从中央某军工企业引进了一位颇有才华的中年工程师。该企业主管花费几十万元为他买了一套住房，同时为其家属安排了工作，还在现有财力、物力条件下，尽量为该工程师提供了优越的工作条件和生活环境。该工程师深受感动，发誓要竭尽全力为该企业做出奉献。然而，由于该企业技术力量薄弱，严重缺乏和该工程师配套的其他技术人员，结果，该工程师一年内搞成功的新技术项目，竟比在原单位工作时减少了65%。

这些现象提醒我们：在日常管理活动中，单打一地使用人才，往往不及人才群体配置、协同使用效果显著。

使用人才，一要集结，二要配套，这是一条十分重要的用人真理：人才配置中存在"规模效益"。因此，管理者在使用人才时应注意集结与配套问题。

一些有经验的管理者，在对待人才的集结配套问题时，总是十分认真地考虑以下四个环节：

（1）集结密度

在某一单位、某一部门里，同类人才的集结数量，究竟应该控制在一个怎样的限度内，才称得上适量。集结多了，容易造成人才过剩、人才浪费；集结少了，又会出现势能偏低，火力不足。唯有集结适量，才能使人才资源得到最充分的利用和开发。

（2）集结时间

任何人才群体，都不可能在任何时间内都保持一成不变的集结常量。它必须根据工作任务的完成情况，随着潮涨潮落的发展变化，不断调整人员集结的形式和数量。集结早了，工作尚未进入高潮，人员闲着没事可干；集结晚了，工作又早已步入高潮，容易导致人少事多，难以招架的被动局面。为此，必须选择最恰当的时间，将优势兵力集结起来，才能打一场精彩漂亮的歼灭仗。一旦发现退潮现象，就立刻将其中一部分多余的人才抽出来，重新集结到另外一个正处于工作高潮的岗位上去加强火力。

（3）配套结构

人才集结，必须讲究一定的配套结构。一是门类要齐全，既要有技术人才，又要有管理人才；既要有知识面广的通才，又要有知识精深的专才。二是比例要合理，各种能级的人才，按照高、中、低三个层次的搭配比例，可以是1∶3∶5，也可以是1∶2∶4，还可以是1∶5∶9，总之，应以融洽、协调、顺手为原则。三是机制要健全，人才配套以后，要在建立理想的硬结构的基础上，进一步建立理想的软结构，促使人才之间产生良好的互补共振效应和激发良性竞争的心态环境。

（4）配套形式

为了充分发挥每个人才的积极性和创造性，应根据主管活动的自身需要和工作任务的不同性质，分别采取灵活多样的配套形式，将各级各类人才卓有成效地集结起来。因此，配套形式必须有利于实现管理者制定的管理目标，必须有利于充分发掘人才资源。

在具体进行用人抉择时，出于集结配套的考虑，管理者应分别做出下

列明智的决断：

（1）引进人才不必全部求高、求尖，应根据自己手头掌握的人才配置状况，本着缺什么补什么的原则，分别引进最急需的高、中、低各个层次的人才；

（2）当现有人员中缺乏相应的配套人才时，对于从外部引进一两个优秀人才，就应该持审慎的态度，因为这些人才调来以后，往往会陷入孤掌难鸣的困境，很难取得什么明显的人才效益；

（3）在条件允许的情况下，人才个体引进往往不如群体引进，在一些发达国家之间，动用重金将某个人才群体（公司、研究所、实验室、咨询智囊机构）"连窝端"的情况，并不罕见；

（4）当某个拔尖人才在本单位处于孤掌难鸣的困难境地，而本单位一时还很难为他配置相应规模的人才时，只要他本人愿意，就应该允许他上外地区、外单位，与其他人才群体重新组合，以获取新的更显著的规模效应；

（5）为了避免不必要的人才浪费，管理者可以采取矩阵管理的方法，在甲任务开始上马，人才需求量不大的时候，只投入少数人才，到了任务全面展开，进入高潮以后，迅速投入全部人才，最后即将收尾之际，又及时将剩余人才转入到乙任务之中去；

（6）要做到上述这一点，就必须对同一人才群体，同时安排多个依次排列的管理目标，并允许人才群体的集结形式，随着时间和任务的进展而灵活变化；

（7）唯有当人才集结到一定的规模，并且建立起合理的配套结构时，管理者才可以考虑从事与其相对应的科学技术协作活动和现代化经济管理活动。

总之，在用人实践中讲求人才配置的规模效益，是十分必要的。为了充分发挥每个人才的积极性和创造性，管理者应根据组织的自身需要和工作任务的不同性质，分别采取灵活多样的配套形式，将各级各类人才卓有成效地集结起来。这有利于实现管理者制定的管理目标，有利于充分发掘人才资源。

培养人才是一种战略性投资

许多主管认为员工培训成本很高,并且,在短期内看不到什么效益。这种看法普遍存在,却是非常错误的。世界上许多大企业早就把员工培训费用看成是一种投资,而且是一种回报率很高的投资。韩国三星集团每年的员工培训费用为5600万美元。早在20世纪80年代,电讯巨头摩托罗拉公司做过的一次调查表明:每1美元的培训费用,在3年内可实现40美元的生产效益。

著名企业管理学教授沃伦·本尼斯说:"员工培训是企业风险最小、收益最大的战略性投资。"这句话阐明了员工培训对于企业的重要意义。

遗憾的是,有很多公司的主管并没有意识到这一点,他们只是一味地要求员工提高工作效率、提升产品质量。殊不知,一个只具有陈旧知识和技能的员工的公司,它的产品质量如何能够超过其原有的水平,它的生产效率又如何能够得到提高呢?

松下幸之助是一个很看重员工培训的企业家,他对全公司的员工都要进行培训,任何新到公司的人都要进行岗前培训,合格后才能上岗。

松下电器公司对培养人才的重视,使其每年支出的员工培训费和科研开发费约占其营业额的8%。人们说,在竞争激烈的国际市场中,松下电器公司赢就赢在其对人才的培养上。

在现代企业里,年轻的员工是企业的新鲜血液,是企业永远保持旺盛生命力的依托所在。因此,成功的管理者总是注重对年轻员工的培养工作,以便让他们迅速地成长起来,充实到企业生产的第一线,充当企业的生力军。

爱森公司是一家促销代理商,该公司为其员工开设了一间"午间大学",举办一系列内部研讨会,由外部专家亲临讲授,涉及的课题有直接营

销和调研。此外,如果员工要考更高学位,而这些学位又与业务有关,并且员工也能考出好成绩,公司则会全额资助。

该公司的行政总监杰弗里说:"我们将公司收入的2%投入到各项培训教育中去。员工对此表示欢迎,因为这是另一种收入形式。"

员工培训是企业主管的重要工作,日本的一些企业甚至明文规定,企业主管有培养员工的责任,并将主管是否有能力培养下级作为考核主管是否称职的一个重要指标。

主管应该把培训看作是对未来——自己公司的未来的战略性投资。在过去几年中,许多公司的主管将培训与员工的再教育提高到公司战略目标的地位。这些公司的管理者们认识到,有一个远景目标固然是件好事,但如果没有具备实现公司规划的知识技能的员工,这个目标是永远不可能达到的。

主管应该让员工们时刻接受挑战,使员工时刻都具有提高能力的热情。这样他们才能学到新的知识,改进已有的技能,公司才能不断发展壮大。

培训是提高员工职业素质的不二法门。然而,不少主管才华横溢,能力超群,在很多观念上具有前瞻性,但是,在人才培训的认识方面有误区,甚至抱着消极的态度。所以,要进行有效的培训,务必要从更新观念开始。

要更新观念,首先要认识主管对培训有着什么样的误区:

1. 认为培训是可有可无的事情

很多主管认识不到培训是企业发展的新动力,他们会在心底里想这几年企业一直未搞培训,还不是一样照常运作?这种观念实在可怕,当前激烈的市场竞争关键是人才竞争,而人才的价值在于其积极的态度、卓越的技能和广博的知识。由于知识爆炸和科技高速发展,每个人的知识和技能都在快速老化。为适应社会环境以及市场的快速变化,企业人才素质的提高显得尤为重要。目前,管理理论家和实践家一致认为,培训是一种投资,高质量的培训更是一种回报率很高的投资。因此,培训是企业发展的新动力。

2. 认为培训收不到什么效益

许多公司在招聘新人才时都明确强调"要求有一定工作经验"。他们认为有经验者直接可以投入工作,而没有经验的人还要进行培训,既浪费时间又浪费精力。更有一些主管错误地认为,新人只要随着时间推移,会自动地逐步适应而胜任工作,不需要在培训上做无益或者作用不大的投入。这一条就把无数有志于效力该企业的应届毕业生拒之门外,事实上,这些年轻人虽然没有经验,但有学历和素质,经过公司的培训后,这些后起之秀将成为公司的骨干。

而遗憾的是,那些所谓的有"工作经验"者,往往是由其他企业"跳槽"而来,因不满意原来企业报酬等原因而来寻求机会,一旦对这里产生不满,同样会匆匆离去。这就使得某些岗位长期处于不稳定中,从而对企业利益造成直接损害。而这种"来也匆匆,去也匆匆"的行为又往往影响到其他一些人员的稳定,从而进一步对企业造成间接损害。

3. 认为目前经营状况良好,不需要培训

一些企业主管常常说:"我们的企业发展很好,是不需要培训的。"但真的是这样吗?未必。据统计,世界500强企业的平均寿命为30年左右,美国的新企业80%在第二年就宣布倒闭。中国的企业转向市场经济的时间并不长,但已感到市场经济竞争的严酷性。目前,经营状况良好,并不意味着未来经营更好。而且由于缺乏人才培训,使得经营状况原本可以更好的企业也表现平庸,成功企业的经验反复证明了这一点。

当今社会是个飞速发展的社会,各种知识日新月异。如果你的员工两年没有接受任何培训,他们的知识就已经落伍了。所以,无论是有没有工作经验的员工,都是需要培训的。主管不能因为培训费时、费钱、费力,并且在短时间内看不到直接的效益,就不重视培训,这是一种目光短浅的行为。

培训员工是一项很重要的工作,而建立起正确的培训观念,是促使培训工作能顺利进行和达到预期效果的前提。在培训工作开始之前,要树立培训员工的正确观念。

1. 培训是一种可获得丰厚回报的投资

目前许多企业主管偏重广告投入,轻视显效期较长的"培训"投资。这主要是有些主管错误地认为培训是一种成本,认为应该尽量降低,能省则省。企业效益差时,因资金不足就尽量减少培训或者干脆不培训。

培训是一种可获得回报的间接投资,它通过人才技能、素质的改变提高工作效率,带来经济效益,其效果是潜移默化的、无形的。

2. 培训不只是到外面去上课

一提到培训,很多人会想到到外面去上课,听听专家、学者的讲授课程。听了之后,一般没什么效果,一是有的主管也不管外面讲的适合不适合自己的公司,把新学到的观念和方法拿来就用。二是回来闷声不响,好像从来没有发生过什么事情一样。

这两种反应都是错误的,前者到外面去上课,回来后把所学到的方法,应用到公司的现行作业上,这自然很好,但在应用之前,你要先深入了解一下学到的东西是否适用于公司的环境,或局部修改后即可使用。而后者上课回来却闷不吭声,公司花了钱至少也应该得到一些回馈。如果闷不吭声,公司就好像把钱丢到河里去一样。比较好的方式是让那些上课回来的员工,将上课的所得、所知,详细地在公司内传授给公司内有相关工作的员工,等大家对这些新学来的方法了解了之后,再来改进和执行。如此一来,才算真正善用培训的费用,也算达到了培训的目的。

3. 培训不只是培训部的事情

一些主管常常有这样的认识:"目前企业所出现的各种问题,主要是因为员工素质不行。员工是人力资源部招收的,培训部是负责培训的,员工素质不行是培训部培训得不好,出现问题不是我们管理人员的责任。"

企业培训是一项系统工程,企业管理者不光要重视培训的前期准备、策划和选择过程,培训实施中还要加强监督、沟通和评估,以免造成培训项目事倍功半。

4. 培训不是灵丹妙药

有的企业把培训当成是万能的,视"培训是个筐,什么都往里面装",

企图通过培训解决企业的所有问题。

培训一般只能解决技能上的事情，观念和知识不是一朝一夕的培训能够解决的。作为企业主管，不要将培训看成是万能的，对培训产生完全的依赖也是有害的。

5. 不要流行什么就培训什么

有的企业培训工作流于形式，表现在对培训课题的定位不明，针对性不强，流行什么就培训什么，从表面上看，企业的培训工作开展得轰轰烈烈，其实是无的放矢，效果并不理想。

培训的首要目的应该是满足企业长期发展的需要，将培训与企业长期发展目标以及员工的职业生涯设计相结合，在深入的需求分析上有针对性地进行，才能够真正取得实效。

6. 培训不是一项福利

有些企业把培训当成一项给员工的福利，尤其是那些到国外受训以及较长时间、较高费用的培训。只要员工把培训当作一项福利，接下来的事情就不好办、也不好沟通了。

"今年轮到他，明年就应该轮到我，否则就是不公平，你管我需不需要？轮到我，就该让我出去。"到最后，管理者也搞不清楚为什么要派员工去受训，只是觉得好像是该轮到某人了，否则就不公平。为了避免以上的困扰，也只好由他去了，这样日子久了，培训就顺理成章地变成一项员工的福利了。

因此，真正有心的管理者，平常就要很明白地告诉员工，培训绝对不是一项员工的福利，受训是因为工作上的需要，是一项任务。受训回来，还有责任将受训的课程和内容传授给相关的员工，并且以身作则，先做给员工看，也提出相应要求。这样员工就会理解，培训制度才会被员工普遍接受。

保证培训成果的转化是关键

培训成果的转化是指将在培训中所学到的知识、技能和行为应用到实际工作当中去这样一个过程。保证培训成果的转化是培训有效性的关键。培训成果的转化受转化气氛、管理者的支持、同事的支持、运用所学能力的机会、技术支持以及自我管理技能等方面因素的影响。

1. 培训成果转化的气氛

考虑工作环境对培训成果转化所产生的影响的思路之一，是来看一看总体的培训成果转化气氛。转化气氛是指，受训者对于工作环境中所存在的有助于或有碍于把通过培训获得的技能或行为运用于实际工作之中的各种各样特征的看法。这些特征包括上级和同事的支持、运用技能的机会以及运用所学技能所产生的后果等等。

2. 管理者的支持

管理者的支持是指，受训者的上级管理人员强调参加培训项目的重要性，强调应当将培训内容运用到工作当中去，等等。上级管理人员的支持程度越高，则培训成果越有可能得到转化。管理人员所能够提供的最低层次的支持是允许受训者参加培训；主管人员的支持是作为一名指导者（参加培训项目的教学）亲自参加培训，并带领下属把所学应用到实际工作中。

3. 同事的支持

通过在受训者之间建立起一种支持网络，会有助于强化培训成果的转化。所谓支持网络是指由两个或两个以上的受训者自愿组成的一个小群体，他们同意定期讨论在将培训中学到的技能转化到实际工作方面所取得的进展。通过这种交流，受训者可以彼此分享在将培训内容运用到工作方面所取得的成功经验。

4. 运用所学的机会

运用所学的机会（应用的机会）是指受训者所得到的或受训者自己努力寻找的运用在培训项目中所学到的新知识、新技能以及新行为的机会。应用的机会受到工作环境和受训者动机两个方面的影响。受训者应用在培训中所学能力的途径之一是，安排他们去从事需要运用所学内容的工作（比如解决一些问题、承担一些任务等等）。受训者的上级管理者通常在决定这种工作安排时起着决定作用。应用的机会还会受到受训者是否愿意承担起个人责任的影响，即他们是否愿意积极地去寻找允许他们发挥新获得的那些技能的工作任务。

5. 技术支持

电子操作支持系统是一种可以按照要求提供技能培训、信息供给以及专家建议的计算机应用软件系统。电子操作支持系统可以被用来促进受训者的培训成果转化，即在存在这种系统的情况下，当受训者力图在工作中运用培训中所习得的能力的时候，只要他们遇到问题，随时都可以通过这一支持系统获得自己所需要的电子信息。

6. 自我管理

培训还应该让员工做好在工作中运用新技能和采取新行为时进行自主管理的准备。特别是在培训的进展过程当中，应当让受训者有机会制定在工作中运用新技术和采取新行为的目标；确定在何种条件下可能无法达到既定的目标；列举运用新技能、采取新行为的积极与消极后果；监督整个新技能和新行为的应用过程。此外，受训者本人也应当明白，在运用培训内容的过程中遇到一些困难是不可避免的；回复到原有的行为和技能模式并不意味着受训者就应该放弃培训中所学到的内容。最后，由于同事或上级管理人员可能无法对受训者运用培训内容的行为给予奖励或自动提供反馈，因此受训者需要创建自己的自我奖励系统，并且要求同事和上级提供反馈。

薪酬激励是一把"双刃剑"

很长一段时间,员工薪酬和奖金计划被认为是激励员工的最佳途径。在有些地方钱成为一种避免利用其他激励因素的逃避方式。谁都能随口说出"多做点,我会多付你钱"这样的话。

但是随着社会经济的发展,很多公司都逐渐发现,金钱这种传统的单一激励手段,在实施过程中受到了诸多因素的制约。

人的欲望是无穷的,企业有限的物质资源永远无法满足员工的无限需求。同时,当员工所得到的物质财富达到一定水平时,受"边际效用递减规律"的影响,如果继续增加所分配的物质财富的数量,对员工的激励作用将不再突出。举个例子来看:

月薪是 1000 元时,给你加薪 500 元,你的感觉是:超乎想象、受宠若惊、绝对满意;月薪是 2000 元时,给你加薪 500 元,你的感觉是:超出预期、美滋滋的、比较满意;月薪是 3000 元时,给你加薪 500 元,你的感觉是:我应得的、顺理成章、没有满意也不会不满;月薪是 5000 元时,给你加薪 500 元,你的感觉是:少了点,我就这么不值钱吗?可能不会发牢骚,但肯定不会很满意;月薪是 10000 元时,给你加薪 500 元,你的感觉是:一次才涨 500 元,开我玩笑吗?……不难看出,当一个人月薪 10000 元的时候,500 元的加薪已经没什么效果可言了。也就是说,这时要想产生月薪 1000 元时 500 元的加薪带来的满足感,你就要付出比 500 元多得多的薪水。

薪酬用于激励是一把典型的双刃剑,一方面,薪酬可能是最直接、最能立竿见影的激励措施,因为绝大多数人总还是希望钱越多越好;但另一方面,薪酬也是最不可靠、代价最昂贵,而且也最难于操作的激励手段。你能保证员工因为多拿钱而多干活吗?你知道一个员工认为该拿多少钱才愿意任劳任怨呢？多数情况下，答案都是"不"。而企业在对员工采取激励手段时，最尴尬的结果就是：花了钱，反而换来了人心离散。

管理专家称，公司的薪酬激励计划也可能对员工毫无作用，甚至产生相反的结果。盖洛普公司员工激励全球实践的负责人考夫曼说："在无效的激励计划之下，很多员工对工作丧失了责任心，总是把自己的工作量压至最低。从根本上来说，他们是不尽责的。"一位美国专家估计，对于员工人数在100人以下的小公司而言，因失败的激励计划而招致的损失可高达20万美金，包括重新培训员工的费用、生产率降低的损失，这还不包括它对员工士气的无形打击。根据某人力资源和福利协会的研究，对大多数公司来说，这笔费用达到了员工工资总额的2%，高出了一个典型的激励计划的实施成本。盖洛普公司的考夫曼建议企业抛弃过去常用的那些薪酬激励方式。他说："我们发现，诸如年度最佳销售人员、年度最佳经理这类荣誉称号对员工所起的激励作用并不大，虽然获奖人当时会很高兴。这种激励方式会演变成轮流坐庄。怎么才能获奖？怎样才算优秀？现在大多数的员工激励计划都无法就此给出一个明确的答案。"

管理顾问奥菲·科恩著有《奖励是惩罚》一书。在书中，他强烈反对利用金钱激励员工。他指出，用金钱诱使员工提高业绩，纯属浪费且不利于提高生产率，不能用于致力提供质优产品或服务的企业。

科恩认为，钱最多能避免一些问题的出现，但这并不意味着，我们应该不惜时间和资源为企业买来高质量，或用钱鼓励个人努力工作。

但是，金钱往往起不到激励作用，这种观念也存在很深刻的问题。显然，如果把你的工资减半，你肯定怒火万丈。

尽管薪酬激励存在一些弊端，但这并不等于说我们就可以忽视薪酬激励。对下面4种类型的人而言，薪酬激励可能是一种相当不错的选择：

（1）雅皮士：他们的收入尚未能支持他们实现理想的生活方式，希望钱多多益善；

（2）拼命往上者：这些人以前很穷，现在正打算买地产，或第一次拥有余钱，他们感到钱相当具有魅力；

（3）赚钱狂：这些人生活的全部意义就是赚钱；

（4）追求成就者：这些人把成就看得比什么都重要，这种成就包括与自身价值相当的收入。

薪酬激励是把双刃剑，既有其积极的一面，又有消极的一面，作为管理者要尽量发挥其积极的一面，避免其消极的一面，并设法找到激活员工积极性的非物质因素。

奖惩的时机与方式影响最终效果

一般而言，一件事情在什么时候做以及怎么做，往往会直接影响到做这件事的效果。对员工的奖惩也不例外。如果不注意时机和方式，常常难以达到奖惩的目的，甚至还会适得其反。因此，管理者在这个问题上一定要多加研究，以充分发挥奖惩的功能。

那么，管理者应当掌握哪些奖惩的时机与方式呢？

1. 奖励

奖励，是指对某种行为进行奖赏和鼓励，促使其保持和发扬某种作用和作为。奖励的方法是多种多样的，一般分为物质奖励和精神奖励，以及两种奖励的结合。物质奖励满足人们的生理需要，精神奖励满足人的心理需要。为了增强奖励的激励作用，实行奖励时应注意下列技巧性问题。

（1）物质奖励和精神激励相结合

进行奖励，不能搞"金钱万能"，也不能搞"精神万能"，应当把物质奖励和精神激励相结合。

（2）创造良好的奖励气氛

要发挥奖励的作用，就要创造一个"先进光荣，落后可耻"的气氛。在获奖光荣的气氛下奖励，能使获奖者产生荣誉感，更加积极进取；使未获奖者产生羡慕心理，奋起直追。而在平淡的气氛下奖励，降低了奖励在人们心目中的地位，很难发挥激励作用。

（3）及时予以奖励

这不仅能充分发挥奖励的作用，而且能使员工增加对奖励的重视，过期奖励成了"马后炮"，不仅会削弱奖励的激励作用，而且可能使员工对奖励产生冷淡心理。唐代著名的政治家柳宗元认为"赏务速而后有劝"，他主张"必使为善者，不越月逾时而得其赏，则人勇而有焉"。他说的"赏务速"就是奖励要及时的意思。同时，奖励要及时兑现，取信于民。"信"是立足之本，言而无信，当奖不奖，员工就会感到受骗，从而产生反感情绪。

（4）奖励要考虑受奖者的需要和特点

奖励只有能满足受奖者需要，才会产生良好的效果。因此，奖励者应注意摸清受奖者需要什么，不需要什么，根据不同需要给予不同奖励。

2．惩罚

惩罚的作用在于使人从错误中吸取教训，消除某种消极行为。惩罚的方法也是多种多样的，如检讨、处分、经济制裁，以及法律惩办等。惩罚作为一种教育手段，本来是一般人所不欢迎的，因为它不是人们热切追求的，如果掌握不好，则容易伤害被惩罚者的感情，甚至受罚者会为之耿耿于怀，由此消极和颓唐下去。但是，只要我们讲究惩罚的艺术性，不仅可以消除惩罚所带来的副作用，还能够收到既教育被惩罚者又教育了别人、化消极因素为积极因素的效果。实行惩罚要注意以下几点：

（1）惩罚与教育相结合

惩罚的目的是使人知错改错，弃旧图新。因此，要把惩罚和教育结合起来。这个结合的常用公式是"教育——惩罚——教育"。就是说，首先，要注意先教后"诛"，即说服教育在先，惩罚在后，使人知法守法，知纪守纪。这样做可以减少犯错误和违纪行为，即使犯了错误，因为有言在先，在执行法纪时，也容易认识错误，易于改正。如果不教而"诛"，则被"诛"者会不服，产生怨气。其次，要做好实施惩罚后的思想教育工作，使他正确对待惩罚，帮助他从犯错误中吸取教训，改正错误。

(2) 一视同仁，公正无私

惩罚对任何人都要一视同仁，要以事实为依据，以规章制度为准绳，不能感情用事。对同样过错，不能因出身、职位、声誉和亲疏缘故而处理不一，表现出前后矛盾，甚至轻错重处，重错轻处。这样的惩罚只会涣散人心，松懈斗志，毫无积极价值。

(3) 掌握时机，慎重稳妥

一旦查明事实真相就要及时处理，以免错过良机，造成更大危害。适时是指掌握恰当的时机，瞄准火候。什么是惩罚最佳火候呢？其一，事实已查清，问题性质已分清；其二，当事人已冷静下来，对问题有所认识；其三，其错误的危害性已为群众所意识到。具备这三个条件，就是惩罚的恰当时机。这三个条件要靠惩罚者去创造，不能消极等待时机。惩罚，还应注意稳妥，不能一味蛮干，有的适当放放，以免激化矛盾。特别是对一个人的首次惩罚，更要慎重稳妥，要十分讲究方式、方法。当然，也不能久拖不行，否则，时过境迁，就会降低惩罚的效果。

(4) 不能以功抵过或以过抵功

功与过是两种性质完全不同的行为要素。功就是功，过就是过，不能混同，也不能互相抵消。因此，在实施奖惩时，有功则赏，有过必罚，功过要分明。决不能因为某人过去工作有成绩或立过功，而对他所犯的错误姑息迁就，搞所谓以功抵过。这样做对他自己、对集体都没有好处，只有害处。同样，也不能因为一个人有了错误，而一笔抹杀他过去的成绩，或对他犯错误后所做的成绩不予承认、不予奖励。这样做也是不利于犯错误者进步的。对于一个人犯错误以后做出的成绩，更应注意给予肯定和奖励，这样才能使他们看到自己的进步。

留住关键员工，重在日常管理

第三章 知人善任，量才用人

现代企业的核心竞争力往往由企业所拥有的人力资源所决定，关键员工的去留对企业具有举足轻重的影响，如何有效地管理关键员工是许多企业迫切需要解决的问题。事实证明，防范关键员工的流失，重点在于做好日常管理。

根据钟形曲线的研究发现，若以工作绩效与能力区分，钟形曲线的中间突起部分，可以视为企业员工表现的平均值，经统计得知，企业内表现值最高的前10%的业务员，大约可为企业带来60%的盈利。

也就是说，位居企业内前10%的高绩效员工所创造的绩效，将高达整体员工共创绩效的60%。由此可知，这10%的优秀员工就是企业的关键员工，他们在企业的发展中起着举足轻重的作用，若企业能成功掌握这10%优秀员工的动态，并在必要时针对从另外90%的员工中做出裁员决策，不但无损于绩效创造，更有助于企业精简人事成本计划的执行。

当然，要想留住人才，不能等到他们提出辞职的时候再想办法，虽然亡羊补牢犹未晚，但事实上已经造成了损失。为了避免造成不必要的损失，就要及早一步掌握员工动态，甚至了解他们有可能离职的原因，以便在日常的管理中做到防患于未然。

对于10%优秀员工的管理，首先是与其他员工的管理一样，需要配合企业发展战略，系统和全面地进行规划、培养、保留和开发。其次是关键员工的管理在具体方式和方法上，更强调有针对性、有创意的个性化管理。

首先，我们来看看关键员工的系统化管理，它体现在五个方面：

1. 关键员工队伍的规划

业务战略决定了组织所需的人力资源，配合企业的业务规划和经营策略，分析、明确哪些是实现战略目标不可或缺的、最重要的核心人员，这

是进行规划的第一步。接下来要对员工队伍的现实任职素质进行大"盘点",比如,企业现有人员是否已满足业务战略对关键员工的需求,缺口有哪些、有多大等。同时,要分析外部人力市场的变化趋势及内部员工流失率情况,预测关键员工队伍未来的发展变化与业务发展的匹配情况。综合上述所有因素,可以对关键员工进行整体、系统的战略性规划,从而为关键员工的有效管理打下良好基础。

2. 关键员工的文化管理

企业文化对于关键员工的管理重点在于企业战略目标与关键员工的个人发展目标的契合。关键员工是企业发展的核心力量,在某种程度上,关键员工决定了企业的战略目标。所以,企业在制定目标及战略规划时,应提供机会让关键员工参与决策,取得他们的认同和理解,化企业战略目标为个人发展目标,从而激发关键员工自发的、长久的奉献精神。

3. 关键员工队伍的激励

这主要从两个方面入手:即关键员工的绩效管理和薪酬管理。

关键员工的绩效管理是战略性的绩效管理。通过分析实现战略目标的关键成功因素,我们可以确定企业的关键绩效指标,并由此确定关键员工的绩效指标,从而把关键员工的主要活动和企业战略紧密结合起来,保证关键员工的绩效贡献直接支持企业战略的实现。

员工付出劳动得到的回报包括经济性与非经济性两种,从时间上又有短期、中期和长期之分。关键员工是企业不可或缺的重要构成资源,这决定了对关键员工的薪酬管理重点要考虑中长期薪酬方案。现在很多公司实施员工持股计划和期权计划正是基于这种考虑。

4. 留住关键员工的"心"

关键员工的保留要注意两点:人的保留与人所拥有的资源的保留。留人主要是留"心",创造良好和谐的企业文化氛围,追求组织与个人的双赢,是留"心"的根本。而如何把个人优势转化为企业优势则是保留关键员工的重点工作。比如,骨干人员所拥有的核心技术、经验、个人声誉、客户关系等,这些资源常因人才流失给组织带来很大的损失。加强团队建设是转化个人优势的有效方法之一,团队使个人的作用有限,团队内资源共享,从而分散和降低了组织对个人的依赖性。另外一个有效方法是加强制度化的规范管理。比如,技术知识的管理制度、客户关系的管理制度等,通过制度把个人所拥有的资源记录、整理、分享和保存,从而变成企业的资源和优势。

5. 关键员工队伍的开发

其重点在于素质开发,高素质是高绩效的基本前提。企业能否保持稳定健康的发展,关键要看骨干人员的素质是否能够满足企业现实和未来发展的需要。围绕素质管理制定关键员工的培训计划和发展计划,一方面配合企业的战略规划,同时结合个人职业发展规划,形成共同发展、共同成长的伙伴关系,这是关键员工管理的最佳境界。

看过对关键员工的系统化管理后,我们再来看关键员工的个性化管理。

由于每个企业发展阶段不同、选择战略不同和行业特点不同,决定了每个企业的关键员工也不同。所以,管理者对于关键员工一定要认真分析和研究实际情况,如此才能制定出针对性强、切实有效的个性化的管理方案。

举个案例来具体说明:

某跨国公司的中国分公司,在全国 26 个城市设有分支机构。公司通过分析认为它们公司内部的本地中、高级主管者是支持业务发展的关键员工。这些中、高级主管者大都是从内部培养和提拔而来,现在面临的问题是,这些人常常成为业内其他企业的猎取目标。因此,迫切需要制定一个关键员工保留方案。

因为所面临问题的紧迫性,所以保留方案首先确定为中短期及经济性方式,暂不考虑长期的、非经济性手段。主管经过分析这些人员的特点发现,他们平均年龄约为 30 岁,大多处于准备结婚或刚刚结婚的人生阶段,这个阶段生活的最大需求是住房。因此,决定保留方案将围绕住房来设计。

解决住房有很多种方式。比如,公司统一购房提供给符合条件的员工

居住，到一定的服务年限，房产权归员工个人；或由公司提供低息、无息贷款给员工购房，在一定年限内，从员工工资中逐月扣除等等。但是因为公司的分支机构分布在全国26个城市，这些方式的管理难度很大，不易操作。最后决定以购房津贴的形式随月工资发放。

那么，购房津贴的金额是多少？什么时候发放？发多长时间？现在进行保留方案的具体设计工作。首先设定目标住房的标准，即面积在100平方米左右的多层单元套房，位于距离市中心30分钟车程的地段。按照这些标准在全国26个城市收集商品房的价格信息，同时统计不同城市中、高级员工的现金收入，并和所在城市的房价进行分析比较，由此得到以下假设：

主管级员工服务3年、经理级员工服务2年后，其个人积蓄足以支付购房的首期款项。

接下来以5年分期付款计算，月供楼的金额由个人节余和公司津贴共同承担。公司津贴平均占员工月工资的20%左右；5年按揭期结束，入住时需一次性交纳一笔尾款，同时需要装修费用，两项相加基本相当于一个员工的年收入额。

根据以上分析数据，在所增加的预算得到批准的情况下，可以确定该项关键员工保留方案的基本要素：主管级员工服务满3年、经理级员工服务满2年，则可以向公司申请购房津贴；购房津贴为员工月工资的20%，每月随工资发放；自申请之日起，可连续享受5年；5年结束时，员工可一次性获得相当于其当年年收入额的个人补贴。

实行这个方案后，预期可以较稳定地保留大部分关键员工7～8年，而后他们将步入中年，届时流失率将大大降低。

从这个案例我们可以看出，制定个性化管理方案的一些基本原则：（1）以解决现实问题为根本目的；（2）方案的设计以认真科学的分析论证为基础；（3）可操作性强，管理成本低等。

在一些公司中，总是有一些员工是非常优秀的，对于他们，管理者一定要做好防范措施，避免人才流失。即便是企业在不景气的时候，也不能随便让他们离开公司。

根据专业统计机构调查得知，如果企业内同时有三位中层主管离职，那企业得花将近 100 万美元的成本，目的只是为了找人填补职缺。既然重新招募人才比留住人才所花费的成本要高出许多，那么，管理者一定要想尽一切办法，留住这 10% 的优秀员工。

员工的热情源自对企业未来的信心

盖房子的时候，建筑师把自己的想法具体地表现在蓝图上，再依照蓝图完成建筑物。如果没有建筑师的具体规划就无法完成。同样的道理，企业在行动时也必须要有行动的蓝图，也就是精密的具体理想或目标。

人力资源管理的最佳境界就是把各个员工的理想、抱负与企业前途紧密地结合在一起，双方共同发展。员工认为企业有前途，才会留下来努力工作；相反地，如果员工对企业前途没有信心，就会产生一种前途未卜的恐惧心理以及对业绩成长的忧虑。在这种心理影响下，员工就会表现为混日子、悲观消极、缺乏责任心和事业心，甚至整天想着跳槽。这样的心态，当然对员工个人的成长和企业的发展都极为不利。

要使员工对企业前途充满信心，就要让员工了解企业的优势和发展目标及企业的美好前景。员工看见了企业发展的蓝图和目标，才会主动地把个人的事业和企业的前途紧密地连在一起。

明确的企业发展目标是调动员工积极性的有效手段，员工越了解公司目标，归属感越强，公司就越有向心力。

不断地提出适合企业发展的目标，让员工对企业前途充满信心，是松下先生的重要激励谋略。早在 1932 年，松下幸之助在向企业员工演讲使命感的时候，曾经描绘了一个在 250 年内达成使命的愿景。其内容是：把 250 年分成 10 个时间段，第一个时间段的 25 年，再分成 3 期，第一期的 10 年

是致力于建设的时代；第二期的10年继续建设，并努力活动，称"活动时代"；第三期的5年，一边继续活动，一边以这些建设的设施和活动的成果贡献于社会，称"贡献时代"。第一时间段以后的25年，是下一代继续努力的时代，同样要建设、活动、贡献。如此一代一代地传下去，直到第十个时间段，也就是250年以后，世间将不再有贫穷，而将会变成一片繁荣富庶的乐土。

松下的这个规划，可以说是绝无仅有的，不仅在企业界未有先例，就是那些赫赫有名的政治家，也没有多少人有这样宏伟的规划。难能可贵的是，时至今日，可以说他的梦想正在一步一步地实现着。而更为现实的是，松下的这种规划让每个员工都拥有了灿烂辉煌的梦想，使员工对企业的前途充满了信心，从而提高了他们的工作热情和积极性，提高了工作效率，促进了企业的快速发展。其作用是不可估量的。

松下说："经营者的重大责任之一，就是让员工拥有梦想，并指出努力的目标。否则，就没有资格当主管。"

也许有人会说，松下电器之所以能够把梦想变为现实，完全是因为松下电器公司的经营一直都很顺利的缘故，如果经营状态不那么理想，松下先生的目标就不可能实现。实际上，企业经营顺利时，需要制定远景目标，把企业做大做强；经营出现困难时，更需要制定改进目标，凝聚人气，走出困境。战后的松下电器公司正处于惨淡经营之中，但松下先生却不曾因此放弃为公司制定目标。由于目标明确，松下电器公司才能在很短时间内就走出困境，续写昔日的辉煌。

如果是以强权或权威来压制一个人，这个人做起事来就失去了真正的动力。抓住人的期待并予以具体化，使其为了实现这个具体化的期待而努力，这就赋予了动力。因为具体化期待是能够实现的目标。善于激励人的管理者，能够将大家所期待的未来的愿景，着上艳丽的色彩。这愿景经过他的润饰后，就不再是微不足道的小事，而是形象生动的美好蓝图。大家对企业的未来充满了信心，热情自然高涨，士气自然高昂。

许多人小时候都喜欢捕捉麻雀。在捕捉麻雀时，用什么做诱饵呢？当

然不是人们自己的食物,而是用谷子或者麻雀喜欢的昆虫。这其中蕴含的道理非常简单。然而管理者在激励员工时所犯的一些错误,就像用水果去引诱麻雀一样可笑。而管理者自己却浑然不知。激励员工就要给员工最感兴趣的东西,这个要求看似简单实则非常复杂。所以管理者要尝试多种激励方式。

长期管理实践证明,尊重是员工最根本的需要。美国加利福尼亚州一家钢铁公司,出现了令人头痛的员工蓄意怠工的问题。老板心急如焚,他又给员工加薪,又给员工授权,可没有产生丝毫激励效果。情急之下,公司老板请来一位专家,让他帮忙解决这个棘手的问题。这位专家来到公司后,不到一个小时就找到了问题的根源。

当时,公司的老板说道:"好吧!让我们在厂里转一圈,你就会知道这些肮脏的懒种们出了什么毛病!"听了这话,专家立刻就知道毛病出在哪儿了。

他开出的"药方"很简单:"你们所需要的,就是把每个男员工当作绅士一样对待,把每个女员工当作女士一样对待。这样做了,你的问题不用一夜就会解决。"

工厂管理者对专家的建议半信半疑,甚至不以为然。专家说:"诚恳地试上一个星期吧。如果不见效或不能使情况好转,你可以不付给我任何费用。"管理者点头同意了。

10天以后,该专家收到一张便条,上面写着:"万分感谢,詹姆斯先生。你会认不出这个地方了,这儿有了奋发向上的激情,有了和睦共处的新鲜空气。"

每一个人都渴望得到他人的尊重。心理专家说:希望得到别人的尊重是我们人类的基本需求之一。员工也希望在工作场所里能获得别人的尊重,他们希望能有人欣赏他们,对他们微笑。一个人不论具有多大的才能,若无法满足其被尊重的欲望,他的工作积极性和创造激情便会被削弱。因此,管理者一定要像尊重专家那样尊重每一个员工,用尊重感染员工、激励员工。

尊重员工，管理者可以消除与员工之间的感情障碍，得到员工的拥戴；员工的被尊重的需求一旦得到满足，精神就受到激励，从内心产生优越感和强大的自驱力，从而高效率地完成任务。如果你自以为是，任意行事，他们则变得唯唯诺诺，这样一来，他们的创造力也就无从谈起，结果也就可想而知。

满足员工被尊重的欲望，他的积极性便会被调动起来。因此对管理者而言，要想成功地激励员工，一定要像尊重专家那样尊重每一个员工。令人惋惜的是，许多管理者不是不明白这个道理，就是不愿去正视。在他们的观念中，只有我才是企业的主人，我给你一份工作，你就要好好给我干活。要他们"放下身架""取悦"员工，是非常困难的事。无论何时何地，他们总是以高姿态来面对自己的员工。为了提高工作效率，对员工呼来喝去，效率若提不上去便极尽挖苦嘲笑之能事。这些过激的举止严重伤害了员工的自尊，进而产生许多不良影响，比如打击了员工的工作士气和创造力，降低了企业的凝聚力和向心力，产生沟通障碍等等，影响公司业务的进展。

要想充分发挥尊重的激励作用，管理者不能只做表面文章，或仅凭一时所需而为。如在企业遭遇危机时，便摆出一副尊重员工的样子，激励员工更好地工作。一旦雨过天晴，便故态复萌，仍旧一副高高在上的样子。被列为美国企业界十大名人之一的IBM创始人沃森常说：作为一个企业家，毫无疑问要考虑利润，但不能将利润看得太重。企业必须自始至终把人放在第一位，尊重公司雇员并帮助他们树立自尊的信念和勇气。这便是成功的一半。

美国惠普公司创建于1939年，在全球500家最大工业公司中排名第81位。1983年英国女王访美时，曾提出只参观一家公司，这就是惠普公司。惠普的创始人比尔·休利特说："惠普的成功，靠的是'重视人'的宗旨。"这一宗旨的核心就是关怀尊重每一个人，并承认他们每个人的成就，使每个人的尊严和价值得到认可。许多年前，惠普的管理者戴维·帕卡德在一位工厂经理的陪同下巡视车间，巡视中他们看到一位机械技

工正在磨光一个塑胶模具,于是停下脚步。他用了很长时间才磨光它,正准备做最后的修整。戴维·帕卡德不假思索地伸出手,用手指搓了搓那个模具。机械技工见状立刻说道:"把你的手指头拿开,别碰我的模子!"那位经理马上提醒他:"你知道这个人是谁吗?"机械技工当即反驳道:"我管他是谁?"

听了这句话,戴维·帕卡德并没有生气,而是诚恳地告诉他,他这样做是对的。他有一份重要的工作,因此尽心尽力,并以他的工作为荣。

管理者应该清醒地认识到:管理者和员工之间没有贵贱之分,有的只是级别之分。在这层认识的基础上,管理者应力争做到不摆架子。这是尊重员工的根本。

比如员工在处理业务时遇到了问题,不知如何解决,这时管理者所要做的不是嘲笑或轻视他们的能力,而是把他们召集起来,对他们说:"来,让我们一起研究一下这个问题。""我们"、"一起研究"这些词语常会极大地激励员工——他们会感觉无比兴奋,浑身有用不完的力气,满脑子有用不完的智慧。

总之,所谓成功的管理者乃是尊重人的管理者,他并非以工作为重心加以监督,而是以人为重心加以信赖,对下级从不以支配者自居,是一种懂得下属心情与立场的管理者。员工得到管理者的尊重,心中就会有满足感,他们更会竭尽全力做事。

对于企业的员工而言,最能体现其价值的除了报酬外,尊重应该是最起码的体现。然而总是有一些企业的管理者想尽各种办法监控员工的行为,甚至干涉员工的隐私,结果却引起了激烈的争论。

现在是知识经济时代,作为现代管理者,需要懂得用巧妙的手段管理员工,而不是借助一些高科技的方法给员工制造心理压力。如果要让员工踏踏实实地为企业服务,就给予他足够的空间,这个空间包括他的个人自由。

作为管理者,有必要对员工的隐私给予基本的尊重,而不是成天寻思如何破译员工的邮箱、查看其上网记录,甚至对员工的任何事情都要刨根

问底。没有树立自觉工作的企业文化，就不能激励员工努力工作的热情，手段再先进也无法让员工人尽其才，相反只会引起员工的反感和误会，使事情越做越糟。

一个聪明的企业管理者应在"尊重"和"激励"上多下功夫，先了解员工的需要，然后去"满足"他，万万不可先聘用他，然后再"榨干"他。

第四章

树威信，优秀主管当以身作则

　　主管者必须以身作则，处处为人师表，身体力行，提倡为官清廉，奉公守法。这样，在主管指挥别人，收买人心，或严明法纪的时候。才能够收放自如，赢得手下人的理解和支持。

　　主管对手下人可采取威、亲、敬、诱相结合的办法。对绝大多数员工须采用"亲、敬"的策略，对个别"害群之马"采则可"威、诱"而治。施"恩"的目的在于建立自己的"名声"，施"威"的用意在于提高自己的"名望"。部门主管应把顾上与顾下结合起来，才能使事业真正成功。对主管来说，"架子"还是适当有一点为好。一点"架子"不摆，容易被人瞧不起："架子"摆得太足，则容易脱离群众。在问题面前，既不能怕单位丢荣誉，又不能怕个人丢面子。

公正廉明,以身作则

廉洁奉公才能收放自如

历代著名将帅都深深懂得"其身正,不令而行,其身不正,虽令不从"的道理。因此,他们身为将帅,却处处为人师表,身体力行,提倡为官清廉,奉公守法,这样,他们在主管指挥别人,在收买人心,或严明法纪的时候,才能够收放自如,赢得手下人的理解和支持。战国时期魏国的军事理论家尉缭子在《兵谈第二》中提出:"清不可事以财",就是说为将帅的要清正廉洁,不可被金钱财物所诱惑。凡是为国、为民的中外将帅,无不以廉洁奉公的美好名声赢得广大官兵的敬佩。

战国时赵国名将赵奢可谓这一方面的典范。身为赵军统帅,又负责治理整顿全国赋税,赵奢不但不知"敛财",反而还将国王和宗室赏赐他的金银财物都分赏给部下,自己一点不留,而且,"受命之日,不问家事"。注意团结部属,体察士兵的疾苦,自己身教重于言教,为人表率。因此,赵奢深得将士之心,指挥千军万马,行如风,止如山,每战必胜。

与此相反,赵奢的儿子赵括则因太过爱钱财而丧命。赵括刚刚受命为将时,不但作威作福,到处摆臭架子,使他的部下都惧怕他,而且把赵孝成王赏赐给他的金银财物,全部拿回家里收藏起来,或者购置田产,结果,刚一出师就身首异处。

飞将军李广也是廉洁奉公,从不贪财。他每次得到朝廷赏赐,都分给部下。李广一生做俸禄两千石这一级的官职有40余年,家中却没有多余的钱财,他也从不谈论置办家产的事。李广还与士卒共进饮食,每逢遇到饮食缺乏,或到断炊缺粮时,发现可饮用的水,士兵中只要有一个人还没有喝到,他就不会靠前先喝上一口;有了食物,若不是每个士兵都吃到了,他是连尝都不会尝的。他对士兵宽厚和蔼,不加苛扰,因此,士兵都爱戴他，乐于听他指挥，勇于杀敌。

东汉王朝的开国功臣祭遵官至征虏将军，一生为人廉洁谨慎，克己奉公，每当因战功得到朝廷赏赐时，他都全部分给士卒，而自己却"家无私财，身衣韦绔"，甚至连夫人也裳不加缘"，异常勤俭节约。他认为，一个将帅更应该经常严加约束自己，一心一意做国家的事。直至他垂危之际，仍然遗诚要"牛车载丧，薄葬洛阳"。正由于他治军治家有方，使得他"清名闻于海内，廉白著于世间"。

诸葛亮身为蜀国丞相和三军统帅，他军政大权在握，却也是廉洁奉公的表率。他教育儿子要进行品行高尚的修炼，即要用俭朴的生活来养德，用淡泊富贵来树立大志，用静心学习增长才干，用振奋精神来革除享乐怠惰，等等。诸葛亮正是这样做而实践"鞠躬尽瘁，死而后已"的名言的。他在生命垂危之际写给刘禅的信中说："我在成都的家只有桑树800颗，薄田15顷，子孙靠它生活还是挺富裕的。我在外面（老家以外的地方）再没有别的财产，平时的衣食，全部仗于官家，不另外谋取生财之道来增加点滴私产。我死的时候，不使家属内有多余的布帛，外有多余的财产。"诸葛亮在临终前不但劝谏后主，规划国事，而且有针对性地陈述家事，预先谢绝赏赐，以免后代因钱财而不成大器。

唐朝中期名将李光颜谢却美色，大涨士气，激励了三军将士的斗志。当时淮西节度使吴元济据申、光、蔡三州（今属河南）叛变。唐宪宗任命原宣武节度使韩弘为淮西诸军行营都统，统兵10万，讨伐叛军。当时受韩弘节制的忠武军节度使李光颜积极作战，屡创叛军。而韩弘却没有讨叛诚意，又不便明显横加阻止李光颜进军。韩弘便在汴州寻觅到一位美貌女妓，派人将其送到李光颜处，企图用美人计瓦解李光颜的军务，腐蚀李的斗志。李光颜在款待三军将士席间，当众对使者严肃地说："……我曾发誓不与叛徒同生于日月之下。现在三军将卒几万人为了效力疆场，抛家弃子，经受着各种刀伤剑击。我身为将帅怎能不与士卒同甘苦，却以女色为乐呢？"韩弘的使者无奈只好将女妓带回汴州城。李光颜部却因此士气大增，连战告捷，最后取得了平叛的胜利。

第四章 树威信，优秀主管当以身作则

北宋名将兼文学家范仲淹,不仅留下了"先天下之忧而忧,后天下之乐而乐"的名句为后人所崇敬,而且也以深知兵略,治军有道,深为历代兵家所佩服。他从出任陕西四路宣抚使,到官至枢密使掌握全国军事大权,都要求部将做到:"士未饮而不敢言渴,士未食而不敢言饥"。他常常为将士的吃住穿等担忧,或感茶饭不香,或则睡卧不眠。他每遇事都先想到部属的困境疾苦,并将朝廷赏给他个人的钱财物品,全部分给部下的官兵。所以,他部下的将士每次出征作战,都奋勇冲锋向前,为其效力舍命。他所指挥的部队一直是北宋的一支劲旅。由于他的带头垂范作用,在他手下成长起来的诸如狄青、钟世衡等许多有勇有谋的将领,都能与士兵同饥共寒,身先士卒,廉洁奉公,皆为兵卒表率。

岳飞是中国古代将帅中廉洁奉公,为人师表的楷模。他从严治军的一个突出特点就是严于律己。岳飞提出过国泰民安的一个著名口号:"文臣不爱钱,武臣不惜死,天下太平矣。"他身体力行,严守一不贪财,二不爱色,三不娶妾,四是山河未复滴酒不进的"四不"规定。他个人的日常生活极其清苦。他平常的饭菜大多是主食加一个菜。有一次,岳飞吃到一种名叫"酸馅"的食品,他觉得味道不错,尝了几个以后,就叫随从收起来留到下顿再吃,以免浪费。岳飞在 16 岁时娶的一位刘姓夫人,因他从军远离,家乡沦陷后,生活无着,被迫转嫁。南渡以后,岳飞另娶了一位李姓夫人,夫妻之间的感情甚笃。他的部属同事们曾出于对岳飞这位主帅的尊敬,出钱买了一个年轻美貌的土族女子,送给他做姬妻。岳飞未曾见面就婉言谢绝了。反观当时的南宋士大夫、社会官吏,则多是三妻六妾,社会上更盛行一种"西湖歌舞几时休,只把杭州作汴州"的风气,岳飞能如此洁身自好,高风亮节,实在难得!

明朝"开国功臣第一"的徐达,既严于治军,又严于律己。他深知,要让广大将士做到令行禁止,不扰害百姓,主帅必须首先做出榜样才行。徐达对自己要求非常严格,不贪色,不爱财,与士卒同甘苦。作战时,有时军粮供应不上,士卒挨饿,他也不进食,不进营帐休息。发现士卒有伤残疾病,他亲自去看望慰问,给药治疗。因此,将士们对他既尊敬又感激,都乐于听从他的命令，以一当百，奋勇杀敌。

爱国名将杨虎城是一位为官清廉，拒收贿赂的典型人物。他经常告诫部属："人太爱钱了就不值钱。我看那钱串子就像一条蛇，谁被缠住了谁就要招祸"。杨虎城是这样说的，也是这样做的，把金钱看得异常淡，不贪污，不受贿。1932年春的某日，杨虎城正在西安私邸休息，一个曾任蒲城县警察局局长的人来求见，该人对杨虎城极尽阿谀奉承之能事，花言巧语。杨虎城为之呕心厌恶。临走时，那位警察局长送给他蒲城县特产"橡头蒸馍"。杨虎城拒不接受，那人一语双关地说："故乡特产，你吃了一定会满意的。"硬是把蒸馍留下了。当杨虎城准备把那位警察局长送的礼物退还时，用手一拿这个"橡头蒸馍"时感觉到其重量大大超过一般的馍，用手掰开一看，原来每个馍里包着一根黄灿灿的金条，并留有一张纸条，上写："如能委任我当某县县长，还有重礼相谢。"杨虎城看后勃然大怒，立即下令将他逮捕禁闭起来。后来经调查，那人当警察局长时，不仅贪赃枉法，而且曾以"通共"嫌疑的罪名处死不少人。杨虎城知晓后更是怒不可遏，排除那人家属央求和国民党元老于右任为之疏通关系说情的干扰，将那位警察局长判处死刑。杨虎城为什么能如此果断、毫无顾忌地加以严惩？只因他自身清廉！

上面的诸多例子足以说明，廉洁奉公才能收放自如，赢得手下人的爱戴。

以身作则方能提高战斗力

拿破仑常常用他那以身作则、为人师表的豪迈气概，来激励部队的士气和战斗力。

拿破仑认为，在千钧一发的关键时刻，将帅本人的坚毅决心和模范行动，是取得战斗胜利的巨大精神支柱。1807年2月的艾劳战役，由于法俄两军势均力敌，战斗异常激烈，胜负一时难以分出。为此，拿破仑亲率一支步兵停留在艾劳墓地的战斗中心地带，俄军的炮弹纷纷落在他的前后左右，被炸断的树枝不断地掉到他的头上，许多侍卫人员相继倒下，拿破仑本人也随时都有中弹死亡的危险。但是，拿破仑冒着生命危险，镇定自若

地在墓地停留几个小时,从而稳定了军心,让法军毅然地屹立在这个死神笼罩的地方,时刻待命出击,直至取得艾劳战役的最后胜利。

二战中的美军名将巴顿经常亲临战场前线,身先士卒,做出表率,以鼓舞士气。他认为,一个集团军司令为完成战斗任务应不惜采用任何必要手段,但其任务的80%就是鼓励士气,每当占领一个城镇时,尽管还有狙击手射击和延期炸弹爆炸的危险,巴顿总是同第一批进入城镇的部队一道进去。每次两栖作战,他总是不待驳艇靠滩就跃入水中,在呼啸的子弹、大炮、迫击炮炮火中涉水登陆,向士兵们喊着鼓舞的话。有一次,在一个寒冷、阴雨绵绵的下午,巴顿遇到一群士兵正在路旁一侧修理一辆被敌人炮火打坏的坦克。他当即命令司机停车,他从车上跳下来,走到失去战斗力的坦克旁边,爬到坦克底下去,并在坦克底下足足待了25分钟。当他回到吉普车上时,浑身都是稀泥和油垢。1942年11月9日上午,巴顿到北非费达荷拉滩头视察部队补给品的卸载情况,滩头不断遭到敌机的扫射,装运士兵与补给品的船只靠岸后,却无法把船推开,一旦飞机出现进行扫射,士兵就隐蔽起来,因而延误了卸船。陆地附近1500码处正进行一场重要战斗,船上所运弹药和其他补给品都是作战部队急需的。巴顿看了几分钟后跳下吉普车和士兵们一起干,他前后在滩头共待了近18个小时,身上湿透了。

行动是最大的动力。不要鼓吹自己是多么关心企业,多么关心员工,聪明的主管懂得用自己的行动来表现这些想法。

身为一名主管,要比员工付出加倍的努力和心血,以身示范,激励士气。这是日本前经联会会长土光敏夫对"以身作则"的解释。他是这样说的,也是这样做的。

土光敏夫在1965年曾出任东芝电器社长。当时的东芝人才济济,但由于组织太庞大,层次过多,管理不善,员工松散,导致公司绩效低落。

土光接掌之后,立刻提出了"一般员工要比以前多用三倍的脑,董事则要十倍,我本人则有过之而无不及"的口号,来重建东芝。

他的口头禅是"以身作则最具说服力"。他每天提早半小时上班,并

空出上午 7 点半至 8 点半的一小时,欢迎员工与他一起动脑,共同讨论公司的问题。

为了杜绝浪费,他还借一次参观的机会,给东芝的一位董事上了一课。

一天,东芝的一位董事想参观一艘名叫"出光丸"的巨型油轮。由于土光已看过九次,所以事先说好由他带路。

那一天是假日,他们约好在"樱木町"车站的门口会合。土光准时到达,董事乘公司的车随后赶到。

董事说:"社长先生,抱歉让您久等了。我看我们就搭您的车前往参观吧!"董事以为土光也是乘公司的专车来的。

土光面无表情地说:"我并没乘公司的轿车,我们去搭电车吧!"

董事当场愣住了,羞愧得无地自容。

原来土光为了杜绝浪费,降低公司成本,乃以身示范搭电车,给那位董事上了一课。

这件事立刻传遍了整个公司,上上下下立刻心生警惕,不敢再随意浪费公司的物品。由于土光以身作则,再加上点点滴滴的努力,东芝的情况乃逐渐好转。

刚柔并用,巧树威信

行为有时比语言更重要,主管的力量,很多往往不是由语言,而是由行为动作体现出来的,聪明的主管者尤其如此。

"广之将兵,乏绝之处,见水,士卒不绝饮,广不近水。士卒不尽食,广不尝食。宽缓不苟,士以此爱乐为用。"这是《史记》中对汉名将李广用兵的一段记载。由于李广的模范带头作用,全军将士才得以杀敌奋勇,奋不顾身。

战争年代,在激烈的战斗中指挥员第一个跳出战壕喊道:"共产党员,

跟我上"然后冲锋在前……这样的镜头,电影电视均有不少反映。由此,不难看出指挥员的模范带头作用。正是在他们的带领下,战士们才在枪林弹雨中"冒着敌人的炮火前进"舍生忘死的。

"其身正,不令而行;其身不正,虽令不从"。高明的主管者正是注重了自己在集体中的模范地位而处处身先士卒的。道理很简单,身先士卒,能够带动全局。

古人如此,战争年代如此,当代社会亦如此。主管的模范带头作用不仅仅表现在刀光剑影、炮火连天的年代,市场经济的大潮中主管的带头作用仍然是巨大的。

艾科卡就任美国克莱斯勒公司经理时,公司正处于一盘散沙状态。他认为经营管理人员的全部职责就是动员员工来振兴公司。在公司最困难的日子里,艾科卡主动把自己的年薪由100万美元降到1000美元,这100万美元与1000美元的差距,使艾科卡超乎寻常的牺牲精神在员工面前闪闪发光。榜样的力量是无穷的,很多员工因此感动得流泪,也都像艾科卡一样,不计报酬,团结一致,自觉为公司勤奋工作。不到半年,克莱斯勒公司就成为拥有亿万资产的跨国公司。

主管的行动就是无声的命令,主管的身先士卒就是最好的动员。主管说得再多,往往不如身体力行。有句话说得好:"榜样的力量是无穷的",何况主管已经行动在前,树立起了榜样,下属们能不争先恐后,积极肯干吗?

一个公司处在了困境中,老板要挺住,同时也要带领下属挺住,只有这样,公司才能走出困境。这期间,老板尤其要注意身先士卒,做好榜样,带给下属自信与保障。如果老板自己先乱了阵脚,手足无措,可想而知,下属又怎能不打退堂鼓呢?

要维护绝大多数员工的面子

作为主管,批评人是不可避免的。对于下属所犯的一般性错误,做主管的不要不分场合开口便训。高明的主管者通常采用的办法是,把他叫到办公室,私下批评,因为人都是有面子、有自尊的。如果你当众训斥他,他的心里必定极不舒服,甚至恼恨于你,而把他叫到一边既可以避免他对你心里不满,又能够体现你对他的关心。即使你批评得再厉害,从内心来讲也不易引起刻意的对抗。你维护了他的面子,这一点他的心里也会感受到的。

某公司企划部主管赵松是一位业绩突出也很懂得处理和下属关系的部门负责人。

一次,企划部通知下午两点钟召开会议,研究一份比较重要的策划方案。通知强调,不得迟到,不得以任何理由请假。

尽管如此,会议开始5分钟后,雇员小方才走进会议室。正在主持会议的赵松看到小方进门,只是抬头看了他一眼,什么也没说,继续发表着他的讲话。

会议结束后赵松仍然对小方的迟到没有表态,夹起公文包转身走出会议室回到他的办公室。

过了一会儿,小方敲门走了进来。赵松示意他坐下,问道:"怎么回事?"

小方嗫嚅地说:"昨天晚上,我加班写份材料,睡得晚了。今天吃过午饭实在瞌睡得不行,打了个盹……"

"我知道,你很辛苦。不过今天的会议十分重要,而且会议通知写得非常明白……"

"我……"小方低下了头。

"好了，小方，这件事就这样。以后要注意一些。晚上加班不要太晚，也要注意身体，去做事吧！"

为什么强调的那么严格的事，就这样轻描淡写地过去了呢？赵松知道，小方平日向来遵守纪律，从来没有迟到过。况且，小方昨天晚上也确实加班写材料。这次迟到，情有可原。如果批评得严厉一点，的确也说不过去。于是，他只有这样稍作提醒了。

批评人是一门学问，也是一种艺术，做主管的需要掌握一些技巧。这样，才能做到既达到了教育的目的，又给自己树立了威信，还不致使下属产生抱怨、抵触等情绪，影响上下级关系和工作质量。

好的主管，在批评下属的过程中能够反映出他的水平。批评下属时，主管须在以下几个方面多加注意。

（1）批评要尊重事实，不能无限上纲。

对于下属所犯的错误，要调查了解清楚，尊重事实，不能平白无故乱说一通。

（2）要对所犯错误的轻重、大小、性质、危害进行恰如其分的分析，不能不分青红皂白，劈头盖脸就是一阵猛训。

（3）批评要坚持一分为二。对于偶然出错的下属应全面考虑其优缺点，以平稳的语气开展批评，与对方处于平等地位，以便于下属接受。

（4）掌握火候，做到恰到好处。不能揪住辫子，一棍子打倒。

（5）把握分寸，要根据错误的大小、轻重给予不同程度的批评、教育。

（6）对有抵触情绪的下属，批评的措辞不妨尖锐些、语气激烈一些。

（7）对固执倔强的下属，批评要讲究层次，逐步深入。

（8）对有主见的下属采用商讨式批评，态度要平心静气，语气缓和。

（9）对有悟性的下属，可以多用提醒、启示式的语言。

（10）对同时犯错误的下属采用参照式批评，借助他人、他事，适用对比方式进行批评。

（11）对错误较小、情节较轻的下属，批评时可以用提问的方式表示要批评的事。

（12）当面批评，这样有利于双方的沟通。

（13）批评加关怀，以情感人。

（14）正面说理，以理服人。

（15）做好善后工作。批评之后，要注意下属的反应、行动。看他是否已接受了批评，并已开始改进。

对害群之马无须手软

人的性格是多方面的，为人处事、对待工作的态度亦因性格、修养等因素呈"百花齐放"之状。有兢兢业业、开拓创新之士，亦有只说不干，胡乱捣蛋之徒，前者是推动事业发展的主力军，后者则是阻碍事业前进的绊脚石。身为主管者必须对下属的工作能力、工作态度有充分的认识和了解。聪明的主管都深知，"集体的团结和纪律的严明是企业生存和发展的根本"这个道理。所以，他们对企业中的那些"不地道"的员工时刻保持着高度的警惕，该清除时便清除，毫不犹豫、不留情、不手软，以保持企业的凝聚力和竞争力。

具有下列几种行为的员工，是管理者不应容忍的，须立即予以清除：

1. 以"我"为中心，很难有人能与之合作

办公室工作通常是需要各部门之间互相协调、员工之间通力合作的。这种员工往往心目中只有"自我"、工作中突出"自我"我行我素，其他员工一般很难与之合作，不利于工作的整体推进。

2. 没有干劲，缺乏责任感

这是一种抱着"混"的态度应付工作的人。这种员工普遍缺乏责任感，工作草率、马虎，对分内的事也不认真去做，"当一天和尚撞一天钟"。至于这钟撞得好不好、声音响不响，他全然不顾。

3. 心胸狭窄，容不下别人

这种员工多少都有一点才气。因为这点才气，表现自然自负，然而，他又不愿看到别的同事超过自己。无容人之量，这种员工多数群众基础不好。由于他心胸狭窄难容人，和同事少不了有磕磕碰碰的事情发生，别人也不愿意和他同处。

4. 只耍嘴皮子不干事

事情是要一件一件来做的。工作中的事每一件都是具体而实在的，不身体力行是无法完成的。

社会上曾流传有这样一句话："干的干，看的看，看的给干的提意见"。此类员工就是说的多，干的少，企业中他们的存在，不但影响着其他员工的情绪，也会败坏整个工作作风。

5. 只会溜须拍马，和主管套近乎

这种员工的心思不在干好本职工作上，而是寻找机会和主管拉关系、套近乎，以求得对自己的"照顾"。对工作往往心不在焉，得过且过。

6. 牢骚满腹，不满太多

这种员工表现在对办公室内许多事情怀有成见。爱发牢骚，说三道四，影响其他员工的积极性。这种员工的存在，对稳定员工思想具有消极作用。他们常常对许多事都看不惯，便乱说乱讲，尤其对新员工的成长不利。其危害不可小觑。

7. 阴毒损坏，爱说人坏话

这种员工思想不够健康，经常在背后讲人坏话，影响员工的团结。

8. 对任何人都持怀疑态度

这种员工在工作中不会接受其他员工的建议，哪怕他的做法是错误的，也只相信自己，不把别人的意见放在心上。固执己见，容易出错，出现失误。

9. 头脑不清，办事稀里糊涂

这种员工工作态度一般比较端正，但做事不善动脑，缺乏条理，思维不清楚。不知道自己在做什么，目的何在？

没有哪一位主管希望自己的周围出现员工不团结、影响工作这种现象。要维护工作的正常进行，对一些害群之马必须尽快清理；不然的话，许多事情不能按计划发展，后患无穷。

"杀鸡儆猴"要有一定原则

几乎每个单位或部门里都有一些不遵守纪律、我行我素的职员。这些

职员的表现如果不及时予以制止，单位极易陷入无序状态。在这种情况下，主管可以采用"杀鸡儆猴"的方法，以警告其他下属，使他们遵纪守法，服从指挥。

在用人管人中，运用"杀鸡儆猴"策略，对树立主管者威严、增强对下属的控制力具有十分显著的效果。但是，运用这一策略也应该注意以下几条原则：

1. 枪打出头鸟

如果说办公室里已经暴露出了无序的苗头，主管者就该注意观察，逮住第一个以身试法者，并从速从严予以处置。这样做有两个好处，第一，第一位只有一个人，容易处置；第二，第一位胆量大，影响坏，若不及时处理，便会有效仿者紧随其后。处理第一位能够起到杀一儆百的作用。

2. 敲击情节严重者

如果同时碰到好几位违纪违规者，应当缩小打击面，重点惩处情节严重、性质恶劣、影响最坏者，其他的给予适当的批评教育就行。如果不加选择，一律照打，第一，由于打击面过宽，达不到"警"的目的；第二，会影响工作；第三，树敌太多，影响你的威信。只有有选择的重点打击，才能切实收到效果。

3. 惩处要使对方心服口服

既然是惩罚，肯定都是无情的。作为主管，在使用这一手段时，也要考虑到对方的情绪。应当注意：第一，奉行"黑而亮"的原则，惩处方式不能过于偏激，要留余地，能被对方接受；第二，惩处要有理有据，根据纪律规定、制度来执行，使被惩处者心服口服，无话可说。

4. 惩处要软硬兼施

"杀鸡儆猴"只是管理上的一种手段，但不是唯一的手段，它不是以打击报复为目的的。所以，运用"杀鸡儆猴"的策略，还需辅之以关爱，软硬兼施。这样，能使被惩处者在被"杀"的同时，又感受到了一些关爱。对主管者而言，铁腕政策得到了实施，又笼络了人心，还树立起了一个可畏可敬的主管者的形象。

5. 惩处资深人员或中层干部

如果能够抓住一个资深人员或肩负重任的中层干部进行惩处，效果会更好、更能对普通职员起到警告作用。有实绩的人或部门主管都被惩处、指责，其他职员能不感到紧张而加倍努力工作吗？

某公司发生了这样一件事：

一天，公司总经理李济办完事回到公司，刚一下车突然发现一位青年员工推着自行车刚进大门。李总经理抬腕看了看表，上班已经10多分钟了。于是，他上前问道："你是哪个部门的？"青年一看是总经理嗫嚅着说："我……我是企划部的。"

李济等了一会儿发现还有迟到的员工。于是，他回到办公室，命令秘书立即通知各部门主管紧急开会，会议内容只有一个：整顿纪律，清查今天迟到者。结果，各部门共查出6名迟到者，包括1名部门主管。

李济命令全体干部职工暂停工作，全部到会议大厅集中。会上，李济当众宣布，对5名迟到者给予警告处理，对那位部门主管给予纪律处分，并扣除当月全部奖金。然后，他告诫大家遵守公司纪律是对每一个员工最基本的要求，必须重视起来，认真对待。

李济通过这一件事，杀鸡给猴看，很快改变了员工纪律观念一度松懈的现象。有了纪律的约束，工作效率明显提高。

"杀鸡给猴看"不能用得太多、太频繁。否则，会引起下属们对你的不满，甚至认为你缺乏管理能力，而从心里看不起你，影响主管者的形象。

用宽大辅之严厉，用严厉辅之宽大

国外曾经有这么一个公司，公司的老总平易近人、和蔼可亲，与下属们亲密无间，时常在一起打牌、下棋、游山玩水……久而久之，下属便把老总当作朋友一样看待了。平日上班迟到、早退现象频繁，更有甚者竟然

连续几周不来上班，老总交给的任务要么马马虎虎完成，要么干脆拖个十天半个月的再去干。

半年下来，公司的营业额和利润直线下落，使得这位老总很是担忧，怎么办呢？

老总思前想后，在某一天的公司大会上，宣布曾经与他十分亲密的一位好友因纪律散漫，业绩拙劣而被辞掉。

所谓"杀一儆百"，这一招果然十分管用，公司员工看到此景，都纷纷重新勤奋起来，而且为产品广开销路更是不断创新，妙招频出。一切又朝着好的方向发展开去。

这位老总就是被尊称为"经营之神"的松下集团的奠基人松下幸之助先生。而他这一经营管理招数正是从"恩威并济"的计谋演化而来。

汉高祖刘邦曾言："运筹帷幄，决胜千里，我不如张良；镇国家，扶百姓，运饷至军，源源不绝，我不如萧何；统百万兵士，战必胜，攻必取，我不如韩信。这三个人是当今难得的人杰，我能放心重用，所以才能取得天下。"

刘邦可谓一语道破"统御"的天机。国君的任务就是驭臣治民，而公司老总的任务则是管理好员工。如果连这一点都做不到，那么，国家就要灭亡，公司一定倒台。

如何统御下属是一门很深的学问。无论是统治一个国家的国君，还是管理一个公司的总裁、抑或只是一个小组织的主管人，对于他们而言，"恩威并济"的统治权术可谓是必学的良谋妙计。

施"恩"目的在于建立自己的"名声"；施威用意在于提高自己的"名望"。"声望"树立起来了，基础也就牢实了，还怕有什么不能成功的吗？

李世民曾严厉训斥尉迟敬德的骄横，使之受到震慑。所谓"居功悍将盛气凌人，明主恩威驯莽臣。巧借（韩信、彭越）喻今古，尉迟梦醒汗淋淋。"而当徐茂功病重时，李世民又不惜拔下自己的胡须为他治病，把徐茂功感动得涕泪横流。无论是用威还是示仁都收到了驯服臣下的效果。

即使以猛烈治国而出名的明太祖朱元璋,也告诫御史们,做监察工作不能太苛刻,以使官吏百姓都能有一个宽松的环境。

听话的,就给根萝卜尝尝;不听话的,就当头狠狠一棒。恩威并重,实为妙不可言的管人技巧。

"汉家自有制度,本以霸王道杂之,奈何纯任德教。"这是汉宣帝对汉朝治国政策的总结,简而言之,不过是"宽猛相济"。有人说君王统御天下与羊倌牧羊有相通的道理,既要食之以草,又要驱之以鞭,由此臣子才能驯服,君权才能稳固。

"主卖官爵,臣卖智力"。非常形象地揭示出古代的君臣关系:臣下辅佐君王总是要得到一定好处,才可供驱使;如果君主严刑峻法,过于苛刻必会使臣下畏而远之,君主可能成为"光杆司令";但如果君主对臣下太宽松,则又易使臣子们骄纵跋扈,妨碍君主治国。

所以,恩威并济成为历代君王所用的主要手段,其中的奥妙就在于时机与火候的把握。难怪老子说治大国(当然包括驭臣)就像炸一条鱼一样简单。

高欢把持东魏政权时,怕人才外流,对官员的贪敛不闻不问,但又让其子高澄打击勋臣的骄纵,父子俩一个红脸,一个白脸,巧妙地驯服了公卿贵戚。

汉光武帝刘秀十分懂得用宽严相辅、以柔克刚的政治手腕驾驭群臣。他一面宽宏大度、赏赐有加,一面削除实权、威严所至。正是采取了刚柔相济的统治措施,并以清明的政治手段,稳妥地解决了如何对待开国元勋的问题,他才保持了东汉初期统治局面的相对稳定。

战国时期的郑国领袖子产临死前对继位人说:"我死之后,假如你主持郑国的政治,一定要用猛烈的方法治理人民。火的形势猛烈,所以被烧死的人很少,水的形势柔弱,所以被淹死的人很多。你必须使用猛烈的方法,不要让人民因为你的柔弱而淹死。"

由于子产对民性观察入微,他深知治民应该采用"猛如火"的手腕,而不该柔若水。如果事事放纵,该管不管,那么,善良守法的百姓就会被少数"害群之马"给害惨了。

孔子听说此事后,大为赞叹,说:"政策宽大,则人民轻慢,轻慢就用严厉的政策纠正;政策太严厉,百姓又会受到残害。百姓受到残害,就实行宽大的政策,用宽大辅之严厉,用严厉辅之宽大,政事因此而得到平和。"

韩国前总统金泳三就深谙此道。他当政之初,就实行了"恩威并重"的治国方略。

金泳三就任总统的当天,便宣布废除长达25年之久的不许百姓接近青瓦台地区的禁令,开放总统府后的风景点仁旺山和附近的高尔夫球场。随后宣布实行建国以来规模最大的一次大赦,释放了包括牧师文益焕在内的政治犯,创造了一种清新的空气。此可谓金泳三施之于民的"恩"。

金泳三上台时,韩国世风日下,贪污腐败根深蒂固,他率先"净化自身",树立廉政的总统形象,在国家公职人员中开展反腐败斗争,进行"净化活动"。新内阁刚组成不久,包括法务部长官朴喜太在内的三名部长因涉嫌经济和道德丑闻被金泳三撤职。

许多政界高官中箭落马,黯然下台。其中"国家级"的人物就达20人之多。这可谓是金泳三发之以民的"威"。

"恩威并施",驭臣治民,金泳三治国韬略值得学习借鉴。

做到"喜怒不形于色"

一个主管是否有威信的一个重要因素,往往是主管的"架子"摆得好不好。会"摆架子"的主管,高高在上,人须仰视才行;不会"摆架子"的主管平易近人,时常也能颇得下属的欢心。

从管理学的角度来说,"架子"这个东西,还是有一点为好,当然也还必须注意适度性。你一点"架子"不摆,容易让人瞧不起,工作中不免

会有难以服众的情况出现；但若"架子"摆得太足，则会将下属隔离得远远的，也会有负面影响。

要当主管，就得学会"摆架子"

几百年前，意大利的政治学家马基亚维利曾写过一本叫《君主论》的书，以惊世骇俗之笔揭示了政治的真相，并给统治者提出了许多真知灼见。他在书中写道：

"君主必须是一头狐狸以便认识陷阱，同时又必须是一头狮子以便使豺狼惊骇。"

"君主如果被人认为变幻无常、轻率浅薄、软弱怯懦、优柔寡断，就会受到轻视。他应该努力在行动中表现出伟大英勇、严肃庄重、坚忍不拔的一面。"

马基雅维利不止一次地提到，君主应通过种种手段，甚至是一些表面上的装腔作势和某些小手段来获得别人的尊重、爱戴和敬畏。这与"架子"的妙用是相一致的。

"摆架子"在理论上可以理解为与群众的"距离"，主管和群众应该下意识地保持一个相应的距离，只有这样，才能使下属意识到主管既有的权威，而这种权威对于主管又是不可缺少的。你过于谦恭，不留心树立自己的权威，下属很可能对你轻视和怠慢。而这对于你履行职责，是十分不利的。

还有一些主管对"摆架子"情有独钟，因为这样可以超然不群，给下属一种神秘感。作为主管，有时也活得很累，怕别人看破自己的"天机"，就需要想方设法把自己掩盖起来。而所摆的"架子"就成了他的面具，这大概也算是一种社会角色的特定要求。主管的"架子"摆起来了，和群众就有了距离，从而使自己显得高深莫测。

从另一个方面来看，主管的"架子"也是一个挡箭牌。你若太过随和，人人都以为你好说话，不免鸡毛蒜皮的事都来找你定夺；你若把"架子"摆起来了，就可以免去为这些小事所烦扰，集中精力去谋大事。所以，摆架子应该是主管艺术的一部分，是有利于主管正确有效的政务决策的。

"摆架子"还有利于丰满主管的高大形象,它有时是自信和自尊的体现,使主管有一种鹤立鸡群的威信,从而唤起下属的敬佩和朝拜。有时,即便这种"装腔作势的架子"会为下属中一些腹有良谋之人偶然发现,但是他们也会懂得不去拆穿这一点,因为既然他有这个智慧,当然也就能够理解这种"架子"存在的理由——人都要实现自己的人生价值,而中国人以获得权力为荣耀。不摆一点"架子",怎么能显示出春风得意呢?

你要当主管,就要学会摆架子,摆架子的确是一门主管艺术的无底洞,里边的奥妙还深着呢。

"架子"会增加主管的威信与魅力

无论是谁,都有实现自己人生价值的愿望。不同的人价值观不同,实现价值的程度也不同。但通过获取权力来实现自己的人生和社会价值一向是一个十分重要的渠道。

毫无疑问,主管也需要人生价值得以实现的满足感,有些时候,他还会因此而显得沾沾自喜或洋洋得意,不自觉地表现为某种"架子"。可以说,这种心态在不少人中还是相当普遍的。

深知"架子"妙用的主管很多,但能够在理论上深刻地加以阐述并在实践中加以娴熟运用的人则非戴高乐莫属。这个曾被尼克松称为是"用门面装扮起来,但却不是一个虚假的人物"的戴高乐将军在他的著作《剑锋》中写道:

"一个领袖必须能够使他的部下具有信心。他必须能够维护自己的权威。"

"最重要的是,没有神秘就不可能有威信,因为对一个人太熟悉了就不免会产生轻蔑之感。"

"(一个领袖)没有威信就不会有权威,而除非他与人保持距离,他就不会有威信。"

主管的"架子"绝非是一个简单的道德问题,它还包含相当的主管艺术的奥妙,更有着心理学上的微妙含意。

时代在发展,那种"走在人群中辨不出谁是主管谁是群众"的主管方式

在一定程度上已不适用于今天的社会生活了。现在，大多数人都能够接受这样的观点：人应该讲究仪表风度。对主管们来讲，亦是如此。"架子"会增加主管的气势和威严感，只要做得不过分，它无疑会使主管显得更有魅力。

曾有政治学家论证说，群众都有服从权威的倾向。而主管通过得体的"架子"所表现出来的自信心、意志力、傲视群雄的态度以及凌驾于众人之上的气势则有助于增加自己的权威，使自己显得更有魅力，显得更像主管者，更能从形象上唤起别人的敬佩和好感。

"架子"会给主管带来神秘感

许多下属都有这样的感触，有"架子"的主管仿佛就是一座云雾缭绕、幻象纷呈的大山，看上去高深莫测，不可捉摸。其实，这种效果正是许多主管所努力追求的。

他们为什么要这样做呢？

因为主管处于各种利益、各种矛盾的焦点上，他若想实现自己的目的，就必须懂得隐藏自己，使自己的心机不被窥破。

如果下属很容易就揣摸到主管的心思，他就很可能利用其来达到自己的某种目的，从而危及或破坏主管意图的实现。不暴露自己的最好办法，莫过于增加与下属的距离，减少接触，使自己保持一种神秘莫测的状态。

这就是主管爱"摆架子"的另一个原因。可见，主管的"架子"决不仅仅是为了炫耀，还是一种有效的防范性措施。

适度摆摆"架子"，有助政务处理

"架子"其实就是一种距离感。距离感不仅会给主管带来心理上的安全感受，而且还为他处理人际关系及政务提供了一个回旋的余地。许多主管正是靠着这种距离感的调整来实现自己的目的的。

在不同的时间、场合下，对不同的人行使不同的"架子"就会形成不同的人际距离。主管可以随时根据自己的需要来调节这种距离，从而把不同人的积极性和进取心调动起来，为实现自己的意图服务。而没有层次感的随和与友善，则是"仁有余，威不足"，不能达到这样的效果，还不利于主管处理棘手问题。

让许多主管最头痛的便是事无巨细都要亲自处理。他们更希望自己能抽出时间和精力来处理大事。而随和的言行会使下属产生一种错觉：这个主管好说话，是不是让他给我解决一下我的问题？……这样，势必会使许多下属抱着侥幸的心理来请求主管的亲自批示，而一旦不能满足又会心生怨恨。所以，许多主管就喜欢利用这种"轻易不可接近"的"架子"来逃避细小琐事的烦扰，把更多的脑力用于谋划大政上。

管理者应"喜怒不形于色"

"喜怒不形于色"给人的感觉是稳重而老练，办事令人放心。能做到如此的人，不但主管会把重任交付于你，同事们也会很欣赏你，愿意与你交往，喜欢和你谈论一些"小秘密"相反，那些意气用事，动不动就喜形于色、怒露于面的人，给人的感觉是毛毛躁躁，没有深度，不可托付大事，人们也不喜欢与这样的人交往。

三国中曹操的夫人卞后就是一个具有"喜怒不形于色"修养的人。

当曹丕被立为太子后，王宫左右女官齐向卞夫人致贺说："你儿子被封为太子，天下人都很高兴，夫人应该把库房里的东西，全拿出赏赐。"

卞夫人说："大王只因曹丕年纪最大，所以定为合法继承人，我只能庆幸自己免除了教导无方的责备，又有什么值得高兴的呢？"

女官将卞夫人的话回报于曹操，曹操听后愉快地说："怒时不形于脸色，喜时不忘记节制，最是难得。"

相反，曹丕听到自己被立为太子的消息后，高兴得抱住仪郎辛毗的脖子，叫喊："辛君，你知不知道我有多高兴？"为此，辛毗的女儿辛宪英评论说："太子的责任是管理国家，替代君王，应该感到责任重大，治理困难才对，他反而大喜若狂，如何能够长久呢？"后来事情的发展果真如辛宪英所预料。

卞夫人喜不外露，受天下景仰；太子曹丕喜形于色，受人鄙视。一正一反，证明了"喜怒不形于色"不仅是一种涵养功夫，同时，也是人们由此考察一个人处事是否成熟沉稳，是否能做大事的标准。

"喜怒不形于色"，用直白的语言来说就是尽量压抑、隐藏自己的私人

感情,用冷静客观的态度来应付各种情况。身为主管者,一旦露出心中所思所想,被人看穿,就会受人影响,做出错误的决策。

做到"喜怒不形于色"对主管很有好处,具体有两点:组织遭遇困难时,如果主管者显示出不安的表情或慌乱的态度,便会影响到整个组织,一旦根基动摇,就可能立即带来崩溃。这种情形下,若能保持冷静、若无其事的态度,最能安抚员工的心。其次,与对方交涉谈判时,冷静是非常重要的。如果把持不住自己而露出感情,如同自揭老底一般,容易为对方所控制而屈居下风。

东晋宰相谢安是一位值得称道的修身谋略家。前秦王符坚率兵九十余万进攻东晋,东晋朝野闻听后大为震惊,人心惶惶。只有谢安处之泰然,若无其事,并推荐谢石、谢玄率军八万去抗击秦军。

在这个百万大军压境、国家生死存亡之际,谢安不但没有表现出一丝惊慌,反而一如既往,照样下棋、弹琴、饮酒、作诗,闭口不谈大战之事。见此,谢玄不禁心中焦急万分,就和大都督谢石(谢安的弟弟)、辅国将军谢琰(谢安的儿子)一同去看望谢安。

三人进得府来,谢安就知三人是为大战之事而来,但却仍闭口不谈御敌之事。他吩咐家人和姬妾,一同去东山别墅游山玩水。山林间,小溪旁摆下了棋盘,谢安与兄弟和子侄轮流下棋,开始了车轮大战。谢安不慌不忙,行棋如行云流水,下得潇洒自如,得心应手。

三人深受谢安的感染,知道谢安定是胸有成竹了,所以回去后,各司其职,各练其兵。兵民们受此影响,也是人不慌,马不乱。军民上下,严阵以待。后来,在淝水一战,晋军终于以少胜多,打败前秦大军。

捷报传到谢安处,谢安正与客人在下棋,看了捷报后毫无表情。客人问他:"战况如何?"他淡淡地回答:"我方已经取得胜利。"

谢安能够做到宰相,没有这种"喜怒不形于色"的涵养功夫恐怕是难以胜任的。要培养自己的个性修养,最难的就是控制自己的感情,一旦感情用事,往往就容易因小失大,导致事业的失败。

"喜怒不形于色"也是主管善"摆架子"的一种表现,其妙处当然不

仅仅是让主管避祸消灾、受人尊崇这么简单。它是一个人心理成熟的最高标志，只有这样，人才能抑制过于冲动的感情，才能保持清醒的头脑、缜密的思考和明晰的理智，才能不受外界事物的困扰和左右，达到"宁静致远"的境界。

不要失去主见，也不能固执己见

不要过于相信自己的判断力

要时时致力于提高自己的判断能力，但也绝不能对自己的判断力过度自信。这是高明的管理者不可缺少的一种素质。

主管者一般都比较自信，而且自信也会随着其能力或职位的上升而增强。增强自信心是好事，但是，自信心上升到一定程度，便很容易变质，而成为自负。这时，人便容易犯固执己见、顽固不化的错误。

历史上许多皇帝都并不希望国家混乱，并不喜欢奸臣。谁不希望长治久安，谁不希望自己的国家昌盛？昏君之所以爱奸臣，归根结底只是因为奸臣顺应自己的意见，顺应自己的意志罢了。我们普通人，谁不愿意听好话，谁不愿意别人的意志顺从自己的意志？即使你的判断能力不是很高，你也总会认为你是正确的。

过度自信是与自觉性品质相反的一种心理和行为偏差。过度自信的决策者总是对自己的决定具有独断性，坚持己见，以自己的意愿代替实际客观事物发展的规律。有时即使客观环境发生变化，也不肯更改自己的目的和计划，仍维持盲目行动，一概拒绝他人的意见或建议，其实这种过度自信正是缺乏自觉性和意志薄弱的表现。

过度自信，在一定意义上，也是一种认知偏差，管理者认为自己所拥有知识的精确度要比实际上所具有的精确性更高，所以他们对事件发生概率的估计总是走向极端。

喜欢别人顺从自己的意志，不喜欢别人逆着自己的意志，其实是人的本性，谁都会有这个毛病。关键在于，我们在提升了自己的判断能力以后，一定要明白自己有此本性，思考任何问题，要力图摒弃自己的这种秉性，还问题以公正，还事物以真理。

集众人的智慧为己所用

大凡古今中外那些高明的管理者都非常善于"集众人的智慧为己所用"。

清朝名臣曾国藩经常以各种形式向幕僚们征求意见，在遇有大事决断不下时尤为如此。有时幕僚们也常常主动向曾国藩投递条陈，对一些问题提出自己的见解和解决办法，以供其参考。幕僚们的这些意见，不免会对曾国藩产生重要影响，这方面的事例可说俯拾皆是。

如采纳郭嵩焘的意见，设立水师，湘军从此名闻天下，曾国藩也受到清廷的重视，为他初期的成功起到了关键性作用。

咸丰四年（1854年）太平军围困长沙，官绅求救于湘军。时羽翼尚未丰满的湘军能否打好这一仗，关乎湘军的存亡大计。为此，曾国藩召集各营官多次讨论战守问题，又在官署设建议箱，请幕僚出谋划策。最终，曾国藩采纳陈士杰、李元度的意见，遂有湘潭大捷。

咸丰十年秋，是湘军与太平军战事的关键时刻，英法联军进逼北京，咸丰帝出逃前发谕旨令鲍超北援。曾国藩陷入极难境地。北上实属君国最大之事，万难辞推；但有虎将之称的鲍超一旦北上，兵力骤减，与太平军难以对峙，多年经营毁于一旦。曾国藩令幕僚各抒己见，最后采纳李鸿章"按兵请旨，且无稍动"的策略，渡过了一次危机。不久，下安庆、围天京，形成了对太平军作战的优势。那些闻旨而动的"勤王军"，劳民伤财，贻笑天下。

可以说，曾国藩是把众人的智慧为己所用的典型人物。他自己深得众人相助之益，也多次写信让他的弟弟曾国荃如法炮制。他说与左宗棠共事，因为左宗棠的气概和胆略过于常人，因而希望能与左宗棠一起共事，来帮助弥补自己的不足之处。他还劝曾国荃"早早提拔"下属，再三叮嘱：

"办大事者，以多选替手为第一义。满意之选不可得，姑节取其次，以待徐徐教育可也。"其后曾国荃屡遭弹劾，非议也多，曾国藩认为是他手下无好参谋所致。

在"集众人智慧为己所用"的同时，曾国藩拒绝幕僚的正确建议，而招致失败或非议鼎沸的事例也不少。如天津教案的处理，大多数幕僚通过口头或书面形式，直接对曾国藩提出尖锐批评，态度坚决，但曾国藩一意孤行，杀害无辜百姓以取悦洋人。其结果，"责问之书日数至"，全国一片声讨声，"汉奸""卖国贼"的徽号代替了"钟鼎世勋"，京师湖南同乡，将会馆中所悬曾国藩的"官爵匾额"砸毁在地，几十年以来积累的声望一日消失干净。曾国藩晚年对未听幕僚劝阻颇为后悔，"深用自疚""引为渐怍"。他在给曾国荃的信中说："天津之案物议沸腾，以后大事小事，部中皆有意吹求，微言讽刺""心绪不免悒悒"，回到江宁仅一年多即死去。

总体而言，曾国藩尚属能够虚心纳言之人，所以其幕僚方能直言敢谏，也令他在事业上取得了巨大成功。

不失去主见，也不要固执己见，这是许多中外历史上的成功者依靠别人的力量"发迹"的根本。

要做到上下兼顾

取悦于主管，这点是容易被人理解的，但"顾下"有时间却不容易为一般的管理者所理解。但是，在高明的主管者看来，"只顾上、不顾下"实为一种愚昧之举，绝不可取。

兼顾于下，才能做到真正"顾上"

顾上不顾下，易失去人心，更搞不好工作，最终也不会取得上级主管的信任。得人心者得助，得人心者久。部门主管应把顾上与顾下结合起来，才能做到真正的成功。

这个道理，我们是可以通过生活中的一个简单事例来加以说明的。我们走起路来是不能只顾目标，不顾脚下的，如果我们只顾盯着自己的目标，不看脚下是否有些坑坑洼洼或者绊索陷阱，那么我们很容易摔跟头，不但最终到达不了目标，反而会使自己遍体鳞伤，鼻青脸肿。"顾上"，与主管搞好关系，但同时也不忘"顾下"，便是这个道理。但许多人却并未领悟这个朴素的真理。

只顾上，不顾下，会给工作带来很大的麻烦，实是失败的管理之道。

首先，你容易丢失群众。群众是最痛恨那种对上级笑脸相迎、曲意巴结，对下级冷若冰霜、不闻不问的管理者的，这样你便失去了自己的根基，即使可以一时取悦于主管，也只能是暂时的。失去人心意味着你不可能从下级那里了解到确实的情况，你不会得到他们的支持和保护；失去人心还意味着主管不会从群众那里听到对你的赞扬声，最终，他也不会重用名声败坏、众矢之的者作为心腹。失去了群众，失去了人心，就像庄稼没有水，逐渐枯萎，失去了其应有的价值，只能被主人拿来作柴烧，喂养牲畜，总之，难成正果，难有大用。

其次，你干不好工作。做工作是必须依靠众人之力的，同仇敌忾，团结一心，会让你干成始料不及的大事；而人心涣散，离心离德，则会让你连基本的工作都做不好。由于你只顾把心思放在看上级眼色行事上，势必会忽略下级的感受，对他们的疾苦冷暖关心不够，这种人是很难受到群众拥护的。更有甚者，还有些人会采取压制、损害下级利益的办法来取悦主管，这更是会招致怨恨。没有工作实绩，顶多只会被主管在某些时候加以利用，但绝对不会长期予以重用的。

第三，你难以获得上级的根本信任。无论什么样的用人标准，其实质都是一样的，即能够替主管做好工作，为主管分忧。因而，主管一般都喜欢任用群众基础比较好、威信高的干部作为自己事业的助手，因为主管清楚，有人支持才能堪大任，做好工作。用一个在群众中声名不佳者作为心腹，不但不能替自己分忧，还会影响主管自身的声望，对他来说，这是得不偿失的。在群众中声誉不好，还会影响上级对你的信任，毕竟主管是不会"偏听偏信"一人之言的，在他与群众接触的过程中，肯定会了解到许多于你不利的看法，这些看法多了，就会影响主管对你的道德评价。

选配主管班子的十原则，其中就包括："确定主管者要广泛听取意见，大范围的民主推荐、评议，可以避免少数人在用人上搞不正之风，增强干部的民主性。看人应主要看政绩，应该让搞事业的人上来，搞关系的人下去。"

因此，聪明的人总是非常重视收买人心，打好自己的群众基础，既做到不忽视主管的权威，也不忽视群众的选票。

历史上的统治者都是十分重视笼络人心，以此作为巩固自己政治地位的基础，从而能够能进能退、能上能下，做到游刃有余，立于不败之地。

《战国策》中的"狡兔三窟"故事说明，在危难之时，人心是何等之重要！

齐国有个贵族，叫孟尝君，封地于薛。其手下食客过千，冯谖便是其中一人。一次，冯谖自告奋勇地要求到薛城为孟尝君收债，临行时问孟尝君，收完债买些什么回来？孟尝君很随便地说，你看我家缺少什么就买什么吧。冯谖到了薛城，不但没有催逼百姓还债，还以孟尝君之名将债券全部烧了。老百姓高呼万岁。孟尝君见冯谖空手而归，很是奇怪，问他买了什么回来。冯谖说："你说让'买你家缺少的'，我考虑你家什么都不缺，唯一缺的是'义'，我就为你买了'义'。"孟尝君很不高兴。

一年后，齐王听信谗言，免去了孟尝君的相国职务。孟尝君只好回到封地薛，没想到，薛城百姓扶老携幼，夹道相迎。孟尝君方悟，这个"义"的重要性。后来，冯谖通过计谋，又使孟尝君重登相位，使他的政治地位更加稳固了。

这个例子警示我们，顾上是求进之道，而顾下则兼具求进与保身两种功能。注意顾下，可以助你事业有成，获得上级的赏识，而一旦事有不顺，上级一时疏远你，你也可以凭借良好的群众关系，韬光养晦，以图东山再起，不至于四面楚歌，四面受敌。所以，历来有作为者，都很注意把上得欢心下得民心结合起来（兼顾下），从而使自己立于不败之地（真正的

"顾上")。

一心一意地在本职岗位上干实事

身为管理者,工作头绪多,任务繁重,要给上级主管留下比较良好的印象,干工作就要兢兢业业、一丝不苟。要舍得下大气力,把握市场经济条件下的客观规律,积极探索摆脱忙乱的方法,减少应酬,把宝贵的时间和主要精力用在抓大事上,让自己主管的企业或行政部门,多出成绩,出大成绩,多出能在上级主管那儿"挂上号"的成绩。一个高明的管理者懂得:不问名利收获,一心一意只在本职岗位上干实事的主管,最易受到主管的青睐。

美国一位著名的管理学家也曾说过:"一个得力的主管人必须擅长于兼顾两头:最高层次上的投资概念和最一般层次上的具体行动。"中国台湾大富豪蔡万霖就是一个靠亲力亲为、踏踏实实在本职岗位上干事业的典型。

1979年,蔡万霖接管了拥有10余家分公司的霖园关系企业集团。作为总经理,他要做的第一件事就是先抓好高级职员,这是企业的主力、骨干,不把他们的主观能动性发挥出来,就不能带领其他员工尽心尽责地履行各项任务。蔡万霖常常亲自到第一线去,一是要了解那里的业务情况,二是要察看员工们的工作。他一天可以跑四个单位,甚至最高纪录一天跑五个,非常辛苦,但对问题却掌握得很深入。

他的这种做法对于那些不自觉的员工是一个很大的压力。因此,每当他一出现,员工们便十分紧张,唯恐有什么失职行为被总经理发现。蔡万霖自己每天都早来晚归,工作10多个小时,不辞辛苦,那么,身为他的部下,能不好好干吗?

蔡万霖说:"我不搞什么遥控指挥,我爱事事亲历亲问。"当年,他的办公桌上就已经不仅仅配备有自动录音电话、移动电话,还有大屏幕电视监察系统,不出办公室,完全可以了解到所有要了解的东西。但即使如此,他还是坚持到员工中去,他认为只有这样,才能掌握住员工内心世界里的东西,也才能对症下"药"。

"在这方面,员工们可能对我有点意见。不过,如果我自己没有事业心

和责任感,对工作放任自流,不仅企业生存难保,不但我的饭碗砸了,员工们恐怕也要遭殃的。"对此,蔡万霖自己是如此解释的。

他以为,凡事都有个"纲"、"目"关系,只有牢牢地把"纲"举起来,那"目"就会张开,从而才能捕到大鱼。他常说:"我今天掌管这么大的家业,首要的必须抓住这个'纲',不然的话,就会出乱子,甚至会搞砸……"

和主管把关系搞好,首先并且很重要的一点就是拿工作成绩说话,主管最欣赏工作成绩突出的主管,即使你有点错误、缺点,也能得到容忍和原谅。相反,你如果没有事业心,干工作不踏实,作风漂浮,只靠迎来送往、吹吹捧捧,是很难引起主管重视的。企业管理者工作时,不妨借鉴一下台湾大富豪蔡万霖的工作方法。

敢于向主管的不合理决策说"不"

没有一个主管喜欢唯唯诺诺、墨守成规、不敢越雷池半步的下属。特别是在社会竞争日益激烈的网络时代,唯命是从、听话、老实的下属,不仅不能"打江山",也不会"守江山"。因此,作为下属,当你拥有真理并且对整个团体有利的时候,对主管的不合理、不正确决策和意见说"不"是很有必要的。因为没有哪一个主管会不喜欢具有开拓精神和创新意识的"千里马"。

当今时代,企业生存的最大课题就是培养人才,但是在方式上,却有不少企业走了弯路。例如,要使员工有工作意愿、养成自我启发的习惯,就必须做到倾听他们的要求,努力创造良好的工作环境。许多企业片面地理解这种观点,如一味地专注于客观条件,以为只要提高薪金,改善作业条件,增添福利措施,就能培养人才。其实不然。在这种思想的指导下,往往只会培养出缺乏雄心壮志、办事唯唯诺诺、墨守成规、贪图安逸的人来,而造就不出充满斗志,不畏困苦、勇于进取的人才。

比较而言,首要之事并不是改善物质条件,而是提高员工的精神素质。如何把管理者的热忱和构想体现到企业的巨大梦想之中去,贯穿到员工的思想和行动中去,这才是问题的关键所在。

企业操作实务方略：如何当好部门主管

树立宏伟的目标，编织绚丽的巨大的梦想，从而点燃员工奔向目标的意愿之火，使每个人都具有开拓精神和创新意识，这就是当今企业培养人才的宗旨。

大凡成功的管理者，多半都是具有开拓精神和创新意识的人，只知唯上、唯书、唯唯诺诺、老实听话的人，是干不出一番轰轰烈烈的事业的。因此，面对主管的不合理决策，一定要敢于说"不"；唯唯诺诺只会让你在主管心目中留下老实、平庸、没能力的不良印象。

向主管说"不"无疑是一件非常困难的事情，这需要极大的勇气。但IBM国际商业机器中国有限公司广州分公司项目部负责人陈先生却认为，当主管的决策有明显错误时，一定要勇于提出要求并坚决向主管说不！隐忍不发，没有人会知道你心中所想。

把一个简单的"不"字说出口，做出不受主管欢迎的举动无疑是一件非常困难的事情，但却并不能因为困难就放弃了自己的原则，放弃了自己认为正确的看法。在正确的时机勇于说"不"，这不仅对于公司来说是一个正确的举动，还会提升自身的价值，巩固并增强自己在主管和员工心目中的地位，促进自己职业生涯的发展。

面对主管的火气，勇于承认错误

身为部门管理者，在和主管相处时，一定要有被主管训斥的心理准备。每一个下属，都会遇到主管对你发脾气的时候，有的人面对主管的火气，勇于承认错误，立即改正；有的人则针锋相对，死不认错。在这种时候，前一种人一定会得到主管的谅解，而后一种人则会把事情办得越来越糟。如果主管对你发脾气的时候，脾气发得对，你就必须承认错误，并且做出改正的承诺，而不是为错误进行辩护。主管最希望的是你能知错认错，把给工作造成的损失弥补回来。如果他的脾气发得不当，你可以给他指出并且向他把事情解释清楚，告知他不应当对你发脾气；在与他达成谅解后，你还可以为他提供一些解决问题的建议。面对主管的火气，一定要注意压住自己暴躁！不要明目张胆、真枪实弹地和主管对着干。

著名的美国企业管理专家史蒂文·布朗18岁时到一家房地产公司从事

销售工作。公司要求每一个员工每天必须联系一处待售的房地产并将其登记在册。有一天，经理知道布朗当月仅联系到两处房地产时说："我真不理解，我想，我要是雇个傻子，在他背上挂一块牌子，那个傻子至少也能将两处房地产的售价带回来登记。"

布朗强压住怒火和暴躁，愤怒地离开了办公室。他奔波了一天，在下班之前赶到经理办公室，将两处房地产待售登记表掷到经理办公桌上。经理却只是轻描淡写地说："你最好明天再联系两处。"

随着年龄的增长和阅历的增多，史蒂文·布朗逐渐成熟起来。他这才明白，经理用的是"激将法"，对于血气方刚的小伙子来说，激将法很有效。尽管当时布朗恨不得杀了那个可恶的主管，但他还是压住了暴躁，仍然十分敬重经理。

管人者，就要磨炼肚量，做到"宰相肚里能撑船"，主管骂一顿，下属顶撞几句算个啥，何必放在心上呢？

赵仲达刚做厂长时，由于压不住火爆脾气，不是跟主管吵，就是跟下属员工吵，管理一塌糊涂。有一次，集团公司总经理把他叫到办公室，指责生产产量下降："你是干什么吃的？产量下降，质量上不去，你这个生产厂长是吃白饭的？"集团公司总经理的话还没说完，赵仲达就大发雷霆："产量下降了，你问我，我去问谁？你们集团的人是干什么用的？"

一气之下，集团公司总经理当即停了赵仲达的厂长职务，让他到供销部当主任。

人都喜欢给自己补台的人，不喜欢拆自己台的人。人无完人，金无足赤，上级主管也是如此。工作千头万绪，用人管人千难万难，疏忽和漏洞在所难免。这时候，作为下级部属，就应该主动出面，帮助主管更改差错，甚至是主动认错，承担大部分或全部责任！

引咎自责是反败为胜的良方

作为管理者,难免会出现这样或那样的失误。关键在于,出错后要勇敢地自我批评,真诚地向人们道歉、认错,力求反败为胜,这才是维护主管权威的良方。

引咎自责之所以能反败为胜,有着两方面的心理因素:

第一,"金无足赤,人无完人""人非圣贤,孰能无过",人们不再像过去那样期望一个个"高大全"的完美管理者。

第二,人们对管理者的遵从心理与敬畏心理是利弊互存的。弊在于这可以助长管理者的骄傲自大意识,利在于这种心理可以维护和稳定管理者的威信,便于管理者指挥团体实现自己的目的。

管理者一旦有了过失,只要他稍稍有所悔悟,坦陈过错,或向过失的危及者直接道歉,就会使人们真诚地原谅和加倍地信任你。其好处具体说来如下:

1. 维护权威

没有权威的管理者不是真正的管理者。维护权威是每个管理者都必须重视的一大课题。有了过错和失误,显然影响了权威的树立,许多管理者或敷衍搪塞,或矢口否认,或避而不谈。其实这反而显出其拙劣和愚蠢。痛快地承认不足,认识过错,让人们看到你勇敢的精神和坦诚,能奇迹般地增加威信。

2. 显示胸怀

宰相肚里能撑船,这种胸怀也是一个管理者成熟的标志。一旦有了过失、犯了错误,管理者如能引咎自责,向被危及一方坦陈自己过失的严重,一定能给人胸襟博大,大度容人的印象。

3. 警策他人

有时，某项工作的过失是管理集团所犯，或本与某管理者无直接关系，而管理集团的主管又偏偏心存侥幸，或企图蒙混，不予承认，如果某管理者勇敢站出，首先承认自己的责任，往往能令其他人自惭形秽，也不得不承认错误。

4. 消除隔阂

管理者与管理者之间、管理者与下属之间因为工作不可避免出现隔阂。这种隔阂或矛盾不及时消除，势必影响工作。借助某项工作失误之契机，管理者若向另外的管理者和下属承认过错失误，甚至把不是自己的过错也揽过来，往往能很快地消除偏见、隔阂、误会，增进班子团结。

向敌人自责是在特殊的情境形势下做出的一种特殊反应，可以说，这是一种争取民心、赢得支持、分化敌人的高超斗争策略。当然，这种自责也需要真诚，更必须公开，否则便失去了意义。

1945年国共重庆谈判期间，周恩来的秘书李少石被国民党伤兵枪击致死。舆论认为这是国民党破坏和谈的一个阴谋。经过调查得知，这次事件的起因是李少石乘坐的汽车超速行驶，撞伤了国民党的伤兵而又没有及时停车，以致引起对方开枪。周恩来立即向舆论界公开了事件真相，承担了责任，并表示愿意负担国民党伤兵的全部医疗费用。感动得国民党首席谈判代表张治中将军由衷地说："得中国百姓之心者，惟周公耳！"

在日常生活中，当犯有小的失误而被别有用心之人抓住不放时，我们应果断地承认错误，以使对方无小辫子可抓。这样，一来可堵住对方之口而自保，二来也可给众人留下你为人大度、真诚的好印象；而此时对方若仍然攻击你，他人会对他产生反感。

不要回避问题，而要正视

喜欢出成绩不喜欢出问题，这是各级管理者的共同愿望。但事实告诉我们，没有问题只是相对的，主管水平再高，单位成绩再好，也必然会存在问题和不足。况且，我们抓工作的过程，就是克服困难，解决问题的过程，只有摸清了问题，才能心中有数，对症下药做好工作。应该善于发现

哪些问题呢？一个地方、一个单位存在的问题是多方面的，但归纳起来主要应把握以下几点：一是善于发现事关全局性的问题，二是善于发现本质性问题，三是善于发现潜在性问题。可以说，善于发现问题是管理者的一种能力、一种水平，也是胜任管理职责应具备的一项基本功。

怎样才能有效地发现问题？首先要必须敢揭短、敢报忧，勇于正视问题；其次是必须勤观察、勤思考，善于透过现象看本质；再次是多渠道、多环节地广开言路。

任何事情在行进的过程中，都不可能尽善尽美，必然存在这样或那样的问题。减少问题的上策，就是勇于正视问题，实事求是地查找问题，既不能怕单位丢荣誉，又不能怕个人丢面子。

唐太宗李世民勇于纳谏的事大家可能都知道。据史书记载，他先后给三十多个净谏之人晋官赐金，尽管魏征曾当着满朝文武的面，尖刻地批评过他，使他感到羞辱难堪，但他还是把魏征视为"镜子"，大赏魏征十几次。

作为新时期的管理者，有的人总怕别人抓住自己的"尾巴"，说自己无能，想着法子遮遮藏藏。殊不知，哪个单位敢于正视现实，勇于查找问题，哪个单位解决疑难问题的办法就多，工作就好，否则就暴露出其管理者工作的不力。

抓问题必须有过硬的知情功：耳要聪、目要明、心要细、脑要思，在真知、深知上下功夫。耳要聪，就是要耳听八方。身为管理者，对各种形式的会议、谈心、同事间的七嘴八舌等，听多了，情况熟了，问题就不愁找不到。乾隆皇帝文武满堂，刘墉等治世之能臣辅佐在侧，仍然经常微服私访，查找决策管理中的不足和难点，其目的无不在此。管理贵在细，作为管理者，就要善于从一人一事，一举一动等细枝末节处发现蛛丝马迹，然后顺藤摸瓜找出问题。脑要思，就是要勤想多思。抓问题是一项艰苦细致的工作，不下一番功夫，动一番脑筋，反反复复地进行推敲是不行的。作为一名管理者，即便天资超群，才智过人，也不能查疑无漏，一贯正确。这就要求各级管理者必须多渠道、多环节地广开言过之路，博采众长，从谏如流。

善于发现问题，鼓励纳谏

高明的管理者不会回避缺点和问题，他们不但善于积极发现问题，还积极着手解决。这样，才能管好人，用好人。

西北某钢铁公司总经理上官云就是一位善于发现问题的主管。

前几年，钢铁生意不景气，上官经理就在钢铁公司开展"人人报忧"活动，下至车间工人，上至中层干部，人人都把各自岗位上存在的问题或者合理化建议向公司办公室递交。为了彻底弄清生意不景气的根本原因，上官经理还采取"激励纳谏"法，规定无论是谁，只要发现的问题真正存在，并且事关公司兴衰，奖励5~100元不等的奖金。

这项活动开展后公司先后整理、收集了数百个大大小小的问题，并逐一进行解决。数月之后，生意又火了起来。

充分挖掘下属的内在潜力

这天下午，久华经贸总公司各部门十几名中层干部刚刚上班，就接到总经理办公室的通知，说是今晚六点半，总经理孟传文请他们去餐厅赴宴。

接到通知的人都吃了一惊，因为他们知道，上个月公司的效益明显下滑，按惯例，总经理在此时请客，十有八九是要在这个非同寻常的宴会上，用一盘鱿鱼不声不响地辞退他认为工作不力的下属。

距离开宴的时间还有10分钟，接到请柬的中层干部们便提前来到餐厅。十几人坐在餐厅四周的沙发里，嘴里不断地打哈哈，互相说着毫无味道的闲话，可他们的心里则是十五只吊桶打水，七上八下。

时针刚刚指向六点半，总经理在副总经理陪同下来到餐厅。只见他神情严肃，脚步沉重。大家见他这样，便断定今日宴会，有人即将被炒已成定局。面对十几个从沙发上肃然起立的下属，总经理点了点头，待大家入座后，一桌丰盛的宴席摆了上来。席间，总经理一言不发，只有他的助手副总经理强作笑脸，替总经理向大家劝酒。

每一位赴宴者都心跳加快，血压升高，唯恐在宴会结束之前，会有一名服务员按照总经理事先的吩咐，将一盘倒霉的鱿鱼放到自己的面前。

第四章 树威信，优秀主管当以身作则

果然那个让人心惊的时刻到来了。只见总经理突然转过头去,向餐厅门口发出轻轻的一声咳嗽,接着就见有个手托方盘的服务员飘然而来。赴宴者瞪起一双双惊恐的眼睛,死死地往服务员手里的方盘看去。那盘子里果真盛着爆炒的鱿鱼卷儿。

人们的心一下子蹦到了嗓子眼儿,个个暗自祷告苍天,不要让那盘鱿鱼来到自己的跟前。

手托方盘的服务员紧绷着脸儿,还故意围着餐桌绕了一圈儿,当她来到某人的身后时,那人便吓得闭上了眼睛,冒出一身冷汗。

终于,紧张得近乎窒息的人们听到方盘与餐桌相碰的声,人们睁开眼睛,惊诧地发现。那盘爆炒鱿鱼居然摆放到总经理孟传文的面前。人们先是怀疑自己的眼睛,当他们揉揉眼睛,定睛看时,那只方盘明明白白、端端正正地摆在孟总经理的面前。

当大惑不解的人们面面相觑,纷纷猜测时,只听总经理又轻咳一声,随后便发出严肃而凝重的声音:"各位同仁,上个月公司的效益下滑,乃是我的责任。因此,我决定自炒鱿鱼,并自罚做清洁工一个月,在此期间,由副总经理代行我的总经理之职,请诸位支持,拜托了。"总经理说罢,双手抱拳,极其谦恭地向大家行了一礼,出门走了。

第二天,人们看到孟传文将总经理办公室的钥匙亲手交给副总经理,然后脱去西装革履,换上粗布工作衣,拿起抹布扫帚,做起了清洁工。

孟总经理这一举动,立即引起了公司上下的轰动,人们无论如何也想不通,这位腰缠近千万元、声名显赫的孟总经理会自炒鱿鱼,而且做起了清洁工。

转眼一个月过去了。当副总经理将一纸统计表送到孟传文手中时,孟传文细细看了一遍,脸上现出胜利的微笑。

孟传文如期复职了。他上任后的第一件事就是召开公司各部门负责人会议,首先对大家在过去一个月工作中所做的努力表示由衷的感谢。接下来便向大家说明他为何要自炒鱿鱼,自罚做清洁工一个月的道理。

原来,上月初,当孟传文发现他的公司经营状况不佳时,便思索、分

析效益下滑的原因在于几位主管部门的主管不力。按常理，总经理须将不力的负责人横向调动一下，或者干脆炒他的鱿鱼。但孟传文却认为：人无完人，要选择一个能够完全称职的部门负责人当然容易，但眼下最佳办法不是调动和炒鱿鱼，而是要挖掘他们的内在潜力，使他们在一种即将失去饭碗的危机与压力下自强起来。于是，他便想出并实施了自炒鱿鱼的办法。事实是那小小一盘鱿鱼果然向中层干部们猛击一掌，使他们感到自己的不足与压力。因此，一个月内尽管孟传文对公司的事不闻不问，凡是参加那场非同寻常宴会的人都能尽职尽责，各司其职，充分发挥积极性和创造性。结果使公司的效益从此好转。

从此，这里的商界便传开孟传文自炒鱿鱼的故事。人们无不叹服：孟总经理的经营谋略与用人手段真是高明无比。

树立威信要克服性格上的缺点

从根本上改变自己的性格也许不容易，但是，对自己的性格有一个清醒的认识，努力避免使其成为自己管人用人的不利因素并不难。人人都有优点和缺点，但对于管理者来说，努力克服性格上的缺点，对树立威信是至关重要的。失败的管理者比成功的管理者要多得多，其缺点往往是多种多样的，下面列举的七种性格特征是最常见的缺点，但它们也都是可以通过自我提高加以克服的。

1. 优柔寡断

对于公司来说，做出决策的时机极为重要。即使决定正确，但机会错过了，这种决定不仅不起什么作用，反而会给经营带来不利。

失败的管理者中优柔寡断的人不少。他们犹豫不决，延误了做出果断决策的良好时机，错过了难得的机会。如果发觉自己有优柔寡断的毛病，就该有意识地去改正它。因为优柔寡断对工作不能产生任何积极的

效果。

果断的性格,可以使你在形势突然变化的情况下,很快分析形势,当机立断,不失时机地做出正确决策,迅速适应变化了的情况。而优柔寡断者一遇到形势发生变化就惊慌失措,无所适从。他们不能及时根据变化了的情况重新做出决策,而是等待观望,以致坐失良机。

2. 猜疑心重

不相信别人的人是不幸的。对于人,有性善说和性恶说。相信人一生下来就是个好人,一心想做好事的性善说与相信人一生下来就是个坏人,处心积虑要做坏事的性恶说,对人的看法是截然相反的。

公司经营不是管理者一个人就能做好的,需要借助他人的力量。失败的管理者对别人不予信任,无论什么事不亲自动手就不放心。结果,谁也不会伸出援助之手,丧失了部下的信任,最终使公司陷入困境,这都是因为猜疑心过重而造成的。

3. 不能自控

经营和管理过程中,会遇到各种各样的困难,其中,不少事情很令人气恼。当遇到气人的事情时,很多人按捺不住自己发脾气,甚至在愤怒中不能自制,做出莽撞的举动,反而把困难闹得更大。

克制和忍让,是为人处世应有的修养,缺乏自制,有百害而无一利。还有一种缺乏自制的现象。一旦当上公司管理者,大量的钱财可以由自己支配,缺乏自我控制能力的人会因此而堕落下去。

4. 自命不凡

完全听不进别人的意见,总以为自己了不起,是个天才,当上个小头头就自鸣得意,这种自命不凡的性格也很危险。

社会在不断地变化着,一个人掌握的信息数量是有限的,自己的知识水平与能力也是有限的。如果不听听不同岗位群众的意见,就会跟不上时代。特别是听听主管和年轻员工的意见是很必要的。

自以为是的思想有很大的危险性。许多管理者根本不倾听别人的意见,如果部下说这种做法行不通,对方话音未落他就会大喝一声:"你狂什么呀，住口！"这样一来，难能可贵的进言也以徒劳而告终。

5. 情绪不稳

有的管理者，情绪好或者不好都明显地流露在脸上。员工立刻就能察觉到，今天××主管情绪好，或者今天××主管情绪低沉。管理者心情不好时，不免会经常因一些琐事就对员工发脾气，这只会让员工不堪其扰，心理烦怨。

在这样的管理者主管下，员工对管理者的厌恶感与日俱增，优秀的员工辞职而去。情绪不稳定的人最好不要当管理者，或是经常进行自我反省，努力控制自己的感情。除此之外，别无他法。

6. 虚荣心强

经常可以看到失败的管理者当中有自尊心强得有点不着边际的人，其实这主要是虚荣心强的缘故。虚荣心强的人，无论如何也要撑门面，徒有其表地做些超过本人实际能力的事情。这样的人必须注意，无论做什么事都要与自己的能力相称。要想当一个优秀的管理者，那么面子、虚荣等就必须抛弃！

然而，难办的是，当事人决不认为自己有虚荣心。如果本人不能正确地认识自己，就会陷入危险的境地。

有一些管理者太爱面子，耻于下问。如果草率做出的决定出了错误，又会为顾全面子而文过饰非。

爱面子是人之常情，但是有些人似乎有些过分，把维护面子视为巩固个人威信的一种手段。这种情形在企业组织结构中尤为严重。

企业组织结构就像一座金字塔，最高管理者坐在顶端，底下依次是高级主管、中级主管、基层干部，最底下一层才是一般职工。不管企业规模是大是小，总是离不开这种结构形态。

这种金字塔式的结构不仅代表着一种权威，而且也代表着一种责任层次。整个企业活动的运行必须靠各层级之间的密切配合。很遗憾的是，这种金字塔式的结构从西方移植到我国以后，就变了样。这应该归咎于有些人热衷于面子和权威。

我们经常发现,许多管理者对部属有一种优越感,认为自己处处都比部属强,自己不懂的地方很少向部属求教。我们很难听到有管理者对部属说:"这一件事情我懂的比你少,请你告诉我该怎么处理?"更难看到部属在台上讲演,管理者坐在台下听的情形。大多数当管理者的人都认为求教于部属是一件丢脸的事情,会妨碍权威的建立。

有些管理人员为了避免犯错,索性抱着"少做少错"的心态,尽量把工作推卸给别人,以减少做错事丢面子的机会;一旦错误发生了,又会尽量把责任推卸给部属。

有效的管理并不一定建立在个人的权威之上,开明的管理作风有时反而更容易得到部属的爱戴、信任与合作。单纯追求表面上的权威,往往会使得上下级间的关系更加疏远。如果为了维护自己的尊严而把责任推卸给部属,更会引起部属的反感,使企业环境更恶劣。

要解决这个问题,管理者须放开胸襟,不耻下问,察纳雅言,抛弃愚昧的虚荣,勇于承担责任。这样,企业组织才会充满朝气,主管和部属才能合作无间。

7. 怯懦

怯懦的人害怕进攻,希望工作中尽可能不起什么风浪,这种人与现象经常出现在那些不善进取的公司中。进攻与防御的平衡是十分重要的,必须认识到"进攻是经营的基本",维持现状就意味着退步。

纵观各行各业中成功的例子,有一个共同的现象,就是成功者中找不到谨小慎微、畏首畏尾、毫无勇气、不敢进取之辈。勇气和胆略是获得成功的一个不可或缺的因素,人类所面临的每个事业,都带有挑战性、艰苦性、危险性等特点,不经一点困难就达到一个美好境界是永远不可能的。因此,一个人如果缺乏勇气,就永远和成功无缘。

批评的方法和形式要因人而异

在管理中，总是离不开批评的，批评也是管理者应经常使用的一种管理方法。管理者批评应因人而异，对不同的人采取不同的方法，对直率的人批评可以比较直接激烈；对较弱性格的人应采取柔和鼓励式的批评；对心怀不满的人要在认真听取意见的基础上点拨，对那种油头滑脑的部下过分批评并不能获得预期的效果，对于这种人要用下毛毛雨的方式来批评。批评要有诚意，批评是为了帮助下级认识和改正错误，而不是为制服职员或搞臭职员，更不是为显示管理者的威风。管理者批评人不可以权压人，压而不服是对工作不利的。管理者批评人不可以任意发脾气，不可以背后批评人，对下属的批评一定要当面，这样才有利于对方认清错误。如果随意背后批评人，不但不利于对方真正认清错误，还会产生对立情绪。批评内容要客观，管理者要亲自调查了解实际情况，要尊重事实，不要偏听偏信。批评要适度，批评的方法要得当，批评时间要及时，失掉了批评的适当时机，批评的效果就要减弱，有时会收到相反的效果。

美国人际关系专家戴尔·卡耐基对用"赞美"批评人的方法是非常熟悉和推崇的。他就是用"赞美的批评"帮助他侄女约瑟芬·卡耐基的。

约瑟芬·卡耐基是19岁时来到纽约，给她的伯父戴尔·卡耐基当秘书的。那时候，她中学毕业刚3年。工作经验等于零，工作中也常常出差错。

有一次，当戴尔·卡耐基要批评她时，却对自己说："稍等一下，戴尔·卡耐基。你在年龄上比约瑟芬大两倍，在工作经验上多10000倍，你怎么能期望她具有你的观念、你的判断力、你的能动性，尽管这也只是普普通通的能力。再稍等一下，戴尔，你在19岁时是怎么干的？记得你犯下的错误，办的傻事吗？"思考过一番之后，戴尔公正地得出结论，约瑟芬的平均工作成绩比他在19岁的平均成绩要好。因此，戴尔想让约瑟夫注意错

误时,常常先这样说:"你出了个错误,约瑟芬,不过老天知道,比我曾经犯过的错误来说,你要轻得多。人不是生来就聪明的,这只能从经验中产生,而你比我这个年龄时好多了。我对自己所做的傻事、蠢事很感内疚,因而并不想批评你或别人。不过,如果你这样做,你觉得是否更明智些?"

柯立芝总统任职期间,一位先生应邀去总统的私人办公室时,听见柯立芝对他的一位女秘书说:"你穿的这件衣服很合身,你真是一位年轻迷人的小姐。"这可能是沉默寡言的柯立芝对他的这位秘书的最大夸奖。女秘书的脸红了。

但柯立芝话锋一转,又说:"另外,我还想告诉你,以后抄写时标点符号要注意一下。"

身为管理者,一定要掌握批评中有赞美批评的艺术,当面指责下级的错误,往往只会招来对方顽强的抵抗情绪,而用赞美把批评掩藏起来,巧妙地暗示对方注意自己的错误,则会受到爱戴。一个管理者要做好工作,必须与员工建立起和谐、融洽的、朋友式的合作关系。如果把自己放在高不可攀的位置上,说话办事拿腔拿调,官不大,架子不小,故意制造一种神秘感,只会让下级敬而远之,主管与下级油水分离,下级对主管俯首听从。作为管理者,千万不要对下面颐指气使,疾言厉色,开口就教训人,不懂得关心体贴下属,那只会搞得员工怨声载道。面对主管摆"官架子",有时下属当面不敢说啥,但背后却不免会引得他们大发牢骚。

美国玛丽·凯化妆公司的总经理玛丽·凯·阿什女士就是一位从不拿腔拿调、摆官架子的人,她在企业中贯彻爱的精神。

美国玛丽·凯化妆品公司最重视员工,该公司相信,关心员工与公司必须赚钱这二者并不矛盾。总经理玛丽·凯·阿什女士说:"不错,我们是把眼睛盯在赚钱上,不过赚钱并不是高于一切的欲望。在我看来,'P'与'L'的含义不仅仅是盈与亏,它还意味着人与爱。"

这种对员工的关心与爱,不单单表现在工作、生活和相互交往上,更表现在对员工错误的善意批评上。玛丽·凯·阿什说:"我认为,经常批评人的做法并不妥当。不是说不应当提出批评,有时管理者必须表明对某事

不满意。但是批评的目的是指出错在哪里，而不是指出错者是谁。如果有人做错事时经理不表明态度，那么，这种经理也确实过于'厚道'了。不过，经理在提出批评时，一定要讲究策略，勿摆架子，不可盛气凌人，否则就可能出现适得其反的结果。我认为，一个经理应当做到：当某人出错时，既要指出其错误，又不致挫伤其自尊心。每当有人走进我的办公室，我总是创造一种易于交换意见的气氛。这一点很重要。只要我越过有形屏障——我的办公桌，那么，创造那种气氛则易如反掌。我的办公桌象征着权力，它向坐在一旁的来人表明，我有权指示他应该如何如何。我总是越过那个有形的屏障，以朋友和同事而不是以管理者的身份与他们交谈。因此，我们同坐在一张舒适的沙发上，在比较轻松的氛围中研究工作、解决问题。

"我有时还同来人握手·拥抱！在我看来，这是感情的自然流露。因此，我在这样做时感到轻松、自然。我认为，同来人握手拥抱能使坚冰消融，能使对方无拘无束。你会发现：同一种人打交道，握手是最好的方式；但同另一种人打交道，拍拍背显得很亲密；同某些人见面，只有热烈拥抱才能表达出你们亲密无间的情谊。我们都听说过大夫在病床旁边对病人表示关心，同病人握手的情景。同样，经理也应在沙发旁边对来人表示关心。因此，各级企业主管都应走上去，放下架子同来人握手、拥抱吧——这是管理企业的一个绝招。"

在谈到与员工相处时，玛丽·凯·阿什说："我认为，经理同自己的员工保持亲密的关系是正常的，相反如果经理同自己的员工总是保持雇主与雇员的关系，那则是反常的。我认为，这种气氛无助于最大限度地提高生产率。

"另外，经理还必须强硬和直言不讳。假如某人的工作不能令人满意，你决不可绕开这个问题，而必须表达出自己的看法。不过你这样做是要双管齐下——既要关心，又要严格。换句话说，你既必须起到经理的作用，又要对那人表示同情。具体的界线是，既要十分亲热，又不能损害自己的监督作用。你同员工的关系要如同大哥哥大姐姐对小兄弟小姐妹的关系，

既要表示爱和同情，又要使自己在必要时能够采取严格的行动。在我的许多雇员眼里，我的形象实际上是慈母。他们认为，我是十分关心他们的人。他们信任我。我多次听到我的雇员说：'玛丽·凯·阿什，我妈去世好几年了，我现在就把你当作妈妈……'每当听到这种话，我感到十分光荣。"

从美国女企业家玛丽·凯·阿什的一番谈话中，我们不难看出，管理者和下级员工相处，一个最重要的一点就是放下官架子，以平等、关爱的态度对待他们，这样，下级会以更杰出的工作成绩报答上级。具体应用时要注意以下几点：

1. 不怒发冲冠，允许申辩

批评和发脾气不是一回事。发脾气有时不但无助于批评的效果，往往还会把事情搞僵。员工做了错事，或说了错话，你难免不生气，生气归生气，做管理者的总要有气度和涵养，要能够把握自己的情绪，批评时千万不要声嘶力竭。

管理者都不是圣人，批评人时难免有不周详之处，对于事实上的出入，应当允许当事人申辩。只有虚心听取下属的意见，下属才能诚恳接受你的批评。如果下属说明事实，就应当尽快予以澄清，谁的责任谁承担，而不应该让下属代人受过。

对下属的批评，管理者往往表现出一种居高临下的姿态。为了缓解下属的心理压力，增加悔过改正的信心，对当事人，既要批评，又要勉励，以便让对方消除顾虑，放下包袱，轻装上阵。

2. 实事求是，不恶语相向

批评宜以理服人，摆事实，讲道理，你一味地挖苦污蔑，或者以对方的缺陷为笑柄，过分地伤害人的自尊，往往会适得其反，令对方产生抵触，他会以其人之道还治其人之身的。

批评本身是一件严肃认真的事情。既不能道听途说，捕风捉影，更不能轻信传言，随便斥责。在没有弄清事实真相之前管理者就给下属先泼一盆冷水，不仅对方感到委屈，也有失自己的体面。

任何批评都应该建立在实事求是的基础上。你所依据的事实要有出处

和证据,要搞清楚地、事、人、因、果,这样批评才会准确,不出或少出现差错。万一批评有误,与事实相悖,补救的办法就是放下架子,向下属道歉。明知不对,硬性坚持,只能人为地损害自身的形象和威信。

3. 轻重有度,不一棍子打死

批评应就事论事,一就是一,二就是二,哪儿疼就治哪儿的病,而不能夸大其词,借机整人。不能认一时一事的失误,就将人的过去全盘否定,或形成否定印象,觉得此人"朽木不可雕也",更不能当面断定人"不可救药"。

批评要区别对象,因人而异。如若对方性子急,反应快,宜用缓和的口气,商讨的态度来进行,点到为止;而对于性格深沉、城府较深的人,宜用提醒的方式,只要引起注意,你就达到了目的。

批评的轻重有度,还要因事而异。一般的小过失,轻描淡写的批评就能解决问题;但比较严重的错误,比较顽固的人和态度,你就要用响鼓重锤,否则是难以奏效的。

4. 讲求方法,不仗势欺人

如果和下属发生口角,个别管理者在气头上常出现这样的口头语是:"听你的,还是听我的?""这样做谁说了算?"这不是平心静气的批评,而是用扣奖金,扣工资,调离岗位相威胁;不是以理服人,而是仗势压人,仗势欺人,常常让下属不服,甚至还会留下一块心病。

卡耐基在《人性的弱点》一书中就提出,每个人都会犯错误,每人也都有自己的自尊心,有些问题可以不必采用直接批评的方法,相反,可采用间接的方法来指出问题,有时效果反而会更好。

卡耐基举例说:有一天中午,斯瓦伯在他的一个钢厂遇见他的几个工人正在一块写着"禁止吸烟"的布告牌下大肆地吞云吐雾。斯瓦伯怎样做的呢?是否也像不讲求方法的管理者那样,指着那布告牌问他们:"你们不识字吗?"没有,斯瓦伯没有这样做。他走到那些人前,给每个人一只雪茄,说道:"孩子们,如果你们到外边去吸这些雪茄,我会很感激。"一个小的举动,让青年们很快意识到了自己行为的错误,并且诚心地赞赏他,

因为他没有说什么，还给他们一点小礼物，让他们体会到自己是受尊重的。谁会能不喜欢这样的批评方式呢？

常言道良药苦口，忠言逆耳。可现在给药都包上了糖衣，良药口不苦，这用在批评上也同样适用。记得一位主管去视察一个仓库，发现两个青年职工在附近吸烟，而不远处的墙上就贴有"严禁吸烟"的标志。他没有正面训斥，而是客气地和他们打招呼，提醒说："烟要抽，地方也要选对。"年轻人马上点头哈腰表示接受，而且逢人便讲："人家那大主管，管人才叫有水平呢！"

5. 不转弯抹角

还有个别主管，在批评员工时，不是直接地指出不是和缺点，而是借刀杀人，转弯抹角地说出是"某人"和你过不去，一则推卸了责任，二则不利于团结。错就是错，是非要明确，管理者就要敢作敢为，敢于负责，无论意见和反映是谁提出来的，只要实事求是，就要以自己的口气提出来，反之只能削弱批评的既定效果，并人为地制造一些人际矛盾。

6. 刚柔相济

刚柔相济是一种交友处世的管理方法。它可使激烈的争斗停下来，也可以改善气氛，增进亲密。

据说，某人进入一家公司服务，这家公司是由个人承包的企业，承包人是一位脾气暴躁的经理。他在批评下级的时候，常常是声色俱厉，毫不留情，令下级简直无地自容。但是，批评到最后，他的表情突然来了个180°的大转弯，和颜悦色地说："你到底是怎样弄成这个局面的？"下级立刻感到无比温暖。

这位经理真是把批评的艺术掌握到了炉火纯青的地步！他虽然要求很严格，但是很得下级的敬重。这是因为他懂得一张一弛、相得益彰的道理。

我们先看一看日本著名企业家松下幸之助是如何使用刚柔相济这一方法的吧，它也许能让我们获得一些启示。

有一次，部下后藤犯下一个大错。松下怒火冲天，一面用挑火棒敲着地板，一面严厉责骂后藤。

骂完之后松下注视挑火棒说:"你看,我骂得多么激动,居然把挑火棒都扭弯了,你能不能帮我把它弄直?"

这是一句多么绝妙的请求!后藤自然是遵命,三下五除二就把它弄直。挑火棒恢复了原状。

松下说:"咦?你手可真巧呵!"随之,松下脸上立刻绽开了亲切可人的微笑,高高兴兴地赞美着后藤。至此,后藤一肚子的反抗心,立刻烟消云散了。

更令后藤吃惊的是,他一回到家,竟然看到了太太准备了丰盛的酒菜等他。

"这是怎么回事?"后藤问。

"哦,松下先生刚来过电话说:'你家老公今天回家的时候,心情一定非常恶劣,你最好准备些好吃的让他解解闷吧。'"不用赘述,此后,后藤自然是干劲十足地工作了。

显而易见,采用刚柔相济的法则可以使部下焕发出旺盛的工作斗志。松下幸之助先生深谙"刚柔相济"的法则,摸透了下属的深层心理,他的管理艺术达到了炉火纯青的地步。

7. 及时用药,不搞秋后算账

主管批评下属时有时会有这样的现象:为了使对方认识到问题的严重性,而把以往的不对全部罗列出来,一一数落,有"秋后算账"之嫌。这样做往往会适得其反,不但不会引起被批评者的重视,还会使他认为主管一直在找他的茬,要不为什么总在收集自己的缺点。企图算总账会导致抵触和对立。

记得一位伟人说过,批评应是及时的批评,不要总是事后批评。及时批评的益处是显而易见的:尽快纠正失误,不因其发展而造成损失的延续;犯错者记忆犹新,及时批评,易引起重视和积极的改正。如果总是事后批评,时间一长,时过境迁:有过失者对过错开始淡忘,再来批评,他不仅会不以为然,还认为你和他过不去,这么长时间还抓住旧事重提。

多种渠道争取下属的信任

理解产生信任，信任换回信任

管理者应懂得时常询问自己："我相信每一个员工吗？"如果你不相信他们，问题就出现了。

怎么解决呢？怎么做才能打消你的不信任感呢？

请你到他们身边走一走，看一看吧。

你会亲眼看到员工辛勤地工作，他们为达到目标，努力奋斗的情景。

他们的行动使你确信他们会为公司、部门以及他们自己尽最大的努力。

这时你就会不由自主地感叹：你以员工为荣，以员工付出的努力取得的成就及未来将要取得的成就为荣。

正因为你所看到的一切，你所看到的员工的辛勤工作、所追求的目标，以及努力的奋斗，你需要信任他们。

再问问自己："员工相信你吗？"你怎么才能知道答案，并且这个答案是你所希望的？

当员工表现不佳或犯错误时，你应该拍拍他们的背，告诉他们你自己本来也可以做得更好，但你也犯了千百个错误；然后你告诉他们，你仍然相信他们。

理解是最重要的。你在自己的身上看到员工的缺点及优点。你相信自己会尽全力，也相信员工会尽全力。理解产生信任，信任可以换回信任，这就是高明的管理者一贯强调的。

掌握与下属沟通的技巧

当管理者总是在自上而下的、进行单方面的训示时，员工们的反应是：这是公司的宣传和洗脑，是"骗人上当的把戏"，它通常引起的是逆反心理，"他们又想操纵我们了"，或者"他们又想说服我们了"。

要做到有效沟通，要让员工能够真心与你做沟通，管理者就必须学会真心地倾听并采取适当的行动。

在沟通的时候，作为管理者应克服那种高高在上的态度，表现出真诚与谦逊，这样员工们便会相信，当他们与管理者沟通时，他们得到的回报是真心的倾听。只有这样才会取得他们的信任，达到沟通的真正目的。

行动比言语更有说服力。你可能做完所有的沟通工作，可是如果你不采取行动，就没有人会相信这些沟通。该怎么做？

到餐厅一道进餐，或是到各部门逛逛，和员工聊公司内部的问题与情况以及改善之道。应注意的是，多听听他们的说法，并兑现你答应他们的事。

慎重地安排沟通方式，如果你准备宣布一项重要的公司组织变动情况，你应该先花半天的时间去思考最好的沟通方式，以便适当的人选能在适当的时间里知道此事。

人之所以长有两只耳朵一张嘴，就是要告诉我们多听少说。作为管理者更应把握好这一点，要将80%的时间花在倾听上面，而只拿20%的时间发表自己的看法。

把工作和生活中的角色分开

如果你最好的朋友和你在同一家公司上班，当你负责管理朋友所在的部门时，身为管理者的你该如何面对这种情况？如果你发现他的表现太差，按理应该开除他的时候，你又会怎么做？

当然，你无法拒绝员工成为朋友；而且即使你升迁了，你也无法因为你是管理者而拒绝他们继续做你的朋友。

这里有一个原则，有经验的管理者总会这样想：工作和生活是两回事，朋友和同事是两回事，应该依情况不同而有不同的判断。将上班与下班的关系明确地分开，这便是最佳的处理原则。成熟的管理者，在上班地点，对朋友会保持适当的距离。他不会将机密资料递给最好的朋友，也不会滥用好朋友对他的信任。

而且，经验丰富的管理者还会尽量避免与员工有过分亲近的关系，他

会同时维持两者之间的平衡,既不失亲近,又不失效率。他会在星期六晚上与员工一起喝酒,但在工作关系中,如果面临管理抉择的时候,他会客观而又公平地对待员工。

投入职工中去,不要总是高高在上

放下"架子",投入职工中去,一种再简单不过的行动,但其效果却是非同一般的。作为一个管理者,投入会导致团结与贡献,缺乏投入则意味着人心涣散、分崩离析。

如果你投入了,你有所贡献,你自然能得到回报。如果你确实投入了,你学会体验到团队的巨大热情与向上力,你便无愧于所取得的成功。

投入需要花点时间,它需要做出巨大的努力,因为员工往往会受你的影响,视你的情况而定。如果你付出巨大的热情,他们也会忘我地投入;如果你态度冷淡,员工可能就会离心离德。因此,作为管理者应尽可能地投入员工关心的事宜,最好能直接面对他们,无论是最新工厂的落成,或购买新型的设备,或是开发新产品。他们知道,最后的决定通常是由管理者做出,因此,你必须负起责任,凡有了共同的参与,决策便会较为明确;有了共同的参与,便能更容易获得决策执行的承诺。如果他们参与了评估的研究,他们就不会抵制所有要求新技术引进的方案。

高明的管理者往往不但参与公司的各种实践,还会鼓励员工们提出问题。凝聚与向心力得自于此,向上蓬勃的热情同样得自于此。管理者不懂得偶尔放下架子,一贯高高在上,只能将企业最终引向分崩离析的局面。

将员工视为关键性的资产

以往人们习惯的认识是将员工视为成本,成本愈低,利润愈高。如果你降低了工资,或者进行裁员,利润就会因此而上升。

这种认识是荒谬的!

一个真正高明的管理者会将员工视为关键性的资产,他会花更多的精神与钱财来发展此种资产,而绝不会出卖员工,以获取利益。他往往把更多的钱投资在员工身上。

虽然他知道,商场上不需要怜悯与同情,但他更清楚地知道员工与利润不成反比，而是成正比的，对员工的投资会为他带来利润。

他绝不会吝惜纸张、电灯或旅行等花费，但他也不会容许肆意浪费。比如他会容忍推销人员在外用点零用金，但不会容忍高级主管利用公司的钱来办舞会。

他做出的每一个决策，都会使公司最佳员工获利。员工与利润是相互联系的，他不会看不到利润所在，也不会看不到员工的贡献。他十分清楚利润与员工都不能忽视。

在成本、资产与利润之间，要想得到利润，成本就要降到最少，成本增加会削减利润；而资产则是利润的源泉，资产要加以保护与维持，发展资产往往是生意的核心，所以要全力地支持。

员工是组织中不可缺少的资产，他们对公司的支持更是一种资产。对这种资产的维护（即用增加薪金，改善工作条件，使用先进的工具、备用服务等来支援他们），将决定着企业走向发展、繁荣，还是衰落失败。

管理者的支持不仅是薪金与工作条件之类的实体，还有精神士气方面的支援。他了解他们的兴趣，也会支持他们追求这些兴趣；他在他们想要做出任何改进计划时，也会支援他们。他的支援会激励他们，从而得到更加努力的回报。

支持与相互支持，这是一种良性循环，是企业协调发展的一种态势；如果企业管理者走入成本削减的误区，那企业的发展也必会走向反面。

所以，高明的管理者往往会主动地思考并得出结论：随时地、真诚地支援其员工，而不是在他有所求时才给予支援。

建立和维护最高标准，树立个人权威

"没有标准，即无法管理"这句话在企业界得到大部分人的认同。只是在许多公司中，标准并没有好好加以定义，也没有得到落实。观察一下星级饭店与一般饭店在服务标准方面的差异，管理水平高低便可知晓。管理标准不同，服务差别往往很大。

但不只是服务方面存在着标准问题，报表撰写、展示、服装、行为等各方面都有标准问题存在。

　　一个成熟的管理者会将标准的定义与维护，当成管理工作的关键来抓。他所树立的标准相当清楚。也被部门中的所有员工所熟知。例如，以服装的标准而言，管理者对于员工如何穿着，有高度的自由。但他必定有一套固定范围的标准，如不允许穿一些激怒来访客户或周围员工的奇装异服等。

　　这只是小问题。在大的方面，管理者会树立与效率有关的员工招募标准，还有培训、考核与沟通的标准。

　　在树立标准之后还要使员工能够了解与接受，他还会维护标准的权威性。如果他树立了标准，而不加以维护，就会降低主管的威信。

　　因此，优秀的管理者不会特意树立个人权威，但他会树立最高的标准，而且促使大家同心协力地维护它。

第五章

打造一支强有力的团队

对于团队建设的重要性,想必大家心里都有数。但在管理实践当中,很多主管仍然会犯这样那样的错误。尽管他们的团队从外表看,阵容豪华,光鲜可人,但公司的整体效益却不见有什么起色。原因就在于他们忽视了一些团队建设的质量问题。有时候,这些问题看似不起眼,却足以使团队的战斗力大打折扣。

拆毁所有阻碍沟通和好想法的"高墙"

　　人们总是要通过一定的渠道和方式来交流信息、沟通思想、协调行动。对于你的团队来说，如果沟通渠道堵塞，互不通气，就会造成了解情况上的片面性，"听风就是雨"，引起认识上的偏见和感情上的隔阂。信息传递失真，也会产生误解和歧视，引起冲突。

　　管理在某种意义上来讲也是一种交流，管理者将管理的信息发布出来，被管理者接到信息就会按照指令做事。信息的通畅与否，直接关系到管理的成效。

　　然而，在许多传统的团队中，信息传递的准确性总是会受到种种干扰。公司的老总将任务交给下面的经理，经理又根据自己的理解将任务交给下面的项目负责人，项目负责人再把下面人找来，又根据自己的理解做一番布置。在这样的信息传递过程中，不可避免地出现了信息的变形，产生了种种信息壁垒。

　　好在这一局面正在改变，越来越多的管理人员意识到了沟通的重要性。

　　原通用公司 CEO 杰克·韦尔奇，当年差点因为壁垒森严，信息不畅的弊端而离开通用电气公司。后来，等他坐上通用电气首席执行官的位置之后，所做的重大决策之一就是拆除壁垒，痛揍官僚主义。

　　韦尔奇在 1981 年被任命为公司首席执行官。他打破了公司的等级制，削减公司总部职员，并且责成 10 万职工致力于他所认定的几大核心业务。等到这些举措给自己制造了危机之后，他又着手调动组织的感情能量和创造精神，以便利用公司所在环境的改变而带来机遇。在他看来，中层管理人员的工作应当重新定义："他们得把自己看成是身兼教师、啦啦队队长和解放者三职的人，而不是只充当控制者。"

　　韦尔奇其实是希望每一个中层管理者，可以自由组织人员，提出自己的意见和办法。

韦尔奇向来主张恢复公开交流："真正的交流需要长时间地你看着我，我看着你。这意味着多听少说……就是说，人类通过旨在达成共识的不断交往过程来最终了解和接受事物。"

韦尔奇强调以价值观为基础的理性而不是非理性，这一点从他针对通用电气公司的内部决策所做的指示里就可以明显地看出来。他更为强调的是共同掌握事实和决策所依据的设想，而非决策之逻辑本身："大家同舟共济，人人都拥有同样的信息……一旦人们不能得到所需的信息，混乱就产生了。"

在英语中，"沟通"一词来源于"分享"这个拉丁语词汇。进行沟通时需要特别注意的问题是，沟通必须是互相分享，必须是双向的，这样沟通才能有效。良好的沟通不仅仅是倾诉，聆听同样重要。

在微软公司，沟通的问题就不是那么难以解决。比尔·盖茨把他与员工们之间的沟通称作"弹指间的信息"。早在20世纪80年代初，比尔·盖茨就在微软安装了第一个电子邮件系统，很快，它便成了公司内部通信和管理的主要方式。

比尔·盖茨每天要花几个小时来阅读电子邮件，并做出答复，这些邮件来自全球的雇员、客户和合作者。公司中每一个人都可以把电子邮件直接传送给他，越过所有中间层次的阻隔。他是唯一读它的人，因此谁都不必担心礼仪问题。他似乎相信人们口头上都具有"报喜不报忧"的倾向，而在一种不必见面的交流方式中更有可能流露真情。

盖茨认为，坏消息几乎总是从电子邮件中传来。所以，他每天晚上睡觉之前，必定要把自己的便携式电脑和公司系统连接起来，与公司雇员交换新的信息和想法。即使是在旅行当中，在远离总部上万公里的地方，也要检查一下他在公司中的电子邮箱。他说这样才能让他放心。由于电子邮件的充分利用，使得微软所有的职员能在第一时间得到微软公司和比尔·盖茨发出的最新指示，这使得整个公司的办公效率在同一时间内高速运转起来。

不难发现，给员工提供了多少信息并不是最重要的，或者说传达这些信息的效果如何也不是最重要的。关键是，如果他们不能对此做出回应，那么就没能建立起沟通渠道，而仅仅是一个形式而已。网络的发展，实际上为沟通打开了更大的空间。我们日常沟通也可以如互联网那样迅捷。

企业内部交流的障碍及其消除往往受到多种因素的影响，主要表现在文化、组织结构和心理方面。

第一，文化方面的交流障碍。一个组织内部之间文化水平比较接近，信息沟通就容易进行。

第二，组织结构方面的交流障碍。组织结构方面的障碍包括角色地位障碍、空间距离障碍、交流网络障碍。一般说来，组织规模越大，成员越多，处于中层地位的人员相互交流次数增加，而上下层地位的人员相互交流次数相应减少。尤其是企业经理，常常因为自恃高明，目中无人，听不得不同意见，独断专行，瞎指挥，容易阻塞上下信息的交流渠道。从部属来说，他们怕得罪经理和主管，有问题往往不反映，或报喜不报忧，造成信息虚假，影响企业的健康发展。

再就是空间障碍。空间距离对信息交流及其效果有很大影响。一般说来，双方面对面地进行交流，有利于把复杂问题搞清楚，提高交流效果。

还有交流网络障碍。在组织中，合理的组织结构、交流网络有利于信息交流。如果组织结构不合理，层次太多，交流网络不完善，信息从高层传递到基层既容易产生信息走样，又会使信息失去时效。因此，组织要精简机构，减少交流层次，建立健全交流网络，经理要尽可能地同下级和普通部属进行直接交流，使信息传递渠道畅通。

第三，心理方面的障碍及其消除。

（1）认知障碍。信息交流中的自我认知障碍主要表现在：过高地评价自己或过低地评价自己。在组织中，部属对自己评价过高，就会表现一种优越感，喜欢自吹自擂，对其他部属不尊重，这样就容易堵塞交流渠道。

（2）情感障碍。组织中信息交流的情感障碍主要表现为：情感反应过于强烈和过于冷漠。情感反应过于强烈是指在交流时不分场合和对象，不

顾轻重恣意纵情的现象。为了克服这种交流障碍，要学会情感的自我调节，把握情感的分寸，既不能过分热情，也不能过于冷漠。

（3）信任障碍。在组织信息交流过程中，人与人之间，尤其是经理与部属之间关系融洽，相互信任，双方就容易交流。为了克服这种交流障碍，以改善和提高交流效果，交流双方要做到相互尊重、相互信任。

（4）态度障碍。在信息交流中双方态度各不相同，会造成交流的障碍。

（5）性格障碍。信息交流在很大程度上也受性格特征的制约。所以，一个经理要有高尚的性格品质才能取得组织成员的信任，才不至于造成交流上的障碍。

团队活动的核心是沟通，无论员工的职业技能多么高超，产品的价值多么令人瞩目，缺乏有效合理的沟通，任何企业都不可能完满实现其目标。现代企业的管理过程，越来越重视沟通。如果我们还没有重视到这一点，从不理会沟通之间的藩篱，那我们将在封闭中自生自灭。

营造学习型组织，向优秀企业取经

学习是人生一场永无止境自我补充能量的过程，对个人如此，对团队建设也是如此。

学习是人类的天性，也是生机盎然的源泉。通过学习，可以重新创造自我；通过学习，可以做到自己从未能做过的事情，重新认识世界和自我的关系；通过学习，我们更能发掘和拓展我们的潜能。

国外管理专家认为，任何公司不可能达到永恒卓越，它必须不断学习，精益求精。未来成功的企业，将是一种学习型组织——能够使各阶层所有成员全心投入，并持续不断地学习。而组织未来唯一持久的竞争优势，就是具备比竞争对手更快速学习的欲望。

现在国际上对文盲的定义有一种新的解释，即不会主动寻求新知识或

不会把学到的知识应用于实践的人就是文盲。不断学习是知识经济时代对每个人提出的新的要求。它包含了两层含义：一是知识更新的速度不断加快，"昨天的面包不充饥"，我们今天知道的东西，或许到明天就会过时。假如我们停止学习，就会停滞不前。二是理论必须与实践相结合，学到的知识必须用于实践，在实践中创新与发展。理论是用来指导实践的，不能与实践有效结合的理论只能是空洞的理论。

要提高掌握最新知识的能力，必须克服"学习障碍"。美国著名管理学者彼得·圣吉说，对于个人而言，学习障碍是个悲剧，但是对于组织来讲，学习障碍是致命的。企业，特别是大企业，学习障碍是导致其本身迅速衰老、死亡的根本原因。

学习障碍是指那些使个人和企业不能学习或是学而无效的原因。这些智障确实存在，但却难以被发现和被承认。几乎没有一个企业的主管说学习是白费力气毫无用处。但大多数企业的主管只安排员工的学习，很少安排自身的学习。他们总是借口忙而不学。他们天天忙着应付眼前的事，特别是那些眼前的危机。结果是越忙越乱，昨天的"对策"恰恰是今天产生更大危机的"原因"。

在知识经济时代，个人要成为学习者，企业要成为学习型组织，国家要成为学习型社会。美国总统克林顿认为：在20世纪，获赠土地便是最高奖赏；到21世纪，人们最指望得到的赠品再也不是土地，而是联邦政府的全额奖学金。因为他们知道，掌握知识就等于掌握了一把开启未来大门的钥匙，人们不再在乎自己拥有什么，而在乎自己知道和能够学会什么。"学习、学习、再学习"绝不是响应某位伟人的号召，而是由经济全球化和知识经济的挑战所决定的。

近年来，学习型组织在世界各地企业蓬勃发展，也受到中国企业界的重视，这绝不是偶然的。

21世纪是世界全面进入信息社会和新经济的时代，组织或团体要跟上时代的发展，必须要学习。可以说，学习型组织是信息社会、新经济时代的产物，而学习型组织又是信息社会、新经济时代的支撑基石。

在目前瞬息万变的社会中，知识老化速度加剧，人才只有不断地学习才能成为真正意义上的"人才"。而学习型组织是强调组织成员的"学习"，这是企业不断创新的基础。

学习型组织强调组织结构的"扁平化"，可使企业对市场反应更加灵敏。而我国不少企业管理层次过多，不能适应目前市场千变万化的需要。

目前，在美国排名靠前的企业大多已按照"学习型组织"模式改造自己。在世界排名前100家企业中，已有40%按学习型组织模式进行彻底改造。微软成功经验中，非常重要的一条就是：创建学习型组织。

到21世纪，越来越多的企业经营者把无形资产看得比有形资产重要。为此，企业的培训主管将比行政主管或财务主管的地位还重要，成为企业的热门头衔。高度的学习能力与激发别人学习的能力是"学习型组织"主管者不可或缺的技巧。今天的总经理主要职责是知识管理，所谓知识管理是把智慧资产转变为有助于公司发展壮大的技术。

培训主管的工作原则是探讨知识量化的可行性。2000年美国企业在电脑业的总投资已远远超过传统工业、农业、建筑、矿产的总和。

终身教育是人们在新经济时代的成功基础。"活到老，学到老"不是一句口号，而是一件实实在在的事。学得愈多，愈觉得自己的无知。因而，一个人或一家公司不可能达到永恒的卓越，它必须不断学习，更上一层楼。

在美国，企业员工的知识培训投资已超越学校教育经费，为了培养跨世纪人才，企业正在主导一场新教育革命。未来员工的素质和现在很不一样。企业对员工的品质要求愈来愈严格，尤其希望员工能自主，自己求进步，自己发现问题，自我教育，自己掌握命运，从而发展自己以跟上时代发展的步伐。

学习是生存的先决条件，可从以下几方面理解：工作与学习逐渐合二为一，网上学习工作成为生活重要方面；要保持竞争力，就要不断学习。未来企业竞争力的高低就是看是否比你的竞争对手学得快；团队与个人都必须负起责任，私营企业将逐渐分担部分的教育培训工作；要成为学习型团队。网络将成为企业意识的触角，由企业将团队的知识转变为企业智慧。

相互合作才有高效，但合作并不一定都能发挥人力资源最大效益。那么如何进行有效合作，形成一种团队精神，以达到整体效益大于部分之和的效果呢？答案是协作。马克思论述分工和协作的时候，提出"协作力"这种概念。这种协作力，就是一种团队精神。

在专业分工越来越细、市场竞争越来越激烈的前提下，单打独斗的时代已经过去，合作变得越来越重要。有人说，企业竞争的实质是人才的竞争，实际上，更是团队的竞争。但是并不是所有的团队合作都能产生1＋1＞2的效果，只有有效合作才能使得团队的整体力量大于各个团队成员力量之和。所以，在现代企业团队建设中，打造一支"协作型团队"无疑是企业实现目标最有力的保障。

有一则故事说，有一个人去世了，天国的导游带着那个人去参观了天堂和地狱。那个人看到地狱与天堂一模一样，只是地狱里的人比人间的人要瘦小很多，面黄肌瘦，骨瘦如柴，而天堂里的人却个个红光满面，健壮如牛。到他们餐厅一看，也没有什么两样，相同的都是一口大锅，锅内是美味佳肴，每人手里使用的都是一米长的筷子。

那个人终于发现不同了，原来在地狱，用这么长的筷子夹菜，人人都无法把美味佳肴送到自己的嘴里，只好望着美味饿肚皮。而天堂里的人却不像地狱里的人那么自私，他们不是用筷子往自己嘴里送食物，而是往对方嘴里送。于是你喂我，我喂你，大家都有饭吃。

这就是协作与不协作的区别。你不帮助别人，自然也得不到别人的帮助。而很多时候，帮助别人就是帮助自己。正所谓"送人玫瑰，手留余香"。

在自然界里，蚂蚁是随处可见的，有时一窝蚂蚁多达几万只，但每一个蚁窝只由一只蚁后（有时会多于一只）和若干工蚁、雄蚁及兵蚁共同组成，它们各司其职、分工明细。蚁后的任务是产卵、繁殖，同时受到工蚁的服侍；工蚁负责建造、觅食、运粮、育幼等；而雄蚁负责与蚁后繁殖后代；兵蚁则负责抵御外侵、保护家园。大家各尽所长、团结合作、配合默契，共赴成功。所以，现在"蚂蚁搬家及运食"的故事，经常被人们用于诠释齐心协力、团队合作的意义。

管理学大师彼得·杜拉克强调，企业最终的关键是"让员工众志成城，调动员工的积极性与潜能，为企业创造绩效"。因此，建设高效的团队尤其显得重要。那么作为一个主管者，如何才能在最短的时间内创建一支高效团队呢？下面一些成功主管的经验之谈，也许对你会有所帮助：

1. 营造一种支持性的人力资源环境

为了创建一支高绩效的团队，管理层应该努力营造一种支持性的人力资源环境，包括：倡导成员多为集体考虑问题，留下足够多的时间供大家交流，以及对成员取得成绩的能力表示信心。这些支持性的做法帮助组织向团队合作迈出了必要的一步，因为这些步骤促进了更深一步的协调、信任和彼此之间的欣赏。管理者需要为此架构一种良好的沟通平台。

2. 让团队成员都充分了解共同的目标和愿景

成功的主管者往往都主张以目标为导向的团队合作，目标在于获得非凡的成就。他们对于自己和群体的目标，永远十分清楚，他们深知在描绘目标和愿景的过程中，让每位伙伴共同参与的重要性。因此，好的主管者会向他的追随者指出明确的方向，他会经常同他的成员一起确立团队的目标，并竭尽所能设法使每个人都清楚地了解并得到认同，进而获得成员的承诺并献身于共同目标之上。

因此，团队的目标和愿景不是由主管者一个人决定，而是由团队内的成员共同合作产生时，就可以使所有的成员具有强烈的认同感、成就感，大家会从内心深处认定：这是"我们的"目标和愿景。

3. 让每一位成员都明白自己的角色、责任和任务

成功团队的每一位伙伴都清晰地了解个人所扮演的角色是什么，知道个人的行动对目标的达成会产生什么样的影响。他们不会刻意逃避责任，不会推诿分内之事，知道在团体中该做些什么。

大家在分工共事之际，非常容易建立彼此间的期待和依赖。大家觉得唇齿相依，生死与共，认为团队的成败荣辱，每个"我"起着非常重要的作用。

第五章 打造一支强有力的团队

4. 设定具有挑战性的团队目标

主管人员的职责是激励整个团队向总体目标努力，而不是强调个人的工作量。如果做得好，一位劳动模范也许会起到领头羊的作用；然而在不同的工作环境下，这种做法却很可能打击团队的合作。

正确的做法是，为团队设定一个具有挑战性的目标，并鼓励每一位成员的团队协作精神。当人们意识到，只有所有成员全力以赴才能实现这个目标时，这种目标就会集中员工的注意力，一些内部的小矛盾也就往往消弭于无形了。此时，如果还有人自私自利，其他人就会谴责他不顾大局。这样，就能形成更加紧密团结的团队。

5. 鼓励成员主动为团队目标的决策献计献策

现在有数不清的组织风行"参与管理"。主管者如果真的希望做事有成效，就会倾向参与式主管，他们相信这种做法能够确实满足"有参与就受到尊重"的人性心理。

成功团队的成员身上总是散发出挡不住的参与热情，他们相当积极、相当主动，一得到机会就积极参与。

化妆品公司创始人玛丽·凯说过："一位有效率的经理人会在计划的构思阶段，就让员工参与。我认为让员工参与对他们有直接影响的决策是很重要的，所以，我总是甘愿冒着时间损失的风险，如果希望员工全都支持你，你就必须让他们参与，愈早愈好。"

不过这里要说明的是，团队中成员的"参与"是自主、自动参与，这样的参与比以往的主管带领下的"参与管理"更有效、更激励人心。

6. 引导和推动成员间彼此相互信任

真心地相互信任、支持是团队合作的沃土。李克特曾花了好几年的时间深入研究参与式组织，他发现参与式组织的一项特质：管理阶层信任员工，员工也相信主管，信心和信任在组织上下到处可见。

近年来发现众多的获胜团队，其主管者都全力研究如何培养上下级之间的信任感，从而使组织保持旺盛的士气。这样的团队常常表现出四种独特的行为特质：（1）主管人常向他的伙伴灌输强烈的使命感及共有的价值观,并且不断强化同舟共济、相互扶持的观念;(2)主管鼓励遵守承诺,信用第一;(3)主管者把员工当作合作伙伴,并把对伙伴的培养与激励视为最优先的事;(4)主管者鼓励包容异己,因为获胜要靠大家协调、互补、合作。

7. 倡导成员间真诚倾听彼此的建议

国际知名的管理顾问肯尼斯·布兰查德在其设计的高绩效团队评分法第十一项中指出:"成员会积极主动倾听别人的意见,不同的意见和观点才会受到重视。"正是如此,在一个高效团队里,成员发表意见或提出建议时,其他成员都会真诚地倾听他所说的每一句话。有位团队负责人说:"我努力塑造成员们相互尊重、善于倾听其他伙伴表达意见的企业文化,在我的单位里,我拥有一群心胸开阔的伙伴,他们都真心愿意知道其他伙伴的想法。他们展现出其他单位无法相提并论的倾听风度和技巧,真是令人兴奋不已!"

8. 鼓励成员自由表达自己的感受和意见

成功的主管人员,经常率先信赖自己的伙伴,并支持他们全力以赴。当然他还必须以身作则,在言行举止之间表现出信赖感,这样才能使成员间相互信赖、真诚相待。

成功团队的主管人员都会尽力提供给所有成员双向沟通的舞台。每个人都可以自由自在、公开、诚实地表达自己的观点,不论这个观点看起来是多么离谱。因为,他们知道许多伟大的设想,在第一次提出时几乎都是被冷嘲热讽的。当然,每个人也可以无拘无束地表达个人的感受,无论喜怒哀乐。一个高绩效的团队成员都能了解并感谢彼此,都能够"做真诚的自己"。

总之,群策群力,有赖于大伙儿保持真诚的双向沟通,这样才能使组织表现力臻于完美。

9. 在团队内部创造彼此认可与赞美的氛围

"我觉得自己能经常受到别人的赞赏和支持。"这是高绩效团队的主要特征之一,团队里的成员对于参与团队的活动感到兴奋不已,因为,每一

个人会在各种场合里不断听到这些话:"我认为你一定可以做到!""你是最好的!你是最棒的!""我要谢谢你!你做得很好!""你是我们的灵魂!不能没有你!"这些赞美、认同的话提供了大家所需要的强心剂,提高了大家的自尊、自信,并驱使大家愿意携手同心。

在这个竞争日益激烈的时代,一个企业光提高员工的个人能力而没有效的团队合作、生生不息的团队精神,已经没有生命力了,团队精神才是一个企业真正的核心竞争力。因此,加强团队精神是现代企业主管人员必须重视的问题。

尊重非正式的团队协作

1911年,泰勒在《科学管理的原则》一书中提出:通过把工作程序细化成一系列简单的步骤,并测量、优化每个步骤,公司可以让工厂工人的效率大大提高。泰勒的科学方法是革命性的,与他同时代的公司中,那些迅速采用了他的观点,并把它们付诸实践的公司往往是最成功的。

泰勒认为,员工本质是不可预测、不可靠的。正如他在《科学管理的原则》中宣称的:"每个员工的工作所包含的科学是如此之多,即使那些很适合做这种工作的工人也没有能力完全了解这些科学。"主管者怀疑工人能否充分了解自己的工作,并能在正确的时间、用正确的方式做正确的事,因此这就需要一个新的雇员阶层来协调和指导他们的行为。几乎一夜之间,职业经理人在整个业界无处不在,他们通过工人的行为并对之进行评价,来对工人施加巨大的影响和控制。

等级制度仍然占据统治地位。这是妨碍新的精诚协作方式构筑的最大阻力。

只有产生新的工人阶层——知识型员工,有着类似于蚂蚁一样的自组织能力,方可以满足消费者对服务和创新的新需求、新期待。

第五章 打造一支强有力的团队

随着技术变革的速度不断加快,企业改革的速度也在加快。在当今世界很少有什么可以确定,除了以下这点:如果一个组织不能对变化以及变化带来的市场机会产生足够快的反应,那么它将与成功失之交臂。

当今最成功的公司针对自身的优势采取变革,只要有新的挑战出现就立即做出反应,甚至能对市场、产品开发及资源需求的变化做出预测。可以理解的是,公司越来越多地需要借助于新的主管和管理模式,来帮助它们跟上不断加速的变化。密歇根大学商学院教授C·K·帕莱哈拉德曾经为诸如花旗集团、柯达公司、甲骨文这样的公司做过咨询。他说:"速度正在成为生存和发展的最重要的标准。这就需要尽可能让最接近业务的人做决策,并负有责任感。"

在信息经济社会,员工是公司最重要的竞争优势。那些能迅速调整,并学会如何开发、利用每个员工(无论这些员工担任何种职位)的才能和技术的公司才会笑到最后。

遗憾的是,许多组织不能迅速对市场的急剧变化做出调整。因为他们发现自己被陈腐的等级和森严的管理制度束缚住了,那些被僵化的政策、程序所困,并对员工的巨大潜能视而不见的公司,只能丧失竞争力。

在这种情况下,建立精诚协作方式,显得刻不容缓。精诚合作的特征之一便是:尊重非正式的团队协作——自组织。

在美国,虽然有上百家行政人员猎头公司,但很少有能与拉塞尔·雷诺兹公司相匹敌的。成立于1969年,总部设于纽约市的这家公司,拥有超过270名负责招聘的精英,在全世界有35家办事处。拉塞尔·雷诺兹公司专门为世界顶级公司招聘主管管理人员,这些公司包括ABC、美国职业橄榄球联盟、凯雷投资集团、联合技术公司,以及皇家安大略博物馆。

拉塞尔·雷诺兹公司的影响相当广泛,该公司的经营范围涵盖超过40种行业和业务,包括互联网、技术、媒体、膳食服务、医疗服务、金融服务、工业制造和销售。平均起来,拉塞尔·雷诺兹公司每年成功招聘3000人,其中40%的人被聘用为主席、行政总裁、首席运营官、首席金融官、首席信息官以及总监。他们所招聘的岗位超过50%都可拿到每年20多万美

元的工资。在1999年（最近的数字经审计的年度），公司利润总额为2.31亿美元，比上一年度增长了21.7%。

是什么使拉塞尔·雷诺兹公司持续发展并繁荣，并超过竞争对手呢？虽然该公司的成功有许多因素，但是公司强调，非正式的团队协作——自组织，建立于坚定的个人责任和专长共享的基础上，这是至关重要的。通过强调、鼓励和奖励团队协作，拉塞尔·雷诺兹公司营造了一个独特的环境，在此环境里，员工努力互相帮助，竭尽所能地争取公司委托交办的工作。他们既相互独立，又相互联系，形成了一个充满生机的整体。

每周一的上午，在公司的每个办公室，拉塞尔·雷诺兹公司的员工都会开会讨论本星期的新任务，并打印、分发到每个人手中。这些会议能够产生促进并改善公司客户服务的新的想法、候选人和资源，同时让每名员工都得到寻求帮助的机会，以解决工作中的困难。大家通过分享有关要处理的工作信息，甭管好还是不好，为公司能够得到最后的成功增加了可能性。

拉塞尔·雷诺兹公司还鼓励召开定期的电话会议和经常性的临时会议，以利于不断为员工创造信息和经验共享的机会。与团队里其他成员的这些互动，成效显著。拉塞尔·雷诺兹公司投资管理部的负责人、奥菲斯的董事，理查德·拉那曼指出："有些最好的想法和最快的行动，其实是我的同事们聚到一起集思广益的结果。"

员工优势是公司最重要的竞争优势。团结而有力的员工团队是振兴和繁荣一个企业的核心，而企业要提升核心竞争力，管理者就要对自组织做出迅速调整，不要被陈腐的等级和森严的管理制度束缚住，被僵化的政策、程序所困，而对员工的巨大潜能视而不见，量体裁衣，因事制宜，积极开发、利用每个员工的才能和技术，以每个员工的鲜明个性来共建企业的鲜明共性。

管理工作中有一个著名的帕金森定律。这一定律是英国著名的历史学家诺思古德·帕金森在他的同名著作中提出的一条官僚机构自我繁殖和持续膨胀的规律，由于这一定律充分暴露出管理机构的这一可怕顽症，因而，这个术语广为人知。

在书中，作者指出，一个不称职的管理者，他可能有三条出路，一是申请退职，将位子让给能干的人；二是让一位能干的人来协助他工作；三是任用两名水平低的助手。对于这位不称职的管理者来说，第一条出路是走不得的，那样他会失去很多利益；第二条路同样也不能走，因为那样会使自己多出一个有力的竞争对手；看来只有选择第三条路最为适宜。如此恶性循环，就会形成机构重叠，人浮于事，扯皮推诿，效率低下的行政管理体系。所以最后的结果是：其一，管理者需要补充的是下属而不是对手。其二，管理者彼此之间是会制造出工作来做的。

显然，第一条产生出庸人管理，自上而下，一级比一级庸人多；第二条产生出机构臃肿的庞大管理机构。帕金森通过多年研究提出了一个公式：

$$X = [100(2KM+L)/YN] \times 100\%$$

K 表示一个要求派助手从而达到个人目的的人。从这个人被任命一直到他退休，这期间的年龄差别用 L 来表示。M 是部门内部行文通气而耗费的劳动时数。N 是被管理的单位。用这个公式求出的 X 就是每年需要补充的新员工人数。数学家们当然懂得，要找出百分比只要用 X 乘 100，再除以去年的总数 Y 就可以了。不论工作量有无变化，用这个公式求出来的得数总是处在 5.17%～6.56% 之间。

一个 11 人组成的财务委员会负责研究原子反应堆的造价，其中 4 人不知反应堆为何物，3 人听说过反应堆但说不清其用途，另外 4 人中，只有甲和乙了解反应堆的造价。假设甲先发言，对 1000 万英镑的工程造价持肯定态度，对此持保留意见的乙尽管有很多疑问，却不知从何说起——如果他联系工程图讲，其他委员大都看不懂蓝图，他必须从头讲起，先解释反应堆是什么东西，可这难道是一次会议可能解决的问题吗？况且在座诸位谁能承认自己对此一窍不通呢？于是他只能选择最简单的办法——沉默。于是 1000 万英镑投资顺利通过。

帕金森定律发生作用的条件有哪些呢？

首先，必须要有一个团体，这个团体必须有其内部运作的活动方式，

其中管理占据一定的位置。这样的团体很多,大的来讲,各种行政部门,帕金森曾在书中举出英国海军编制的例子;小的来讲,只有一个老板和一个雇员的小公司,都存在着管理的团体。

其次,寻找助手以达到自己目的的人本身不具有对权力的垄断性。这就意味着,权力对他而言,可能会因为做错某件事情或者其他人事的原因而轻易丧失。这个条件是不可少的,否则就不能解释何以要找两个不如自己的人做助手而不选择一个比自己强的人。

第三,这个人在他的团体中的角色扮演不称职,如果称职就不必寻找助手,否则就不能解释他何以要找几个助手来协助。

第四,这个团体一定是一个不断自我要求完善的团体,正因为如此,才能不断地吸收新人来补充管理队伍,也才能符合帕金森关于人员编制增长的公式。

这四个条件缺一不可。缺少任何一项,就意味着帕金森定律会被推翻。

要想解决帕金森定律的症结,需要做到以下几点:

(1) 必须把管理单位的用人权放在一个公正、公开、平等、科学、合理的用人制度上,不受人为因素的干扰。最需要注意的,是不将用人权放在一个可能直接影响或触犯掌握用人权的人的手里。

(2) 要用就用比自己更强的人。要建立系统的、经常性的人才录用、评价机制,及时辞退不合格人员,为每一个职位寻找胜任的人选,为每一个职员安排适当的职位。

(3) 卸掉沉重的人事包袱,剔除机构、人员中的附赘悬疣,轻装上阵,按计划实施招聘,控制工资预算,提高录用标准,科学使用兼职人员,坚持业务导向,推行目标管理,用人在精不在多,果断变革组织机构。

(4) 建立流畅的线性工作流程,简化工作程序,提高办事效率,加强对员工的绩效考核,并把考核结果与薪酬、奖金等联系起来。

精简高效　不容拖沓

说到精简高效，首先让我们看一则寓言故事：

有一天，梭鱼把泥鳅逼到无处可逃的角落里，捉住了。泥鳅一见大事不好，就说：

"你呀，亲爱的大娘，忏悔了没有？"

"没有。"

"那么，我先替您忏悔，然后您再吃我好了。"

梭鱼问：

"你预备在哪儿给我忏悔呢？"

"那边有座教堂。"

梭鱼信了泥鳅的话，两个一齐上教堂。可是泥鳅把梭鱼领到鱼笼前，说：

"你随我进来。"

它们钻进了鱼笼，梭鱼长得大，没法后退，可是对泥鳅来说呢，这个鱼笼里真像有17扇门，它飞快地钻了出去，还绕着鱼笼游了一圈。对梭鱼说：

"在那儿待着吧，虔诚的女信徒，等渔人神父来吧！"

泥鳅面对梭鱼的威胁，敢于行动，引领梭鱼进入鱼笼，自己乘机逃脱，这是它最好的脱险方法，也是它真正的"精简高效"。梭鱼再气怒也无济于事。

在企业管理中，管理者多学学泥鳅的方法，企业要避免危机，要逃脱危险，就应该"精简高效"，而且一定要在行动上下狠斧：

（1）动手要果断快速，决不能拖拉，拖拉也就失去了效益，也就失去了抢救的时间。

（2）减裁冗员一定要下狠斧，有时应做到无情。人之间的感情有时是原则问题的绊脚石，企业主管人一定要把绊脚石踢开。

（3）对生产线的改造也要下狠斧，要引进先进的技术，不能抱残守缺，永不放弃。

（4）制定一系列的完善的代理方式，以利于新产品上市的快速运转流通。

吉德拉即是利用了他的果断实现了精简高效：

1899年，乔瓦尼·阿涅利与他人联合创办了一家汽车公司。1906年，阿涅利将公司定名为意大利都灵汽车制造厂，后来改制为股份公司：F.I.A.T（中文音译——菲亚特），既是公司名称的缩写，又是产品的商标名称。

1949年，阿涅利的孙子贾尼·阿涅利被指定为菲亚特公司副董事长，1966年，被正式推举为菲亚特公司的董事长。在阿涅利的主管下，菲亚特公司发展迅速，旗下的菲亚特汽车公司成为意大利最大的汽车制造企业，也是排名世界最前列的大汽车公司之一。

但是，在20世纪70年代前期的10年间。国际汽车市场疲软，在意大利本国工资升高、物价上涨的情况冲击下，再加上公司内部出现了管理问题，菲亚特汽车公司经历了历史上最不堪回首的日子，公司连年亏损，在世界汽车生产商的排名榜接连下跌。此时，菲亚特集团的决策层中有不少人力主甩掉汽车公司这个沉重的大包袱。消息传出后，菲亚特汽车公司上下一片恐慌，都不知哪一天公司就会被卖掉或是解散。

1979年，阿涅利任命47岁的维托雷·吉德拉出任菲亚特汽车公司总经理。

吉德拉能给员工们的心神不定带来什么呢？

吉德拉看起来没有什么办法。

他总是带着微笑与大家在一起交谈、访问。

他询问的问题倒是不少。

不久，吉德拉的小本已经记满了最后一页。一天，他合上笔记本，召开了公司管理人员会议。

"诸位,近年来我们公司每况愈下,似乎要从欧洲汽车生产商的序列中消失了!对此,我作为一名老菲亚特人,深感痛心!今天,请大家思考,菲亚特的问题在哪里?"

一片沉默。

吉德拉随即宣布:"散会。"

众人神情严肃地离开会议室。

看着大家的背影,吉德拉满意地笑了。看来,他的计划已成功了一半:他相信今天的会议已经调动起了大家的情绪,首先是管理人员的斗志,别看大家默不作声,心上都已经开动脑筋了。这样,才能为下一步的计划铺平道路。

几天后,吉德拉又召开了公司管理人员第二次全体会议,这一次,他没有马上宣布散会,而是举起了他的"三板斧":"我们要大幅度地进行机构调整,大家要有足够的心理准备和承受能力。"吉德拉严肃地说,"菲亚特汽车公司机构重叠,效率低下,是导致企业缺乏活力的重要原因……"

吉德拉动手果断。很快,他关闭了国内的几家汽车分厂,淘汰冗员。职工总数一下子减少了1/3。由15万人降至10万人。这次机构改革的另一个重点是对菲亚特汽车公司的海外分支机构的调整。这些海外机构数量众多,但绝大部分效率低下,所需费用却很庞大,经常是入不敷出,成为公司的沉重包袱。吉德拉毫不犹豫地撤掉了一些海外机构。他停止在北美销售汽车,还砍掉了设在南非的分厂和设在南美的大多数经营机构。

吉德拉的"精简高效"遇到了强大的阻力。菲亚特汽车公司的员工人数在意大利首屈一指,被称为"解决就业的典范",这次裁减人员的数量如此巨大,自然引起各方面议论,但吉德拉丝毫不为所动,坚定地完成了计划。

吉德拉的"第二斧"是对生产线的改造。吉德拉通过在工厂的实地调查,认为公司技术落后、生产效率低下是造成它陷入困境的重要原因之一。

吉德拉大量采用新工艺、新技术，利用计算机和机器人来设计和制造汽车。正是根据计算机的分析，使汽车的部件设计和性能得到充分改进，使其更为科学和合理化，劳动效率也随之提高。

新工艺、新技术的采用带来的另一个结果是公司的汽车品种和型号大大增加，更新换代的速度大大加快，这就增强了菲亚特汽车的市场竞争能力。

吉德拉的"第三斧"是对汽车销售代理制的改革。过去菲亚特汽车的经销商不需垫付任何资金，而且在销售出汽车后，也不及时将货款返回菲亚特，而是占压挪作他用。这使得菲亚特的资金周转速度缓慢，加重了公司的困难。

吉德拉对此做出了一项新的规定：凡经销菲亚特汽车，必须在出售汽车前就支付汽车货款，否则不予供货。此举引起了汽车经销商的强烈反对。但吉德拉始终坚持己见。结果有 1/3 的菲亚特汽车经销商被淘汰出局，其余的都接受了这一新规定，这大大提高了菲亚特汽车公司的资金回笼速度，减轻了公司的财政困难。

在吉德拉的主持下，菲亚特汽车公司通过一系列改革，成效显著，重新焕发了活力。

管理者精简机构，可以激发人们对工作的紧迫感，提高工效。因为："人才常常是在工作多而人员少的地方冒出来的。每个人只有把自己的工作担子加重，干着超过自己能力的工作，才能在经受困难的折磨后造就人才。"

组织机构对于企业来说，就是身材和衣服的关系，身材瘦小，却穿了一件肥硕的衣服，怎么看怎么别扭，而且还影响行动。因此企业需要对机构进行撤销归并，组织并组建适合企业发展的健康的组织机构，适当地精简结构，划分好企业各个阶层的职责，再据此配备职员，挑选胜任的员工，以提高组织机构效率。

苛希纳定律解读

"十羊九牧"一词出自《隋书·杨尚希传》:"当今郡县,倍多于古。或地无百里,数县并置;或户不满千,二郡分领;县寮以众,资费日多;吏卒又倍,租调岁减;精干良才,百分无二……所谓民少官多,十羊九牧。"根据一则统计资料显示,一个官吏,汉代管理7945人,唐代管理3927人,元代管理2613人,清代管理911人。我们今天一个干部管理30人。这些统计数字的可靠性也许值得研究,但官冗之患确实日见其甚了。

苛希纳定律阐述的正是这个道理:人多必闲,闲必生事;民少官多,最易腐败。由于实际的人员数目比需要的人员数目多,诸多弊端由此产生,形成恶性循环。要想铲除"十羊九牧"的现象,必须精兵简政,寻找最佳的人员规模与组织规模。这样的话才能构建高效精干、成本合理的经营管理团队。

苛希纳定律的内容是:如果实际管理人员比最佳人数多两倍,工作时间就要多两倍,工作成本就要多4倍;如果实际管理人员比最佳人数多3倍,工作时间就要多3倍,工作成本就要多6倍。

有一家企业准备淘汰一批落后的设备。董事成员王某说:"这些设备不能扔,得找个地方存放。"于是专门为这批设备建造了一间仓库。

董事成员张某说:"防火防盗不是小事,应找个看门人。"于是找了个看门人看管仓库。

董事成员李某说:"看门人没有约束,玩忽职守怎么办?"于是又委派了两个人,成立了计划部,一个人负责下达任务,一个人负责制定计划。

董事成员许某说:"我们应当随时了解工作的绩效。"于是又委派了两个人,成立了监督部,一个人负责绩效考核,一个人负责写总结。

董事成员郑某说:"不能搞平均主义,收入应当拉开差距。"于是又委派了两个人,成立了财务部,一个人负责计算工时,一个人负责发放工资。

董事曾某说:"管理没有层次,出了岔子谁负责?"于是又委派了四个人,成立了管理部。一个人负责计划部工作,一个人负责监督部工作,一个人负责财务部工作,一个人是总经理,对董事会负责。

一年之后,董事长说:"去年仓库的管理成本为35万元,这个数字太大了,你们一周内必须想办法解决。"

于是,一周之后,看门人被解雇了。

由上面的案例我们可以看出,在管理上并不是人多力量大,管理人员增多,工作效率未必就会提高。苛希纳定律要求人们,要认真研究并找到一个最佳人数,以最大限度地减少工作时间,降低工作成本。这一现象告诉管理者:只有缩减不必要的管理人员才能减少工作时间和工作成本。而唯有确定责任人的最佳人数才能达到这一目的,这一方法对企业"瘦身"计划的实施和提高企业效率至关重要。

有一个关于"一条鞭子"的故事。

英国古老的剑桥大学有一位著名的校长,治校有方,培养出了很多名满天下的学生。有人问他为何能把学校经营得这样好,这位校长告诉他人,那是因为他用一条鞭子来惩治那些不听话不上进的学生,并且奖罚严明。他还说,如果给他一把手枪,他会把学校管理得更好,培养出更多的好学生。

这个故事大概意思是说,只要能以"铁手腕"严格执行既定的规章制度,就一定能治理好学校。这里的"一条鞭子",其实就是严格、严厉、不讲情面的意思。不仅管理学校要像这样,从某种程度上讲,任何企业要想让组织高效运行,也应该像上面例子提到的一样,执行"一条鞭子"的管理政策。

海尔总裁张瑞敏在各种场合讲到海尔的成功历程时,总是不忘提到13条规定,其中包括不准迟到、不准打毛衣、不准在车间内随地大小便……这些在现在看起来很琐碎、细小,简单得令人发笑的规定,确确实实地击中了原海尔员工的要害。通过海尔主管者的严格管理，这13条管理规定得到了严格的执行，使海尔人的工作面貌有了很大的改善，同时在海尔内部树立了"有规必行"的观念，使规章制度不再是"可有可无的摆设"。此后，海尔的管理者又逐步推出各种新的细化规章制度，做到了"有规可依"。逐渐地，海尔的企业管理由无序转向有序，逐步成为一个有执行力的组织，开始了海尔的辉煌之路。

国有国法，家有家规。公司制定出来的各种规章制度，不能只是纸上谈兵。作为企业的主管者和管理者，你应当有铁面无私的精神来贯彻并发扬合理的规章制度，一旦发现有人违反规定，一定要严格惩处，决不手软。

但是，应该清楚，"决不手软"并不是滥施权力、粗暴蛮横地对待员工，以显示自己的威信。对雇员要公道，在处罚时要有充分的依据，它包括解释清楚公司为什么要制定这条规章，为什么要采取这样一个纪律处分，以及希望这个处分产生什么效果。

我们要知道的是，执行任何的规章制度，目的都是为了维护良好的秩序，而不是处罚本身。因此，你应该向你的雇员表示你对他的信任和期望。在对违反规定的员工处罚完以后，要肯定他的价值，以向上的激情去鼓励他，以消除他对处罚的怨恨和郁闷之情。

现实中，也有许多管理者认为，"这些规定谁都知道，我没有必要整天把制度挂在嘴边"。但是，新来的雇员，甚至有时有些老雇员，直到自己违反了某项规定，才恍然大悟，才知道原来还有这样的一条规定。因此，加大对制度的宣传、学习，也是十分必要的。

当然了，作为企业主管人员，自己更应该明白以身作则的重要性。如果你没有这样做，那你就是在向其他员工表示，制度只不过是一种摆设。同时，你也不应该不分青红皂白，草率地惩罚或处分员工。在你做出判断之前，甚至是在你做任何事情之前，你必须知道事情的来龙去脉，并要搞清楚员工为什么要这样做，他的动机是什么，等等。

制定出的规章不是为了显示纪律严明。当然，并非每次的处罚都要一视同仁，它的意思不是说面对违规行为，采取统一的措施。而是说在相同

第五章 打造一支强有力的团队

的环境和条件下，违规行为都要受到同一种惩罚，不能有丝毫的偏颇。

世界上不管是跨国公司，还是私营商店，对经营管理都十分重视，不但有现代化的系统论管理、方针目标管理，而且部门与部门之间都有一整套的管理办法和管理制度，像一架机器一样不停地、有条不紊地运转着。

英特尔从创立开始就非常强调"制度"，处处都有清楚的规定，每天早上的上班制度，就是最明显的例证。在英特尔，每天上班时间从早上8点整开始，8：05分以后才报到的就要签名在"英雄榜"上，背负迟到的"罪名"，即使你前天晚上加班到半夜，隔天上班时间仍是上午8点。这和20世纪70年代嬉皮盛行、个人享乐主义凌驾于一切的美国有些背道而驰，可是却延续至今，始终如一。

英特尔整个公司的管理制度都很严明，从制造、工程到财务，甚至行销部门，每件事情都有清楚的规范，人人都以这些规范来作为自己工作的准则。许多公司重视人性化管理，以重视员工为口号，只有英特尔强调制度胜于一切。这种注重企业自主管理的经验和方法，使英特尔的企业文化独树一帜。

制定规章制度应注意几点：

（1）规章制度的制定不能违法。经常可以见到，在制定自己的规章制度的时候，很多的企业由于对现行法律的不了解和不在乎，导致了与法律的冲突和矛盾，从而不具有法律效力。因此，在处理违规员工的时候，由于没有效力，难以产生作用。而且，由于得不到法律的支持，所定的规章制度不过是一纸空文。因此，规章制度内容必须合法。

（2）规章制度要经过民主程序肯定。顺应民意，才能持久。然而，现在大多数企业在制定规章制度的时候，往往只是几个高端主管者或者董事会的成员制定实施。但我国法律规定：企业的规章制度应该通过民主大会的形式，经民意代表同意，并且多数员工通过，才具有效力。

（3）规章制度应该及时修改、补充。市场不断变化，形势也在不断变化。因此，企业的规章制度应该不断的修正和改定，只有不断地推陈出新，制定适合当时情形下的法规，定期或不定期地检查，及时修改、补充相关内容，才能保证制度和规章的合理性、时效性。千万不能把规章制度制定好以后便完事大吉。

组织的主体是人，而保障秩序不发生混乱的是制度。所以要把企业运作好，管理者需要建立一套完善的制度。制度设计合理、运作有效，企业高效运作，员工士气高昂，企业蒸蒸日上。所以，及早建立一套合理的制度至关重要。

松散导致无力

一个庞大而又松散的组织结构往往会导致个人活动力的削弱以及公司应变能力的退化。

荷兰飞利浦公司是一家以生产家用电器而闻名于世的大公司。早在20世纪五六十年代，飞利浦的生意就做得十分红火，灯泡和电视的巨额销售量让公司赚足了钱。但飞利浦公司的决策者们并没有因此就忘乎所以，他们的头脑十分冷静。他们清醒地意识到二战之后的个人消费浪潮即将过去，代之而来的将是各型企业的复兴。于是，他们决定转向开发企业办公用电器，也就是所谓的"职业产品"。飞利浦公司的重要举措之一便是投入巨资开发系列电脑。

由于依托着飞利浦公司强有力的技术力量和雄厚的资金实力，前期的研制非常顺利，他们生产出来的新型电脑足以与IBM的产品相媲美。但是，好东西是否就一定好卖呢？在这之前，飞利浦公司为了突破各国的关税壁垒，采用了"化整为零，各自为战"的经营机制。他们在全球60多个国家设有100多家生产厂，这些分厂生产的飞利浦家用电器毫不费力地就在当地的市场消化掉了，这让飞利浦公司尝到了甜头，但同时也因为摊子铺得太大，给飞利浦公司拖上了一条又大又长的"尾巴"。由于各分厂生产的

相对自主性和独立性，销售网络也就完全掌握在了分厂的手里。当他们接到总部的通知，要求他们推销不是由他们分厂生产的大型电脑时，他们都对此表现得毫无兴趣。一来这种大型电脑数量不多，二来价格昂贵，三来雇佣、培训推销和维修人员不仅费用高，而且很费事，远不如推销分厂自己生产的家用电器轻车熟路。由于管理上出现了问题，公司总部的正确决策得不到有力的贯彻，形成了令不行、禁不止的局面。飞利浦公司采取了很多措施试图改变这一局面，但始终没能收到满意的效果。最后，飞利浦公司决定将部分分厂合并，以便开发和生产类似于商用电脑这种大型产品。然而，这一决定因为各分厂的强烈反对和总部的软弱妥协而未能实现。

与此同时，随着战后日本经济的飞速发展，大量质优价廉的电器产品猛烈地冲击着飞利浦的市场，使得飞利浦公司在几次价格大战中接连惨败。

而飞利浦公司关于开发大型企业办公用产品的计划也因受到分厂的抵制宣告流产。

飞利浦的电器世界闻名，但正是因为组织的庞大，它虽然有了营销渠道却也导致了结构的松散。出现了尾大不掉的局面。

企业越是庞大，组织机构便越为复杂。这也就越容易导致管理者的失职。主管人员在管理的环节因企业规模的影响而增多，管理链拉长，来自核心层的指令传达到其他层次的速度就会减慢，甚至被遗漏、走样或扭曲；同样，主管人员向核心层反馈信息的速度也会减慢，被遗漏、走样或扭曲，尤其是当主管人员与下层管理组织的目标不相一致时，下层还可能故意歪曲主管管理的意图，或向主管管理提供不真实的信息，这便是导致大企业危机的重要原因。

一个企业往往有很多部门，如果各个部门各自为政，不能够统一协调起来，则目标的实现便会变得十分困难。

郭士纳是"蓝色巨人"IBM公司的前任CEO。在他人主持IBM的时候，其机构之复杂，在全世界是出名的，它不仅规模大、地域分布范围广，而且还存在这样几个问题：其一，几乎每一个组织甚至每个人都是IBM实际的或者潜在的客户，IBM不得不为全世界大大小小的每一个机构、每一个行业以及每一种类型的政府机构提供服务；其二是基础技术发展的比率和速度也使得IBM的结构趋于复杂。因为新的科学发现不断地对建立在常规基础上的战略计划和假设进行冲击，而且，在IT行业里，每年都会出现数十个新的竞争对手。其三是由于IBM的每一位员工都对公司的管理有独到的见解。

IBM经过多年的演化逐渐形成了一种二元结构：拥有实力的产品事业部，它负责处理基础技术方面的问题；拥有同样实力的海外分部，它们负责处理IBM在全世界范围内的扩张。这种结构没有关注客户的意见，而是都致力于保护它们自己的利益。

产品的情况也大致类似，美国本土的产品在其他地方常常买不到。这相当麻烦，但IBM似乎并没有从全球的角度为客户考虑，也未曾把自己的技术观点建立在客户需求的基础上。这种复杂的组织结构和产品情况使得各个部门各自为政，很难统一协调起来，在很大程度上妨碍了公司对一项运营计划的执行能力。为此，郭士纳决定打破地域分割，重整IBM内部的基本权力结构。

从1995年年中开始，郭士纳以客户为基础，将公司划分成了12个集团：11个行业集团（如银行、政府、保险等）和1个涵盖中小企业的行业集团。然后给所有这些集团配备了财会人员。这在很大程度上增强了IBM各个部门之间的协调性。后来，IBM又针对市场宣传混乱的局面，建立了一个统一的市场营销部门，选择了一家广告代理商，使得产品的宣传有了一个统一的窗口。

让各个部门协调起来同步行走是执行计划的基本要求和前提条件。规模大的公司部门机构也就很多，如果各个部门心不往一处热、劲不往一处使，那么各个环节便无法协调，步调也就不会一致，想要实现目标就会很难。因为一个齿轮是无法带动整部机器运转的。

管理建设团队要善于运用新的方法

建立团队组织,其目的是想利用员工自我管理、自主决策的能力。一位主管如果始终以传统的方式进行管理的话,这个目的就不能实现。从短期看,你与团队之间将会发生冲突。从长期看,如果你不对自己进行改变,团队成员就会失去主动性,你们最终还是回到了起点。公司是不会乐意看到这种情况的。

你的角色必须要有一个从主管到"教练"的根本转变。"教练"做什么呢?他要确保团队培养起必要的技能,获得上进的动力,得到必需的设备,并且能够有效地比赛。在实际的比赛中,教练并不上场,然而教练的地位与作用却是毋庸置疑的,仅从中国足坛"爆炒教练"这一现象中便可略见一斑。

但怎样做出这种转变呢?

你要确保,为做出有效的决定,团队采取了所有必要的步骤。在团队变得更加成熟之后,你就会越来越少地做这类事情。

运用提问,而不是陈述,来帮助团队成员把问题想通。

不对团队或是其中的任何成员指手画脚,除非你确知自己拥有团队尚不具备的知识、信息或专长。你应设法帮助团队或其成员培养自己的能力,以后你就不必再亲自做类似的决策了。

团队应该在多大程度上实现自治呢?这取决于对下面3个问题的回答。你想有多大自治?你想让你有多大程度的自治?公司想让你有多大程度的自治?这些问题并没有简单而直接的答案。一群被称为团队的人,并不一定就组成了一个团队,他们可能仍旧需要别人来告诉自己该做什么。你可能仍旧想告诉他们该做些什么。而公司可能希望你能告诉他们什么。星期一早上公司开始把这群人称为自治的团队了,但其实根本不会有什么神奇的变化发生。

应该这样入手：下定决心，让团队在最大程度上实现自治。不要管这些人是不是"自治"的名头。只要去做就行了，帮助成员学习共事互助的技巧，帮助他们接受不同的见解，并学会找到解决问题的办法，帮助他们学会完成工作所需的技能，对自己的工作流程进行管理，或许还可以帮助他们掌握互相进行业绩评估的手段。

团队的成员们可能会喜欢这样的工作方式。你也可能会喜欢这样的工作方式。如果你采用了正确的方式，团队的生产效率就有可能得到提高，这意味着公司也可能会喜欢看到这样的工作方式。

培养协同合作的工作气氛

主管怎样才能让下属形成合作呢？合作是所有组合式努力的开始，即一群人为了达成某一特定目标，而把他们自己联合在一起。拿破仑·希尔把这种合作称之为"团结努力"。

"团结努力"的过程中最重要的三项因素是：专心、合作、协调。

举例来说，如果一家法律事务所只拥有一种类型的思想，那么，它的发展将受到很大限制，即使它拥有十几名能力高强的人才，也是一样。错综复杂的法律制度，需要各种不同的才能，这不是单独一个人所能提供的。

因此，只是把人组织起来，并不足以保证一定能获得创业的成功。一个良好的组织所包含的人才中，每一个人都要能够提供这个团体其他成员所未拥有的才能。

几乎在所有的商业范围内，至少需要以下3种人才，那就是采购员、销售员以及熟悉财务的人员。当这三种人互相协调，并进行合作之后，他们将经由合作的方式，而使他们自己获得个人所无法拥有的力量。

许多商业之所以失败，主要是因为这些商业拥有的，清一色是销售人

才,或是财务人才,或是采购人才。就天性来说,能力最强的销售人员都是乐观、热情的;而一般来说,最有能力的财务人员则理智、深思熟虑而且保守。这两种人是任何成功企业所不可缺少的。但这两种人若未能彼此互相发挥影响力,对任何企业,都不会发挥太大的作用。

即使你是"天才",凭借自己的想象力,也许可以获得一定的财富。但如果你懂得让自己的想象力与他人的想象力结合,就定然会产生更大的成就。我们每个人的心智"都是一个独立的"能量体,而我们的潜意识则是一种磁体,当你去行动时,你的磁力就产生了,并将财富吸引过来。但如果你一个人的心灵力量,与更多"磁力"相同的人结合在一起,就可以形成一个强大的"磁力场",而这个磁力场的创造力量将会是无与伦比的。

在生活中,大家也许会有这样的机会:假如你有一个苹果,我也有一个苹果,两人交换的结果每人仍然只有一个苹果,但是,假如你有一个设想,我有一个设想,两人交换的结果就可能是各得两个设想了。

同理,当独自研究一个问题时,可能思考10次,而这10次思考几乎都是沿着同一思维模式进行。如果拿到集体中去研究,从他人的发言中,也许一次就完成了自己一人需要10次才能完成的思考,并且他人的想法还会使自己产生新的联想。

一加一大于二是个富有哲理的不等式,它表明集体的力量并不是单个人累加之和。

主管要善于激发集体的智慧和力量,而不是随意扼杀它们。

这种集思广益的思维方法在当代社会已被普遍应用,它能填补个人头脑中的知识空隙,并通过互相激励、互相诱发,产生连锁反应,扩大和增多创造性设想。一些欧美财团采用群体思考法提高的方案数量,比单人提出的方案多70%。

可见,一个好的创意的产生与实施,创业者光靠自身的力量和努力是不够的,必须集思广益,必须在自己周围聚拢起一批专家,让他们各显其能,各尽其才,充分发挥他们的创造性作用。

如果没有其他人的协助与合作,任何人都无法取得持久性的成就。当

两个或两个以上的人在任何方面把他们自己联合起来，建立在和谐与谅解的精神上之后，这联盟中的每一个人将因此倍增他们的成就能力。

这项原则表现得最为明显的，应该是在主管与雇员之间保持完美团队精神的工商企业。在你发现有这种团队精神的地方，你将会发现双方面都友善，企业自然繁荣。

cooperation（合作），被认为是英文中最重要的一个单词。在家庭事务中，在夫妻之间的关系中，在父母与女子关系中，"合作"这个词，扮演了一个极重要的角色。由于这个合作的原则十分重要，因此，任何一位创业者如果不从主管才能中了解及运用这项原则，他将无法坚持及持久。

因为缺乏合作精神而失败的工商企业，比因为其他综合原因而失败的更多。各色各样的工商企业因为冲突及缺乏合作原则而告失败甚至毁灭。研究各国历史，不难发现缺乏合作精神一直是各个时代人类的一大灾祸。为了更好地创业，使之走向成功和辉煌，良好有机的合作不可须臾或缺。

通过提高团队效率来体现组织能力

主管的组织能力主要目的是提高本部门的工作效率，在这个方面，牛津大学主管学专家盖尔特曾有论述：要了解一个单位，必须首先知道它的工作效率。事实上，任何一名从事管理的人，都必须培训这样的能力："创造工作效率"。

因此，要考察一个主管的组织能力，就得首先看它现有的和潜在的工作效率。一般来讲，主管的组织能力主要是在团队和效率上下功夫，这就需要：

1. 清晰的目标

主管者应当对所要达到的目标有清楚的了解，并坚信这个目标的意义

和价值。同时，这种目标的重要性还激励成员将个人目标融合在团队的目标内。

在高效的团队中，成员愿意为团队目标做出承诺，清楚地知道自己的工作，以及怎样共同工作，最后完成任务。主管者应当有组合团队目标的能力，形成一个共同的突破点。

2. 相关的技能

高效的团队是由一群有能力的成员组成的，他们具有实现理想目标所必需的技术与能力，而且相互之间有良好合作的个性特征，从而出色完成任务。

后者更加重要，也就是所谓"团队精神"。但十分遗憾，这一点常被一些主管者忽略。

3. 相互的信任

成员之间相互信任是有效团队的显著特征，也就是说，每一个成员对其他人的品行和能力都确信不疑。

我们在日常的人际关系中都深有体会，信任这种东西是十分脆弱的，它需要大量的时间和精力去培养，但却很容易遭到破坏。只有信任他人才能换来被他人所信任。

一个单位的主管者的行为对形成相互信任的团队有很大的影响。

4. 一致的承诺

主管者应当注意：高效的团队成员会对团队表现出高度的忠诚和承诺，为了使团队获得成功，他们愿意付出代价。我们把这种忠诚和奉献称为"一致的承诺"。

对成功团队的研究发现，团队成员对自己的群体有强烈的认同感，并把属于特定团队作为自我认同的一个重要方面。

5. 良好的沟通

毋庸置疑，这是高效团队的一个必不可少的特点。团队成员通过畅通的渠道交流信息。此外，主管者与团队成员之间的交流也是重要的特征，这有助于主管者指导团队的行为，消除误会。

6. 一定的谈话技能

高效团队的成员通常并没有固定的工作角色，总是根据不同的情形进行调整，这就需要主管者具有一定的谈话技能，让成员乐意接受调整。

7. 正确的主管

有效的主管者能够让团队跟随自己度过最困难的时期，因为他能够为团队指明前进的方向；同时鼓舞成员的自信心，帮助他们更充分地理解自己的潜力。

优秀的主管者不一定非得直接指示和控制团队，高效团队的主管者往往是教练和后盾的角色，他们对团队提供指导和支持，并不试图去控制它。

8. 内部和外部的支持

主管必须明白，要想成为高效的团队，最后一个条件就是必须有一个支持环境。

从内部来看，团队应该有一个合理的结构，包括主管者给予适当的培训，一套容易理解和实施的成员业绩评估系统；从外部条件来看，主管者必须给予团队完成任务所需要的各种资源。

无论如何，你只有通过自己对一个部门的高效管理，展示你的综合管理能力。这样，你才拥有了迈向职业生涯高峰的最重要资本。

身为主管必须知道的是，无论是何种性质的团队，只要是能展现出相当实力的优秀队伍，都必然会具有以下的这些共同特点。

（1）每个成员都具有相同目的：比如在医院的员工都是以"救人"为宗旨。

（2）每个成员彼此间都有默契：你看过篮球赛吗？他们是怎么进球的？

（3）每个成员都清楚团队所肩负的任务：例如销售部门的员工，都晓得他们的任务就是替公司拉生意。

（4）团队成员数量不能过多，否则难以确保团队默契：一个主管要是想达到有效的管理，手下的成员太多或太少都不好，最理想的数目是6个；除非是在特殊的情况下，很少有编组人数超过8人还能有效运作。以英国橄榄球队而言，也是分成两组：8名前锋以及7名后卫。

（5）团队有其特殊文化：在办公室内全面禁烟到成员间亲如手足，都是典型例子。

（6）成员之间都能互相支援：如果一个成员忙得晕头转向，其他人绝不会袖手旁观。

（7）团队内有精密的分工体系：成员会依个人之喜好与能力进行有效之分工。

在你所管理的部门里有这些特征吗？如果有的话，是如何表现出来的？

一支训练有素的团队还能有效的展现以下这些功能：

（1）能找出团队所面临的问题，并提出解决的方案或是拟出预定之发展目标。

（2）能收集与团队相关的信息，并征求成员们对于未来发展的建议。

（3）能提供主管所需的信息，或是钊对未来发展提出建议。

（4）能充分解释各项提议的内容并澄清可能引发的误解，必要时将找寻替代方案。

（5）能总结成员们所提的各项建议并形成初步结论。

（6）能调查团队里成员对此结论的认同程度，以决定是否有进一步沟通的必要。

请注意，以上这些工作并不需要主管的直接介入才能开展，但是主管必须通过培养以及管理，使自己的团队逐渐自发地拥有这些特点。

培养属下的团队意识

美国通用公司总裁杰克·韦尔奇说："我的成功，百分之十是靠我个人旺盛无比的进取心，而百分之九十，全仗着我拥有的那支强有力的团队。"

《逆主管思考》一书的作者罗伯特·凯利也说过类似的话："说到追随与主管，大多数组织的成功，主管人的贡献平均不超过两成。"

第五章　打造一支强有力的团队

　　这可是千真万确的事实，一个组织的成功，不光是靠主管个人的智慧和才华，绝大部分的成功关键在于主管周边的那些追随者，在于他们通力合作完美的表现。

　　单打独斗个人英雄主义的时代，已经向我们挥手告别。我们早已迈入合作就是力量，讲求团队默契的新纪元了。主管不再是明星，虽然位高权重，拥有主管统御的大权，但是如果缺少了一批心手相连，智勇双全的跟随者，还是很难成就大事的。任何的组织，不管他们是一支球队、乐团、特遣小组、委员会或是公司内的任何部门，现在需要的不仅是一位好的主管人才，更需要的是一位能投注于团队发展的真正主管人。

　　将团队定义为："一个联合而凝聚的团体"的管理大师威廉·戴尔，他在《建立团队》一书中就一针见血地指出近十五年来，主管在组织内的角色已经产生重大的改变，他解释说：

　　"过去被视为传奇英雄，并能一手改写组织或部门的强硬经理人，在现今日趋复杂的组织下，已被另一种新型主管取代。这种主管能将不同背景、训练和经验的人，组织成一个有效率的工作团队。"

　　对企业组织内管理内涵有丰富的第一手经验，并负责教育训练工作而闻名于世的威廉·希特博士完全支持这项观点，他提议主管要用"参与式"管理来替代专断式管理，他认为："与其试着由一个人来管理组织，为何不让整个组织一起分担管理的功能？"希特说得可真是直指人心，因为在专业分工的发展环境中，我们愈来愈需要大家一起互动运作，通力合作，唯有这样才能快速、顺利、有效完成工作。

　　毕竟，一个组织的荣辱成败，绝大部分取决于团队合作的程度。有鉴于此，做一个跟得上时代的真正主管，实在有必要花些时间和精力，做好建立团队和复苏团队的工作。

　　有一支国内外战绩卓著的篮球队其所以经常赢得冠军奖杯，主要原因在于他们的教练是一位极为卓越的主管，懂得让球队产生一种浓郁的"家人意识"，因此他们的球员在千变万化的球场，愿意在必要的情况之下，牺牲个人得分的机会，在这次奏效的妙传当中，表现出大公无私，协调合作

的精神。因为全队共进退,大幅提高了得分率,所以大多数的球赛,都会获得最后的胜利。

①篮球队的管理,意味着要在球员之间建立一种亲爱精诚的文化,使教练和球员融为一体。

②一个训练有素的经理,会精心挑选配合度高的球员,并使球员间产生一种"家人意识",努力协调大伙儿团队合作的精神。

③使所有球员的优点相得益彰,合为一体。

④上下一心,共同追求胜利与成长。

⑤每位伙伴都可以分享成功的喜悦和荣耀。

⑥管理篮球队的做法在于互助依赖,协调合作,比赛成功要靠教练的战略和球员临机应变的行动相互配合。

⑦拟出一个激励性高的报酬制度,既可符合团队能力,又能满足球员个人的需求。

如果每个人只求个人表现,忽视团队精神,那么就如同打篮球,个人再艺高技强,因不能协同一致,是很难获胜的。总之,你现在可以运用组织篮球队的精神与态度去建立你的团队,并创造一个温馨,相互支援,充满活力的环境。

第六章

激励下属，聚集人才

　　一个好的主管，要善于发现被用者的长处和优点，用人应该用其所长，避其所短，不可求全责备：世上无不可用之人，只有未被发现的人才和不会用人的人，要学会识别优秀人才，要善于透过现象看本质。

　　人才是人之精华，因此，人才是难得的，尤其是在白手起家，社会关系不足的条件下更是如此。吸引人才，首先应做到待人以诚。这个"诚"字体现在很多方面，对自己孜孜以求的人才保持耐心，恭敬有礼，相信总有一天会攻克对方心中的壁垒。

如何激发下属的能力

　　一名主管无论事业多么成功，多么具有威望，也不可能在员工中拥有百分之百的支持者。主管在处理问题时，尽管大家都认为你做得十分公平、合理，但总会有照顾不到之处，在这种情况下，每当一些人在称赞主管的公平和合理时，另一些人就难以苟同。为什么会出现这种离心离德的现象？为什么公司上下不能团结一致，同心同德地开展工作呢？原因不在别处，因为你对他们"不公平"。员工因此或多或少的都会产生一些不满情绪。对有不满情绪的人，土管或主管在管理中都应给以足够的重视。因为对人来说，接受一些坏的东西总比接受一些好的东西容易，他们极易涣散整个集体的士气，破坏公司的团队精神，从而影响公司的经营和管理等正常事务。抱有不满情绪的部下和员工到底都有哪几种呢？最强烈的情绪恐怕要源自那些有能力、有才华，但是没有得到自己所希望的地位和工资的员工。这些人，往往有着一种怀才不遇、明珠暗投的失落感，他们会不断地写辞职报告，还时不时地向别人发牢骚说："以我这样有才华和能力的人，竟然让我干这样的活儿。如果我一气之下辞职的话，对企业将会是一大损失。"以此来宣泄自己的不满。

　　在公司人事管理中，可能因为人才济济而对某一些人才着实安排不下，也可能因为动了一些人会影响大局而暂时以难以胜任者代之。当那些因为没有得到晋升而牢骚满腹的人不断涣散企业士气，或在辞职报告中已显出不耐烦的心态时，人才就已不再是人才，倒成了一种隐患。由于事关品行，在检讨自身的原因和改进工作弊端的同时，主管就大可不必迁就他们，也没有必要向他们让步妥协，而应及早地跟他们摊牌："你要真想走就赶快再去写辞职报告，我知道留也留不住你；否则就好好在这里干下去，干出成绩来，显示出你的真本事，以后也并不是就没有机会。"

危害最大的是那些并没有能力，却有着极强嫉妒心的人。嫉妒是人的劣根性，任何一个人都不可能在任何一处或任何一时都比别人强，因此有强烈嫉妒心的人从来就没有满意过。别人晋升了，他诋毁；别人有了成绩，他眼红；别人长了工资，他不平，世上的事在他眼中一无是处，仿佛世上除了他之外也就没有一个好人。当然这样说有些夸大，但在不少公司中，确实存在着不同程度的这种人，在公司运行风平浪静时，他们也就浪静风平，一旦企业中出现一些问题，他们便会显现出来，具有诱惑和煽动性。当他们危害到公司的团体精神时，主管要丝毫不得迁就，应一道令下逐出"家"门，而当他们只说些风凉话时，可以用艰难的工作封住他们的口。

还有一种就是能力一般、工资一般的人，他们的不满就在于他们只看到自己的工资一般，而没有看到他们的能力一般，通常这种人的不满表现不是太强烈，也不会像有"红眼病"的人危害那样大。因而对这种人，作为主管只要施以"怀柔政策"，他们就很容易得到满足。

另有一类"要求权力型"的人，他们在员工中间极具有煽动性和感召力，也颇能够搅乱人心，动摇士气，对这种人，作为主管对之要慎而又慎，不可轻易授权或免职而应审时度势，权衡利弊，揆情度理，分寸适当地加以取舍，以免引起员工的不满。

不满的人并不是都有着同样的不满，作为主管只有分析情况，对症下药，该迁就的就迁就，不该迁就的要毫不姑息，才会使企业的管理秩序井然，使员工和下属士气大增，创造出良好的效益。员工有不满情绪并不一定完全要逐一加以解释，而使员工得以开脱，有时在管理中可以"反其道而行之"，故意制造一些不满情绪，再以这种情绪大做文章，将其转化为员工的上进心和工作积极性，促进他们为企业的阶段性目标和战略目标而奋斗。因此，善于利用不满情绪，反而可以培养大家的凝聚力。

这里有一个例子。美国著名企业管理专家史蒂文·布朗年轻时在巴特勒房地产公司从事销售业务，公司经理要求每一个员工每月联系的待售房地产都登记上册。而布朗在整整一个月内只联系了两处房地产，经理知情后对他说："小伙子，我十分不理解，如果我从疯人院里拉来一个疯子，在

他的背后挂个牌子,写上'巴特勒房地产公司欲求贵府地产,请出示售价',让其走街串巷,相信半个月至少也会带回两处房地产的售价来。"布朗听后十分生气,愤然奔跑了一天,在下班前赶回经理办公室,把两处房地产的售价掷到经理面前。经理只是轻轻说了一句:"希望明天还这样。"经理人为地给布朗制造了一些不满情绪,却使他在一天之内带来了一个月的成绩。这种激励和批评所起的作用有如"知耻而后勇"效果,但区别在于前者的思想并没做通,而是带着不满和赌气去工作的,可算是一种激将法,即兵法上所谓的"点将不如激将。"这种古代兵法,大可以为今所用。

激励处于低潮状态的人

作为主管必须知道,不是每个员工的情绪都时时处于高潮。当员工的情绪处于低潮之时,主管该怎么办?

正确对待情绪低落时的下属

人难免有情绪低落的时候,在工作中,情绪低落的情形更是屡见不鲜。而当一个人陷入此种情况时,往往都会因为不能脱离困境而痛苦不堪。

许多身为主管者或资深职员也均有此种经验。因此,当他们看到情绪陷入低潮的下属时,往往邀请他说:"今晚我们去喝一杯如何?"想借此机会教他们适当的解决方法。

但是,就后果而言,最好不要如此做。因为年轻下属情绪低落是成长过程中必然的现象。当他们在工作上碰壁时,往往会使人们激发起奋发向上的精神。因此,当他们情绪低落时,若不由他们自己去克服难题,日后必养成凡事依赖他人指导的心态,而无法获得自我超越。培养与训练人才的最终目标,是要让他们将来能够自立与自律。所以,我们不妨把情绪低落视为磨炼他们的最佳时机。如果只是带他们去娱乐一番,说些宽慰的话,甚至陪着对方借酒浇愁,则不但于事无补,且将使其失去自我磨炼的机会。

第六章　激励下属，聚集人才

被视为日本棒球界的至宝，伟大的全垒打王——王贞治在他初出茅庐之际，在 20 场比赛中几乎全军覆没，当时他所受到的打击自然是不言而喻的。然而，他所属巨人队的教练水原一语不发，让他不断地参加比赛。这段时期，对他们两人而言，必定是最难熬的一段时期。但是，由于水原教练的耐心，终于造就出一位棒球明星！

"经营之神"松下幸之助曾有这么一句名言："因为困难（而学习），所以（将来）便不再有困难。"这句话可谓简洁而有力地表达了情绪心理学的内容。因为，只有以自己的力量去克服低落的情绪，才能增强经营时的自信。

就商场而言，主管教导下属与教师传授知识给学生是不同的。在教导职员时，为了使他们在日后长期的商战中克服困难，有必要采取似乎不近人情，但却具有实质效果的指导方法。

努力让陷入情绪低潮的下属重新振作

在长期的工作中，大家都会有一两次失去信心的经验，也就是所谓的低潮。

面对这些陷入低潮的下属，主管可以说是伤透了脑筋。许多主管在这种情形下，都想责备下属的缺点，但这么做反而会得到相反的效果。受责备的人会逐渐失去自信，甚至越陷越深。

两年前，某公司的一位有问题的员工胡某被调到设备科，设备科主要负责厂内机器设备的维修和安装。

胡某在这之前换过很多单位，人际关系不佳，被认为是个很难应付的人。科长在胡某进来之前，就详细调查了他以往的经历，得到以下结果：

胡某 10 年前从高中毕业，曾经是一位技术纯熟的机械工。不仅精通机器，也有创新的能力，曾因此而获得公司董事长的嘉奖。但是，有一次他被调到一个单位，他们使用的是一种新型的机器设备。结果胡某的经验完全不能派上用场，等于是从头开始学习。虽然胡某也是努力地去了解这些新机器，但和其他员工比起来，工作绩效还是相差甚远。因为对新机器的操作不习惯，绩效较差的胡某便遭到科长严厉地指责：不想做就回家算了！

胡某并不是没有工作热忱,只不过是需要一些时间去适应这些新机器。对胡某而言,他这么认真却被批评为没有工作热忱,实在感到意外,从这个时候开始,胡某就陷入了工作低潮。虽然不久后,他又被调到别的单位,但是他的情绪一直不见好转,经常和同事发生争执。就这样,他连换了好几个单位,被当作皮球踢来踢去。

为了欢迎胡某到设备科来,科长和他促膝长谈。谈话中,他让胡某联想起得到董事长嘉奖时的风光。科长看到胡某谈到自己那段光荣经历时,眼里充满了喜悦和骄傲。

就这样,胡某在设备科找回了以往的工作热忱。虽然之前因为不断换单位,使他在职位晋升上比别人慢了一步,但他在设备科的努力得到了主管的认同。现在,他已经是位主管,也可以说是站在第一线的监督者了。

对陷入低潮的员工施加压力,只会削减他们的工作热忱,尤其是像胡某这种有技术的员工。所以,让他们回想当年辉煌的时候,就能让他们重拾回以往的自信。

主管激励要有分寸,有节制,不要走极端过了头,反而过犹不及,失去效果,况且,激励仅仅是主管使用下属的一种方法,而不是万灵药,更不会没有任何副作用。

从某种意义上说,激励是一种兴奋剂。既是兴奋剂,就必然会带来一些副作用,就不能当糖吃。那么,在进行激励的时候,哪些是"眼药须知"呢?

激励不可任意开先例

激励不可墨守成规,应该权宜应变。激励最怕任意树立先例,所谓善门难开,恐怕以后大家跟进,招致无以为继,那就悔不当初了。

主管为了表示自己有魄力,未经深思熟虑,就慨然应允。话说出口,又碍于情面,认为不便失信于人,因此明知有些不对,也会将错就错,因而铸成更大的错误。

有魄力并非信口胡说,有魄力是指既然决定,就要坚持到底。所以决定之前,必须慎思明辨,才不会弄得自己下不了台。主管喜欢任意开先例,

下属就会制造一些情况,让主管不知不觉中落入圈套。兴奋中满口答应,事后悔恨不已。

任何人都不可以任意树立先例,这是按着制度化观念,确立守法精神的第一步。求新求变,应该遵守立法程序。

激励不可一阵风

许多人喜欢用运动的方式来激励。形成一阵风,吹过就算了。一番热闹光景,转瞬成空。不论什么礼貌运动、清洁运动、以厂为家运动、意见建议运动、品质改善运动,都是形式。而形式化的东西,对中国人来说,最没有效用。

中国人注重实质,唯有在平常状态中去激励,使大家养成习惯,才能蔚然成风,而保持下去。

激励不可趁机大张旗鼓

好不容易拿一些钱出来激励,就弄得热热闹闹,让大家全都知道,花钱才有代价,这种大张旗鼓地做法,常常造成激励的反效果。

激励不可显得鬼鬼祟祟

激励固然不可大张旗鼓,惹得不相关的人反感。然而激励也不可以偷偷摸摸,让第三者觉得鬼鬼祟祟,怀疑是否有见不得人的勾当。

主管把下属请进去,关起门来密谈一小时,对这位下属大加激励。门外的其他下属,看在眼里,纳闷在心里。有什么大不了的事,需要如此神秘?因而流言四起,有何好处?

许多人在一起,主管偏要用家乡话和某一下属对谈;或者和某一下属交头接耳,好像有天大的秘密似的。其他的人看他们如此偷偷摸摸,会不产生反感?

不公开可以,守秘密也可以,就是不必偷偷摸摸,令人起疑。暗中的激励,我们并不反对,但是神秘兮兮,只有反效果,不可不慎重避免。

激励不可偏离企业目标

凡是偏离企业目标的行为,不可给予激励,以免这种偏向力或离心力

愈来愈大。主管激励下属必须促使下属自我调适，把自己的心力朝向企业目标，做好应做的工作。

主管若是激励偏离目标的行为，大家就会认定主管喜欢为所欲为，因而用心揣摩主管的心意，全力讨好，以期获得若干好处。一旦形成风气，便是小人得意的局面，对整体目标的达成，必定有所伤害。

目标是激励的共同标准，这样才有公正可言。所有激励都不偏离目标，至少证明主管并无私心，不是由于个人的喜爱而给予激励，尽量做到人尽其才，偏离目标的行为，不但不予激励，反而应该促其改变，亦即努力导向企业目标，以期群策群力。

激励不可忽略有效沟通

激励必须通过适当沟通，才能互通心声，产生良好的感应。例如公司有意奖赏某甲的建议，便决定送他一部电视机。不料一周前某甲刚好买了一部，虽然说好可以向指定厂商交换其他家电制品，也造成某甲许多不便。公司如果事先透过适当人员，征询某甲的看法，或许他正需要一个电动刮胡刀，那么公司顺着他的希望给予奖品，某甲必然更加振奋。

沟通时最好顾及第三者的心情，不要无意触怒其他的人。例如对某乙表示太多关心，可能会引起某丙、某丁的不平。所以个别或集体沟通，要仔细选定方式，并且考虑适当的中介人，以免节外生枝，引出一些不必要的后遗症，减低了激励的效果。

上述有关激励的六大原则，身为主管必须牢牢记住！

激励下属的技巧

日本松下电器公司的创始人松下幸之助总结自己一生的经营实践，提出了激励员工的21种技巧，很值得每一位主管体会与实行。

（1）让每个人都了解自己的地位，不要忘记定期和他们讨论他们的工作表现；

（2）给予奖赏，但奖赏要与成就相当；

（3）如有某种改变，应事先通知。员工如能先接到通知，工作效率一定比较高；

（4）让员工参与同他们切身有关的计划和决策的研究；

（5）信任员工，赢得他们的忠诚和信赖；

（6）实地接触员工，了解他们的兴趣、习惯和敏感事物，对他们的认识就是你的资本；

（7）聆听下属的建议；

（8）如果有人举止怪异，应该追查；

（9）尽可能委婉地让大家知道你的想法，没有人喜欢被蒙在鼓里；

（10）解释要做某事的目的，员工会把事情做得更好；

（11）万一你犯错误，立刻承认，并且表示歉意。如果你推卸责任，责怪旁人，别人一定会瞧不起你；

（12）告之员工他所担负职务的重要性，让他们有责任感；

（13）提出建议性的批评，批评要有理由，并帮助其找出改进的方法；

（14）在责备某人之前，先指出他的优点，表示你只是希望能够帮助他；

（15）以身作则，树立榜样；

（16）言行一致，不要让员工弄不清到底该做什么；

（17）把握住每一个机会，表明你以员工为骄傲，这样能够使他们发挥最大的潜力；

（18）假如有人发牢骚，需赶紧找出他的不满之处；

（19）尽最大可能，安抚不满的情绪，否则所有人都会受到波及；

（20）制定长、短期目标，以便让人据以衡量自己的进步；

（21）维护员工应有的权利与责任。

松下幸之助作为世界知名的"经营之神"，在经营管理的各方面都有其独到之处。其长期总结的激励员工的21种技巧，的确具有经典性的借鉴

价值。

善于夸奖，是主管必备的一种管理策略。

不能吝惜称赞

没有人被称赞却觉得不高兴吧。当面被称赞固然令人喜悦，但有第三者来跟自己说："×××对你赞不绝口啊！"则会更令人兴奋。

当想要让讨厌自己的人对自己产生好感，或是想激励自己的下属能再出色一点时，这种心理战术就可以发挥很好的作用了。

背地里的称赞和背地里的批评一样，一定会传到当事人的耳朵里。有些话当面说起来感觉像是骗人，一旦经过旁听耳闻，往往就会让人觉得是真话了。

善于掌握下属的主管，对于这类人情世故的微妙之处应相当了解；反之，那种在人前随意对下属发牢骚的人，也就谈不上是什么好主管了。

在能力佳且经验丰富的主管眼里看来，下属总是能力不足且反应迟钝的。如果公然在人前抱怨这种理所当然的事，等于是在暴露主管自身的无能。要是下属真的能力不足，身为主管的人此时才更应该设法协助他们努力上进才是。

一位曾在法式餐厅当主厨的一句箴言："如果想吃到好吃的东西，秘诀就是一边吃，一边不停地念着'好吃，好吃'。"

某晚，他淡淡地对一位朋友说："在一流的餐厅吃到好吃的东西是很容易的，因为毕竟都是专业厨师做出来的菜。真正困难的是，要如何让老婆为自己做出美味可口的菜，其实是有秘诀的……"

他的理论是，不管一开始有多么难吃，还是要不断地称赞"好吃，好吃"，如此一来，老婆的心情就会变好，自然能激励她更加努力学习。人只要能为称赞自己做菜好吃的人更下功夫，认真烹调，不论是谁都可能成为一流的烹饪高手。

要持续不断地说好吃，或许有点困难，但你不妨想想如果一说难吃，下次的东西可能就会变得更难吃，多少应该可以暂时忍耐一下。

与其要人纠正缺点，不如引导他发挥长处

下层："铃木好像挺会收集情报的。"

经理："虽然他很会收集情报，可是太懒了。"

下层："高桥有异于常人的创意呀。"

经理："他的想法太离谱荒谬了，太不合乎实际了。"

像这种爱挑毛病的主管，常见于较大规模的公司中。上述对话中的这位主管，以他评论家般的见解是不可能让他的下属真正发挥出才能的。

对于主管而言，所谓"观人原则"，就是要确实看出下属优点的所在。在观察的同时，当然也会发现下属的缺点，但是只要这些缺点不至有害于他人或组织，就无须挑剔。爱挑毛病的人的坏习惯，就是马上会去找出他人的缺点，进而得意洋洋地在人前大肆宣扬；而一位训练型的主管则是会主张取下属之长，补下属之短。

为什么确切地看出他人之长处，是如此重要呢？

这是因为根据发现优点缺点的先后顺序，会使你对同一个人的评价完全不同，而你的主管方针也会有180度的改变。

主管能有这般积极的观念，那么无论是什么样的下属，前途都会充满希望。其实只要让对方感受到这样的用心，必定能给他很大的激励。

要为对方打气

一个人会把焦点集中在他人的优点，还是只看到他人的缺点，与他本身的个性有相当的关系，但也可以经过训练得到一定程度上的改善。他应该经常努力试着从正面的角度去观察他人。

①个性悲观、神经质——或许他较循规蹈矩，能否善用这一点？

②经常发呆——或许他正沉迷于什么有趣的幻想中？

③工作效率差——或许他有不同于他人的执着？

④不擅于写文章——或许他很会讲话，或是积极性强？

⑤缺乏想象力——适合做常态固定性的工作？

我们可以试试将上段的缺点解读成下段的想法看看。

以①为例，这样的人如果遇到爱挑毛病的主管，将会被评为："他会老

是抱怨来抱怨去的,不能使用。"最后说不定他只能一辈子窝在业务里,永无出头之日;可是在训练型的主管眼里看来,却会觉得这样的人自律甚高,善于制作报告,或交代他制作一份需要相当耐心的资料,他或许会有意想不到的优异表现。其实这都是看你用什么样的角度来看人。

再以③为例来说,这样的人如果遇到魔鬼教练型的主管,一定会被狠狠地怒斥:"别老是慢吞吞的!要遵守交货期!"虽然遵守交货期是工作的基本态度,但是此时真正重要的,应该是找出作业迟缓的原因才是。

和一般想法不同的人,会对于大家认为理所当然的事有不同的看法,或是无法认同向来的做法,所以他们最后常容易陷入自己的沉思之中。

但是在这类型的人之中,偶尔会出现具备了卓越想象力的天才型人物,如果能发掘出他们的能力,进而加以训练,说不定在某一个领域里,他们能发挥出白人不敌的威力。

观察下属,思考任何可能的正面特质,使每个人的能力发挥到极致,可说是为人主管的任务之一。而在这方面,爱挑毛病的或是魔鬼教官型的主管就极容易犯下致命性的错误。因为他们在指出下属的缺点大声叱责之前,往往不会去慎重思考下属潜在的才能。

在对有转职经验者进行的问卷调查中,我们发现比起不满薪资或工作时间而离职的人,有更多的比例的人是因为人际关系与工作的价值问题而决定转换工作的,这结果实在令人惊讶。

采用多种激励方法

激励,从管理学角度看就是要赋予职工完成工作效益目标所需的动机或动力。作为企业决策人,无不希望自己的员工为实现企业的生产经营目标而不懈地工作,而职工也无不是想通过自己的努力,得到生理的需要,即吃、穿、住的满足;安全的需要,即劳动保护、社会保险和退休金制度的待遇满足；社交的需要，即希望从集体中得到和睦、友谊；被尊重的需要，即自主、自尊、自豪、地位、荣誉及自身信心；自我实现的需要，即希望自己的才能和潜力能够最大限度地发挥出来，希望自己的工作称职，在事业上有成就。对此，企业主管应当正确、充分地运用激励机制和主管艺术，并以自己的良好语言修养和自律行为影响和引导这个激励过程，给职工创造一种良好的工作环境和能施展才能的有利条件，使被激励人在致力于实现整体工作目标中能达到个人期望的目的。

激励有它特定的运行规律。要达到受"激"而"励"的功效，首先应掌握和认识激励的分类。以针对性的统筹运用。在此，我们根据企业在生产实践中的探索，概括地归纳为下列主要类别：

精神激励

精神激励是一种深入细致、复杂多变、应用广泛、影响极大的工作，它是主管用政治教育、倡导企业精神，培养有理想、有道德、有文化、有纪律的新型职工队伍的有效方式。比如在企业各级组织中开展有主管的竞赛评比活动，能有效地统一集体与个人的目标，以激发人的团结协作的整体积极性，提高工作效益。它能增强人的智力效应，启迪丰富想象，发挥创造性，它还能促使人的感觉、知觉敏锐准确，注意力集中，提高操作能力。开展竞赛，还能提高产品生产的数量与质量。团体间的竞赛评比，能缓和人际矛盾，增强集体荣誉感，积极为集体做贡献。企业的精神激励任务，就是企业主管善于发挥先进职工的进取奋发精神的作用，在给予他们鼓励的同时，帮助他们从各方面消除消极影响，以使大家的积极性得到最大的发挥。

情感激励

情感是人对客观事物所表现出的一种感觉的态度。它能反映人对事物作用后的好恶倾向。如企业主管对职工的关心和信任，把集体的温暖送到他们身边，可以激发他们对企业的热忱和本职工作的责任感，强化他们的企业主人翁感。情感激励的形式是多种多样的，从帮助解决生活与工作上的实际困难，促进他们积极上进，从兼做社会义务的服务到政治上的进步，

第六章 激励下属，聚集人才

从另一个角度给予激励,促进工作效益。总之,企业主管要想达到激励决策的作用效果,应把情感的激励贯穿于激励的全过程,把对职工的情感直接与他们的生理和心理需要有机地相联系,并力求他们的个人愿望现实化,使之情绪始终保持在稳定、愉快、兴奋的状态中,以促进工作效益的高水准。

物质激励

追求生活的需要,是人生存的本能。

它在客观上体现在物质需求的基础上。在需求合理、情况可能的前提下,企业从具体实际出发针对不同性质的需要特点,引导他们对目标需求所肩负的责任及工作效果的客观认识,不要超越客观现实,把需要放在现实的基点上。物质激励在政策上要注重向一线、科技和有突出成绩的人员倾斜,以适当的物质的手段来刺激工作人员,以唤起人们对欲望目标的向往和追求,并激发人的上进心,促进人们对自身社会价值的认识。与此同时,物质激励的作用要放在思想品德和道德情操的培养重点上,立足点则要放在激发人的主观能动的持久性上,才会有更好的功效。因此,从这个意义出发,要把物质激励和精神激励有机地结合到一起。

民主激励

在企业中,每个员工都充当一定的工作角色,但都是处在公平、协调、尊重、平等的人际关系中共事。就是企业主管也应是在支持、引导、启发人的工作自觉性中施行监督控制。民主管理是企业的本质,因此,企业应在集中管理的体制原则下体现最大限度的民主,维护和尊重工人主人翁的地位。在企业中,即使是有不符合整体利益的行为,也应当以纪律和制度来减少和消除其实现利益的可能机会。

俗话说得好"遣将不如激将"。运用在企业管理中,这句话的意思就是:命令下属去做某件事,不如激励下属去做某件事。

下属好比一块原石,主管必须"雕琢"它,让它有价值,变成美丽的东西。"雕琢"就是"激励"的同义语。

有人说:"过度的压力可以让天才变白痴。适当的激励,却可以让白痴变天才。"这句话可真是一针见血，直接道出激励力量的伟大。

的确不错，激励是一种神奇无比的力量。它能使你率领的团队达成你要它达成的任何目标和计划。任何人只要学会下列三种方法，就能很好地运用这种神奇的力量。

下面让我们换个角度看一看激励方法：

1. 恐惧激励法

有些主管特别喜欢扮演"黑脸"的角色，运用惩诫的方式来督促、带领下属；不过有时为了遮掩其恐吓的本质，另一些主管人偶尔也会使用黑脸、白脸来遂其心愿。

相当多数的主管倡导恐惧法的理由，是他们相信利用惩戒方式来造成下属心理的恐慌，最主要的目的并不在于恐吓或报复，而在提醒、促使受到惩罚的人能遵守法纪、规章，而激励士气。因此，他们一致认为只要在执行过程中能确切遵循以下五个原则，恐惧法仍不失为是一种可以备用的激励方法：

（1）事先告知原则：事前很清楚地公布并警告哪些行为是不容许的，也让大家知道违反者可能会受到什么程度的惩罚。

（2）即时惩戒原则：一旦发现有违规犯纪的行为，立即调查清楚，并明确做出裁决。

（3）公正公平原则：相同违纪的行为，避免发生有轻重宽严不一的惩罚的现象。

（4）顾及颜面原则：惩戒避免在大庭广众之下为之，以顾及下属的颜面。

（5）适可而止原则：点到为止，不要让受惩罚者长期处在恐惧不安之中。

不过，有一些奉行威权作风的理论的主管人，最近也开始动摇使用恐惧激励法的决心，甚至，有些主管已开始冷静下来，思考"是不是有别种较好的激励方式呢？"

许多事实证明，恐惧的激励方法通常只有昙花一现的短暂效果。

2. 诱因激励法

如果将惩罚比喻成迫使驴子向前走的鞭子，那么，诱因就是引诱驴子拉车向前迈进的胡萝卜了。每位主管都被他的主管赋予一种特权，他可以运用他权责范围许可内所支配的金钱或其他代替物（奖金、红利、升迁、加薪）来作为激励其下属的主要工具。

不过，你所带领的下属不是低薪阶层的话，金钱可就不一定是最好的激励工具了。你必须要给他想要的东西（诸如有意义的工作、关怀尊重、愉快的工作环境等），还有一点，你也要注意到的事实，每个人都有自己生活的重心，单靠金钱这一项诱因并不足以能完全引发他的工作动机，金钱仍然需要和其他引起动机的事物整合一并使用，才能达到最好的激励效果。

虽然俗话说"有钱能使鬼推磨"，然而金钱的效力仍有一定的限制。单靠金钱因素并不能激励员工的工作情绪。原因之一，是员工很重视他和他的工作伙伴之间的关系，这可不是金钱能完全取代的；再者，金钱不能激励员工的另一个理由，则与心理因素有关，一般人在达到一定的经济水准之后，便会转而追求其他方面的满足，对他们来说，那些东西比金钱更具价值。

金钱激励法并非唯一能完全引爆员工的干劲、雄心壮志的万灵丹，那么请问：是否还有更好的激励法值得我们来加以运用呢？答案是肯定的，这种崭新的方法，我们称它为人性激励法。

3. 人性激励法

愈来愈多的激励专家举双手支持"单靠金钱一项，并不足以引发工作动机"的观点，并且一致深信金钱若能和引发"人性"的事物合并一起使用，必可达到最高的激励效果。

是的！人们除了要获得金钱之外，他们真正想得到的是觉得自己很重要的感觉。因此，谁能够满足人们内心深处这股最渴望的需求，谁就是这个时代里最好的激励者。

谁掌握住了人性，谁就注定是个成功的领袖人物。"人性"激励的四法宝，分别是：

（1）信任他们；

（2）尊重他们；

（3）关怀他们；

（4）赞赏他们。

善为上者，不忘其下。你要时时刻刻让你的伙伴、下属了解你对他们多么的信任、尊重与关怀，并且具体表现出来，如果能确实做到这四件事情，你将拥有一支世界上最精良、最勇猛的无敌团队。保证你们进足以胜敌，退足以坚守，屡建奇功，成为大家钦羡的主管人才。

总之，现在的人们最需要主管给予他们丰富的"人性激励"，足够的"金钱激励"和最少的"恐惧激励"。

设法满足下属们人性深处那些渴望的需求，并为他们提供一个重视人性，又兼顾效率的适当环境，然后对此信条奉行不渝，那么，我们的组织里就有一群愿为你和共同目标合作及努力的好伙伴了。

再没有任何美好的事物，会比一群人组织成一个同时兼顾个人目标与组织目标，而有优良绩效表现的团队，更具有挑战性了。如果你支持、认同这个说法，你一定也是个受下属爱戴不已的激励者。

让下属在同一擂台上较量

主管对下属最有效的激励在于让下属"有本事就拿出来"。拿得出的人当然很高兴，拿不出的人也不应该怪别人，最好再充实一下自己，以便下一次能够顺利拿出来。

如果机会很多，每一位有本事的人都拿得出，那是真的很公平。事实上机会常常不够多，甚至往往令人觉得太少，以致有本事而没有机会的人，不可能拿得出，因此有一种不公平的感觉。"不给我机会，却怪我没有本事"，就成为常有的抱怨。公正地提供机会，有本事就拿出来。这一次拿不

出来，等待下一次，大家是可以谅解的。

实施"有能力就拿出来"的激励，首先要求每一个人都要用心充实自己。使自己具有相当的本领。做人与做事的本事就是我们所需要的本领，二者不可偏废。

一个人只会做人不会做事，固然会造成一团和气的人际关系，却可能一事无成，毫无工作成效。一个人如果只会做事不会做人，很可能在工作上有所表现，而每做一件事便得罪若干人，到头来把人都得罪光了，也没有什么益处。所以，做人做事要并举，才是真本事。

主管要明确制定工作标准，然后公正地予以考核。业绩优良的，依照规定给予奖励，以奖强化。这些措施如果做得合理，便能够发挥激励的效果。公司提供机会，在员工表现优良时，给予应得的认可或奖赏，使其获得自我满足，便是有效的激励。其实，提供员工表现机会，是公司的责任。他们若是在工作中没有表现的机会，就会觉得厌烦，不但挫折感愈来愈重，而且可能跳槽离去。

所以，主管公正地提供合适的工作机会，员工有本事的就可以好好表现，获得合理的激励。对于员工来说，得到激励不必骄傲；得不到激励也不要怨天尤人，应该好好提高自己。

一个聪明的主管明白激励和批评的不同效果。人们的内心和潜能就像一汪平静的湖水，主管稍加激励便使湖水荡起层层的涟漪。经营管理中不能没有激励，主管要激励员工，使员工们为公司发展发挥更大的作用。应该怎样激励呢？激励的原则是什么呢？

主管激励员工的原则是：

（1）洞察员工的心理，这是激励员工的基础也是前提；

（2）激励方式要多样化；

（3）要发掘员工的潜能。

激励员工就必须了解员工的内心和员工的需要。这里有一个类如拗口令的要诀：人的内心往往是内向封闭的，尤其在主管与被管理者这种关系之间。因此，主管要了解员工们内心想的究竟是什么，并不是一件容易的事情。但是要激励员工就必须找激励的因素，即了解得越深入越好。人都爱向朋友谈论心里话，所以主管要了解员工的内心就应该抱着交朋友的心态，这种关系是装不来的。所以主管应该放下架子，真正地走入员工们当中，以诚换诚，了解员工们的内心世界。

人类的需求可以分为四个层次：生理需求、社会需求、被尊重的需求和自我实现的需求。而且，人的需求随着社会的发展是不断提升的，人们对层次最低的需求往往表现得最强烈。在同一个时期的人们文化层次和文明程度是不同的，因而人的迫切需求也不尽相同。主管只有通晓了员工们的内心世界和迫切要求，才会把激励变得有力度，但主管在了解员工们的内心时，不能因为一时的阻力滞步不前或停留于表面。主管与被管理者的隔阂如果是相当深的，主管的任务往往也就更加艰巨。

每一次激励都要给员工以新鲜感。陈旧的单调的传统的激励方法已不能使员工兴奋，因而也就达不到激励的效果，现在企业最常用的激励方法也就是发奖金。主管们不难发现，这样的激励效果往往并不是太好。怎样去给员工们一些新鲜感呢？这就需要主管们开动脑筋，别出心裁想出新颖的激励方法，像组织优秀员工旅游观光，或给他们适量的自由时间，当然也可以把钱买成生活用品发给他们等。新的激励方法给员工们留下不可磨灭的印象，也使激励效果大大提高。例如某一企业的主管在给优秀的员工发奖金的同时，又在地方电台上为他们点播文艺节目，此举令全体员工哗然，取得了很好的激励效果。激励方式应富于变化，要多样化。

发掘潜能听起来好像只是思维培训班的事情，其实在用人的过程中这一点也是十分重要的。黄金埋在地上，再贵重，再值钱也没有办法利用它，要利用就要把它开采出来。人的潜能也是一样，有人注意开发自己的潜能让自己能做更多的事情，做好更多的事情。有人却不注意这一点，习惯于平常生活思维方式，一天重复一天。高明的主管就该使员工们打破他们的老思路、老方法，使其建立自信产生很大的创造性，这对企业自然十分有利。激励是开发潜能的一条很好的途径。通过激励使员工感到自己的重要和自我成就感的满足，做出自己平日不能做的事情。有一个千真万确的原

理是：一个企业走到一切都按旧方案行事的地步，它的末日也就不远了。

因此，我们说一个优秀的主管不但要懂得激励，还要学会激励。得体的激励方法会产生不同凡响的效果。

竞争是激励员工的最有效手段。心理学家的实验表明，竞争可以增加50%或更大的创造力。人人都有一种不甘落后，以落后为耻的心理，而竞争可使人们在成绩上拉开距离，从而激励员工的上进心，激发他们的创造性思维。让人活在一个与世无争的环境之中，没有压力，人的潜力很大程度上处于被压抑状态，若公司如此，则公司就会没有活力。竞争要采用一定的形式，其形式是多种多样的，像各种比赛活动、公开招标、成绩评比、评选优秀员工等。主管要根据各自公司的需要选取适当的形式，并且在一段时间后更换新的竞争形式。最后一点，竞争必须公正，其规则要科学、合理，执行规则要公正，否则便失去了竞争的意义。对于竞争的弊端，作为主管在管理之中应当尽量回避。

适时适当地提拔员工也是行之有效的方法。在公司内，总是存在着一些工作表现出色，成绩突出的员工，上层决策者不妨提拔他们，重用他们，让他们为公司做出更大的贡献。提拔员工实际是以功名利禄来激励员工的。一般人功名心都很强，当功名心得以满足，自然会激发他们更大的热情。由于得了一些权力，也提高了他们个人的办事效果和责任感，也给没有得到提拔的人树立了榜样，公司经营者在提拔员工的同时也找到了可信的权力授予对象，对公司用人十分有利。

赞扬员工是很好的激励方法，"投资最少，收益最大"。另外还有针对不同的员工采用不同的激励方法，比如对荣辱感强烈的员工采用激将法，对很自卑的员工采用"英雄非你莫属"的激励方法等。公司的经营者要根据具体的情况，采用不同的激励方法，以取得最好的激励效果。

主管应当善于通过树立榜样来激励大家，因为榜样的力量是无穷的。主管树立一个良好的榜样，能够引起人们在感情上的共鸣，给人以鼓舞、教育和鞭策，能激起人们模仿和追赶的愿望；可以丰富人的感情，端正人的思想，指导人的行为。榜样激励应注意以下几点：

1. 要树立不同层次的榜样

社会是复杂的，人的成长道路也是多种多样的。因此，树立榜样，不能搞"一花独放"，而应搞"群芳谱"。不同类型的人需要不同的榜样来激励和引路。比如，失足者要"浪子回头金不换"的榜样；苦闷彷徨者更需要"化忧愁为力量"的榜样；主管应当善于树立不同层次和不同类型的榜样，让不同类型的人在盛开先进之花的"百花园"中，找到适合于自己学习仿效的榜样，这样才能发挥榜样的激励作用。

2. 要树立真实的榜样

榜样的生命力在于真实。因此，好榜样，不能虚构先进事迹，不能任意拔高，不能一好百好。如果榜样不真实，比没有榜样还要坏得多。因为把假的东西拿来做先进榜样，一旦戳穿了西洋镜之后，人们对真的榜样也要怀疑三分了，这叫"假作真时真亦假，无到有处有还无。"因此，搞假榜样，除了会造成逆反心理外，是不会有任何益处的。

3. 宣传榜样要近人情

树榜样是为了让人学，为了让人学，就要使人"能够学"。如果把榜样神化，变成不食人间烟火的神仙，人们就只好望而兴叹了。实际上先进典型也是有肉有血，有七情六欲的活生生的人，他们离不开现实生活的土壤，离不开深厚的群众基础。因此，我们树立、宣传先进典型并不是越完美越好，应以能为下属所接受，起而仿效为度。我们必须明确，树立先进典型的目的在于以点带面，"拨亮一盏灯，照亮一大片"，而宣传榜样要近人情，才能达此目的。

4. 引导下属正确对待榜样

古话说："金无足赤，人无完人"，要一分为二地看待榜样，学其所长，正确对待其短，不能求全责备，横挑鼻子竖挑眼。既防止机械式的学习，形式主义的模仿，又防止因榜样有某些不足之处而否定榜样。

企业操作实务方略：如何当好部门主管

以发展为核心，留住有用人才

招人难，留人更难

"招人难，留人更难"是所有现代管理者的共识。

但许多公司一边不断地招聘人，一边却听任人才大量流失。持续不断地大量招聘新员工常使企业疲于奔命，甚至出现企业效益的下滑。如今各类管理人才变得越来越挑剔，要求越来越高，而日益增多的猎头公司也虎视眈眈，你的公司若留不住人才，就必然要付出更高昂的代价。人力资源经理们估计，考虑所有因素，包括因为雇员离开公司而失去的关系，新员工在接受培训期间的低效率等，替换新员工的成本甚至高达辞职者工资的150%。事实上，替换新员工的成本还不仅限于此。许多公司的财富正越来越多地要用知识资本来衡量，而很大一部分知识资本存在于公司知识雇员的脑子里。但是，许多公司和企业仍然认识不到知识是一种无形资产。

美国哈尼根公司的总裁莫里斯说："如果雇员桌子上一台价值1000美元的台式计算机不见了，公司一定会对此事展开调查。但是如果一位掌握着各种客户关系、年薪10万美元的经理被竞争对手挖走，就不会进行调查，员工们也不会被叫去问话。"

那么这种情况要严重到什么程度，公司才会幡然醒悟呢？美国密歇根大学工商管理学院教授戴夫·沃尔克说："公司用'留住人才'一词表明它们越来越重视有才干的管理人员。它们将如何奖励和评价雇员？该怎样调整企业文化，以留住真正的人才？随着国际大经济环境的日趋发展，世界各国的公司和企业对精明的管理人员的需求越来越大，人才供不应求，上述这些问题显然已成为至关重要的问题了。"

沃尔克教授认为，迄今为止，一些公司内部使用的"留住人才"一词并不意味着留住每一位雇员。它只表明公司认识到了对重要人员应予以重视,但却没有几家公司下功夫从深度和广度这两方面去研究这个问题。麦肯锡公司为筹备"争夺人才之战"的大规模研究工作,对77家大公司的6000名经理人员进行的调查结果表明,几乎没有哪家公司保留有关大批中层管理人员减员及去向的具体资料,只有40%的人力资源经理保存着所谓的优秀人才的记录。麦肯锡公司一位主管迈克尔斯说:"许多公司意识到他们正在失去优秀人才,但他们不知道什么人离开,因为何种原因离开,甚至不知道他们去了哪里?"

单靠金钱是留不住人才的

很多管理者往往都善于采用"厚薪"的策略留住人的"心",但是他们却不知道:单单靠金钱是不能留住人才的。

知识经济时代的到来,使本已激烈的市场竞争呈现白热化态势,更使全球紧张的就业市场和似乎非常繁荣的经济激烈动荡。多数公司在过去十年来竭力宣传这样的观点:不要一辈子做一份工作,要通过个人的努力和自学增加新的技能——以此为将来做铺垫。德国奥恩公司是专门研究劳动力趋势和顾客行为的权威咨询机构,该公司雇员忠诚性研究所主任施图姆教授指出:"公司过去对待裁员的态度仍然在一定程度上令员工愤愤不平。一些公司在裁人时对雇员说:'这不是私事,是公事。'而现在员工们的信心增强了,流动性也更大了,他们也说:'你们是正确的,这不是私事,是公事。我已在别的公司找到了一份工作。'"

施图姆说:留住人才政策的目的应该是确定忠心耿耿的雇员,在对劳资双方都有利的时期内尽可能留住他们。就雇员忠心而言,是对管理者、对工作班子和一项事业的忠诚,这与过去忠于建筑物上的名字或某个品牌不同。因此,施图姆认为,任何留住人才的战略都必须由各位经理来执行,而不仅仅是依靠人力资源部门。

留住人才的最大问题在于中层管理人员。那些任职在三年以内的管理人员要完全靠自己打开局面,他们常为此感到灰心丧气,也很容易受影响。如果他们得到的待遇和关心不像签约酬金那么慷慨,他们就会很快离开。

然而,最令人担心的是任职时间在3～8年的管理人员。这些经理介于

新人与高层管理者之间,一般年龄在40岁左右。他们可能很精干,极富创新精神,甚至对公司非常重要,但许多人都是默默无闻地埋头苦干,却很少得到奖励和擢升。对此,美国职业系统国际公司总裁贝弗利说:"他们在企业中往往不受重视,因而备感失望。这的确是一个严重的问题。"

许多公司发现,向雇员承诺吸引他们的更好的其他条件确实很困难。这些条件包括对工作的满意程度,对集体的归属感,处理好工作与生活之间关系的能力,以及个人发展的机会。联信公司人力资源部经理丹尼斯说:"这听起来似乎有点可笑,但留住人才的艺术和经验告诉我们,这些东西虽然抽象而且难以捉摸,但却是非常重要的。"因此,虽然一些留住人才的计划主要包括增加奖金和公司提供后勤服务,以及使生活更加舒适的特殊待遇,但更加重要的战略则是以发展计划为核心。而这种计划绝不是我们在80年代见过的那种计划。当时,许多公司武断地决定哪位员工在什么样的工作岗位上得到什么样的培训。这也不同于20世纪90年代初公司企业的态度,当时公司把雇员当作自由人,要求他们自己花钱去提高技能。

现在则不同了。美国波士顿SHL集团总裁斯特恩说:"此刻,公司回过头来对员工们说,我们将做出让步,向你们提供发展和提高的途径。我们将就地开办课程,使你们能够更加容易地跟上时代的发展,我们还将提供一些顾问和一系列资料。"

道康宁公司和联信公司正在努力迎合自主型雇员。近年来,这两家公司跳槽的雇员多为任职三个月至两年的员工,针对这种情况,该公司制定了一项"职业适应"计划,以帮助雇员在公司内部找机会。道康宁公司总经理贝弗利说:"我们的想法是,教会那些甚至是刚进公司的员工如何找到不同的工作职责,这样,他们不必离开公司就能找到更合适的岗位。"

值得注意的是,这类新计划充分发挥了不同层次雇员的能力,提前给予他们晋升机会并安排不同的工作,以期从公司内部培养出公司未来的管理者。例如,美孚石油公司的管理人员均在公司内部层层筛选,以发现企业未来的超级明星,使其参加公司新的全球业务的管理,而且使该发展计划中的每一位新人轮流到公司的不同职能部门工作,并且为每人都配有一位"发展联络人",由一位不是其管理者的经理担任。

由于留住人才的战略仍然处于初期阶段,专家和顾问们在人力资源以外寻找灵丹妙药就不足为奇了。奥恩公司研究所主任施图姆教授和首席专家乌尔里克博士提出的一项理论,使人想起大规模定制的做法。该理论认为,一项工作可以满足一名雇员的特殊要求和目标,如同李维斯牛仔裤可以在网上根据顾客并不完美的体型量身定做一样。乌尔里克说:"位于前列的公司说,如果你在这里工作,你可以自己选择时间,选择工作方式,在有些情况下甚至可以选择与你共事的人。"

这样的发展计划在安永公司已经实施一年多了。该公司积极采取措施留住人才,为此甚至设立了挽留人才办公室。该公司总监施贝格说,对所有可灵活掌握工作时间的雇员进行的调查表明,如果没有这个有利条件,或许有65%的人会跳槽。

当然,人们不能想当然地认为雇员愿意向管理层倾诉自己的愿望和担心。正是由于这个原因,有一家金融公司不久前雇用了几位现场职业顾问。该公司副总裁辛格说:"这样做的目的是向雇员提供能够给予各种建议的顾问。当你和管理者意见不一致的时候,职业顾问就像你的长兄一样,能公正、诚恳和理智地发表意见。"而且,这些谈话都是保密的。

另外有一些公司则希望管理人员更多地了解手下人员的精神面貌。麦肯锡公司的调查报告说,有一家大公司最近开始采取一项新措施,要求部门经理画出所谓的满意坐标:一条轴反映管理人员的工作表现;另一条轴反映他们离开公司的可能性。哈尼根公司正在推广这种模式。这种所谓结构图反映了具体的工作职能和做这项工作的雇员对工作的满意程度可能下降的点。在到达这些点之前,管理人员可能采取一些旨在帮助雇员度过危险期的刺激措施。假设销售部的鲍尔一直颇受好评,并渴望得到晋升,但目前没有空缺的职位。鲍尔的管理者可以对工作人员实行重组,让鲍尔担任一项需要几个月才能完成的特殊任务。莫里斯总裁说:"我们建议布置一项有特定目标的工作,因为雇员在一项引人注目的工作中突然离开会感到内疚;这还可以使公司有几个月的喘息时间,找到这名雇员期盼的晋升

第六章 激励下属,聚集人才

机会。"

但是,不能把重点单单放在某个值得挽留的雇员身上。麦肯锡公司的报告指出,要留住能干的雇员,就必须委派得力的人做他们的管理者。太阳投资公司人力资源部主管玛丽·斯蒂尔说:"我们没有完全意识到保留老一辈管理人员的影响,他们不仅对公司的收益贡献很小,而且几乎不知道如何发展、如何辅导新进来的雇员并调动他们的积极性。因此,他们有可能成为引起工作表现很好的雇员离开公司的原因之一。"为减少老管理人员的影响,太阳公司正在逐渐把他们调入非管理性的、拿提成的工作,在这类工作中,较差的工作表现能暴露无遗,并只能得到与之相应的补偿。

上述成功管理者的手段都是值得借鉴的。但管理者不要死板地照搬,要知道留住人才必须不拘一格,根据具体情况,采取灵活多变的策略。

妥善处理"跳槽",让"好马"回头

员工"跳槽"是件令老板十分头疼的事情,但换个角度来处理"跳槽"事件,将为企业吸引来吃回头草的"好马"。

1. 老板首先要调整好自己的心态

员工"跳槽"、人员流动,这是社会发展进步的自然规律,不可违背。即使是戴尔这样的世界500强企业,不也照样发生了"公司高管集体跳槽"事件。扪心自问一下,自己成长过程中换过工作没有?在公司发展中用过"跳槽"员工吗?回答完这些问题,摆正了心态,心情才会平静。

2. 学会换位思考

员工"跳槽",他们自身也会有一定的牺牲。他们在这里工作多年,把青春给了公司,工作也早已得心应手,还有多年建立起的良好人际关系……有的甚至已经熬到了主管岗位,然而丢掉这一切,到一个新公司从头来打拼,重新熟悉工作、环境及人员,是不容易的。

员工在"跳槽"前必然经过反复的思想斗争、家庭争辩分析,在利大于弊的情况下才做出决定的。所以,管理者应当理解员工,尊重员工的选择。

在这方面,松下幸之助的见解极为高明,虽然他的门下也有跳槽者。但他认为,跳槽的员工总是希望到更好、更强、能够充分发挥才能的企业就职,这是有进取心的一种表现,他更愿意与这些跳槽员工进行真诚的交流。

3. 放宽心胸

员工去意已决,管理者何不顺水推舟,真诚欢送员工,做个顺水人情?既体现了管理者对员工恋恋不舍的情谊,又体现了管理者的理解和宽阔胸怀。

真诚地欢送"跳槽"员工,会在员工之间产生惜惜相别、恋恋不舍的气氛,既可留住员工的心,又能减少员工离开可能为公司带来的损失。

4. 做好最后的沟通

一位理智和高明的企业主管在员工提出辞呈后,要尽快安排时间与这些员工进行善意的沟通,并真诚地向这些员工表示道歉,表明自己平时关心不够,并向员工了解问题出在哪里,跳槽后的去向等实质性的问题。此时,这样一句:"真对不起,平常杂事太多,早就想跟你聊聊",就能很快地缩短与跳槽员工的心理距离。最为关键的是要对这些跳槽员工表示理解,使他们坦诚自己的实情,是出于家庭的考虑,比如解决两地分居、照顾父母还是对企业文化、管理方式感到不满,还是嫌企业薪酬过低、缺乏发展空间等,只要自己能以真诚的态度对待这些将要走的员工,员工都会敞开心扉,吐露真言,向你诉说他的真实想法。

5. 与优秀的跳槽者保持联系

对于一些特别优秀的员工,如果不能在跳槽伊始将他们留下来,就要争取与之保持联系,以免完全失去联络。

例如,斯普林特公司和布希公司在雇员跳槽半年后会打电话给他们,请他们回答"你离开公司的真正原因是什么"等问题。另有一些公司则以亲切关怀为借口,尽力争取跳槽的员工重新回到公司来。

做好了这些后续工作,那么有一天当企业发展壮大时,能够为"跳槽"员工提供更好的机遇和舞台时,经过磨炼过的"跳槽"员工就会"杀

回马枪",回到企业并做出更大的贡献。

乌尔里克博士说:"新草看上去可能更绿一些,但事实往往并非如此,所以应该叫他们回来,并告诉他们公司非常想念他们。第一次雇用他们时可能由于了解不够而不知道他们的价值并做出相应承诺,但在第二次你就可能发现金矿。"

有效留住人才的七招

据分析,一个员工离职以后,企业从找新人到顺利上手,光是替换成本就高达离职员工薪水的15倍到25倍,优秀人才的替换成本则更大。因此,留住人才是企业越来越关注的问题,以下是总结出来的几种留住人才的有效方法。

1. 职业发展留人

突出表现是企业指导员工的职业生涯设计并与员工共同努力,促进其职业生涯计划的实现。美国微软公司人力资源部制定有"职业阶梯"文件,其中详细列出了不同职务须具备的能力和经验。

2. 企业发展留人

突出表现是企业制定有明确的发展战略目标,并使员工切身感受到他们的工作与实现企业的发展目标是息息相关的。

3. 公平竞争机制留人

主要是在企业内部建立健全各种必要的规章制度,努力促进公平竞争,使优秀人才脱颖而出。海尔集团在内部员工中实行"赛马"制,让每个员工都有工作动力和压力,在"赛马"过程中增长才干,经受锻炼。

4. 高薪留人

企业高薪留人掌握的水准是,在企业外部,员工的薪资高于或大致相当于同行业平均水平;在企业内部适当拉开薪资分配的差距。华为集团所需人才一旦被聘用,就会享受优于外资企业在华招聘提供的薪资待遇。

5. "超弹性工作时间"留人

据报道,美国不少高科技企业为了留住人才,想出了"超弹性工作时间"的新招。在美国硅谷的一家网络终端公司,有位年轻人乔治,5年前,他于斯坦福大学毕业前夕曾想得到一份既能赚大钱，又不耽误自己白天打高尔夫球的工作。该网络终端公司了解到他的这一就业愿望之后当即满足了他的要求。乔治到该公司就职后，每天早晨10点左右起床，11点跑步，午饭后稍事休息即去打球，直到深夜他才开始工作，但工作效率和质量极高。

6."黄金降落伞"制度留人

企业在被收购与兼并时，高层管理者很难找到适合的位置，为对付这种风险，美国不少企业都制定"黄金降落伞"制度。这种制度实行上是一种特殊的雇佣契约，通常包括一笔为数可观的退休金和其他特殊恩惠。

7.沉淀福利制度留人

山东海信集团实行年薪沉淀制度，海信集团的经理年薪从15万元到50万元不等。经理的年薪要分成4块，当年只能拿走3%的现金，其余70%沉淀下来，5年之后兑付。如果有人提前离开，他的沉淀工资是不能全部拿走的。

选人标准力求"严之又严"

克雷洛夫有一篇著名的寓言，说一个人惧怕锋利的剃刀，为了不使自己的脸面受伤，而改用很钝的锉刀来刮胡须，结果，不但胡子没有刮干净，还刮得满脸是血。他最后写道："世上好多人也是用这种眼光来衡量人才的。他们不敢使用一个真正有价值的人，光搜集了一帮无用的糊涂虫。"现代管理者应从这个极富哲理的寓言中，有所教益。

日本企业在选人方面可谓费尽心机，因为他们懂得选人的要义：只有选得严格，才能用得准确，提高管理能力，从而收到预期的效果。

日本企业的职工，之所以工作积极性高涨，首先就在于企业选人有道。日本一家拉链厂为选一个车间主任，厂主管先后同应聘的十余位候选人交谈，初步选中一个后，又把他放到好几个科室去分阶段试用，试用合格后

才最终确定留下来。美国国际商用机器公司，是世界著名的高效能企业，它的主管人自称花在人事方面的精力比任何方面都多。该公司的销售代表史蒂夫说："我曾与许多大公司的负责招聘的人洽谈过，但是没有一家像国际商用机器公司问得那么详细，在他们决定录用我之前，至少有十几个人和我谈过话。"可见该公司选人之严。

选人要全面考察一个人的德才学识。识，是一个人的知识和智能统一的表现，在现代信息化社会中尤为重要。日本住友银行招考新职员，总裁出了这样一道试题：

"当住友银行与国家利益发生冲突时，你认为如何去办才适宜？"

许多人答道："应以住友的利益为重。"

总裁的评语是："不能录用。"

另有许多人回答："应该以国家利益为重。"

总裁认为，"答案及格，但不足录用。"

有少数人回答说："对于国家利益和住友利益不能双方兼顾的事，住友绝不染指。"

总裁认为："这几个人有远见卓识，可以录用。"

日本电产公司招聘人才标新立异，该公司招聘人才主要测试3个方面：自信心测试、时间观念测试和工作责任心测试。

自信心测试方法是让应试者轮流朗读或讲演、打电话。根据其声音大小、谈话风度、语言运用能力来录取。他们认为，只有说话声音洪亮、表达自如、信心百倍的人，才具有工作能力和主管能力。

时间观念测试是看谁比规定的应试时间来得早就录取谁。另外，还要进行"用餐速度考试"。如他们通知面试后选出的60名应试者在某日进行正式考试，并说公司将于12点请各位吃午饭。考试前一天，主考官先用最快速度试吃了一碗生米饭和硬巴巴的菜，大约用5分钟吃完，于是商定10分钟内吃完的人为及格。应试者到齐后，12点整主考官向大家宣布："正式考试一点钟在隔壁房间进行，请大家慢慢吃，不必着急。"但应试者中最快的不到3分钟就吃完了。截止到预定的10分钟，已有33人吃完饭。公司将这 33 人全部录取了。后来，他们大都成为公司的优秀人才。

工作责任心测试是新招的职工，必须先扫一年厕所，而且打扫时不用抹布刷子，全部用双手。结果，可以把不愿干或敷衍塞责的人淘汰掉，把表里如一、诚实的人留下来。从质量管理角度看，注意把看不到的地方打扫干净的人，不只追求商品的外观和装潢，而且注意人们看不到的内部结构和细微部分，从而会在提高产品质量上下功夫，养成不出废品的好习惯。这是一个优秀的质量管理者应具备的美德。

日本电产公司正是采用上述奇特的招聘术获得人才，使公司生产的精密马达打入了国际市场，资本和销售额增长了几十倍。

不拘一格方能广聚人才

"常格不破，大才难得"。这是北宋名臣包拯关于选才的真知灼见，这句话告诉我们在聚集人才上不应为一些常见的标准所束缚，而应大胆选用各类人才。

三国时，孙吴的陆逊方 20 出头，不过是白面书生一个。未闻其名，众臣皆言其年龄太小不能服众，未曾带兵没有经验。但孙权力排众议，重用陆逊。他果然不负所望，后来使计火烧刘备连营七百里，脱颖而出，成为吴军中一位杰出的后起之秀。

陈平，有贪财好色之嫌，更背弃项羽之义，但刘邦不计前嫌，仍予以重用，他也回以六出奇计为刘邦争得天下。

民国时，梁漱溟考北大而未得，时为北大校长的蔡元培说：梁漱溟当不了北大的学生，就让他当北大的教授嘛！于是梁成了北大的教授，成了受人敬仰的一代宗师。

今天，人们衡量人才的标准可以说是多如牛毛，但往往正是这样或那样的标准限制了大才的挖掘和利用。常人的标准选出的就是平常之才，超

第六章 激励下属，聚集人才

常的标准选出的就是超常之才。这就如同不能用最小单位是毫米的尺子来度量纳米级的长度一样。什么样的标准,什么样的工具决定了什么样的结果。唯资历、唯学历、唯经验、唯相貌等这些选才标准选择出来的人才不免会将真正的人才漏于"网"外。

敢于启用超过自己的强人

人人都希望自己比别人"高明"。"敢于启用强人"说起来容易,做起来却很难。

意大利首屈一指的菲亚特汽车公司是菲亚特集团的一个组成部分,也是世界10大汽车公司之一。

谁也不会料到这家赫赫有名的公司,在1979年以前的10年中,竟一直处于濒临倒闭的状况。它连年亏损,无法进行再投资,被迫将13%的股票卖给了外国银行。

面对这种困境,菲亚特集团老板艾格龙尼家族大胆启用强过他们的维托雷·吉德拉,任命他为汽车公司总经理,将公司全权交给他独立经营。

吉德拉管理才华出众,平易近人,具有不屈不挠而又吃苦耐劳、脚踏实地的性格,老板正是看中他的这些优点而邀请他来任职的。

吉德拉上任后,果然出手不凡,大刀阔斧地进行了一系列行之有效的改革。在吉德拉的整治下,菲亚特汽车公司很快摆脱了困境,提高了劳动生产率,到1984年终于使菲亚特汽车的销售量达到了100多万辆,跃居欧洲第一。吉德拉本人也因经营有方而闻名,被人们称为欧洲汽车市场的"霸主"。

用人要破除门第观念

驰名全球的日本松下电器公司创始人松下幸之助提拔山下俊彦为总经理是个慧眼识人才的生动故事。

山下俊彦原是一个普通的雇员,他被擢升为松下分公司部长时只有39岁,后来又历任要职并当了公司的董事。他的经营管理成绩卓著,具有出众才能而且对公司内部因循守旧等弊端看得准,又锐意改革。松下幸之助发现了他的才干,认为他是松下家族中根本找不到的杰出人才,在整个公司也是最优秀的"将才"。于是，松下幸之助不计门户出身，力排众议，破格启用山下俊彦。1977年当山下俊彦年富力强时，就从一个名列第25位的董事，越过前面所有"老资格"的董事，直接晋升为总经理。山下俊彦当了总经理后，亦颇有松下幸之助的遗风。他重视有才干的"少壮派"，亲自破格提拔了22名具有战略眼光、能力出众的新董事。于是，松下电器公司的经营管理层力量在短短的几年之内得到了空前的加强。

人才是企业的活力和生命。在山下俊彦当总经理的第二年（1978年），该公司的经营状况从原来的"守势"经营，很快变为积极进取的势态。

"怪才"方有"怪举"

没有个性鲜明的人才，就不会产生独具特色的商品。

在日本权威经济刊物——《日经商业》杂志列出的优秀企业排行榜上，本田汽车公司雄居榜首。日本"本田技研社"，专门招收个性不同的"怪才"。本田的职工一般是两种人：一种是"本田迷"，即对本田车喜欢到入迷的程度，他们不计较工资待遇，而是想亲手研制发明新型本田车；一种是一些性格古怪的人才，他们或爱奇思异想，或爱提不同意见，或热衷于发明创造。

本田认为：对职工必须大胆委托工作，但要提出高目标。至于如何达到，主管无须指手画脚，让怪才们自己想办法。"人只有逼急了，才能产生创造性。"在美国获汽车设计大奖的本田新车型，都是那些被视为"怪才"的人发明的。

有一次，公司在招收优秀人才时，主持者对两名应征青年取舍不定，向本田请求指示，本田宗一郎随口便答："录用那名较不正常的人。"本田宗一郎认为，正常的人发展有限，"不正常"的人反而不可限量，往往会有惊人之举。这种用人方法，在本田公司创业不到半世纪就发展成为世界超级企业的过程中起到了相当大的作用。

企业操作实务方略：如何当好部门主管

聚集人才需要赢得人心

许多主管者常常慨叹："我深知人才的重要性，也了解周围哪些是人才，但如何才能把这些人才聚集在自己身边，为我所用呢？"

有的人单纯理解"聚才"为把人才死套在身边，牢牢掌握在自己手中，这种所谓的"聚才"未免太过偏颇。正如当年曹操挟持徐庶的母亲，使徐庶不得不归附曹操，曹操便以为徐庶这个人才已被自己牢牢掌握住。但结果又如何呢？徐庶终生都不曾为曹操献上一计，即便在赤壁之战期间，他宁可看着曹操的百万大军付之一炬，也不肯出来指点曹操一下。那么，曹操在这里所犯的用人之误究竟何在呢？

在今天的人才竞争中，某些财大气粗的老总动不动就开价上百万元薪水，想尽办法以利驱使，把人才吸引到自己的公司里来。可是，结果发现，许多真正的人才宁愿待在简陋的小公司里，每个月领点仅够养家糊口的小钱，过着艰苦的日子，也始终不肯为那些大公司效力，这又是什么原因呢？

一切只因管理者不懂聚集人才的真正方法。

任何用人行为，要想顺利进行下去，要想人为我用，都必须同时具备两个先决条件：第一，管理者愿意使用下属；第二，下属愿意接受上级的使用。在某种意义上说，"让下属愿意接受上级的使用"显得更为重要，难度也更大。所以，管理者不仅需要准确了解下属的内心世界，而且还要在此基础上，进一步征服下属的人，使下属打心底信你、敬你、服你、爱你，心甘情愿为你效力，也即赢得人心。

徐庶终生不为曹操出谋划策，而诸葛亮却为刘备鞠躬尽瘁，死而后已，根本的差别就在于刘备赢得了诸葛亮真诚效力之心，而曹操却没有做到这一点。

管理者如何才能够真正赢得被用者真诚效力之心呢？总结古往今来聚集人才的方式，不外乎有三种：一是以德服人，二是以诚动人，三是以信感人。管理者只要牢牢掌握住这三点，并能很好地运用到具体的实践中去，则天下贤才自然会被收入囊中，为你所用。

以德服人

一个人能否真正赢得人心，关键要看其是否具有高尚的道德品格。"以德服人"是真正实现聚才的大谋略。一位统御者或管理者要想使手下的大臣、将领及百姓拥戴和诚服，并乐于接受他的管理和使用，必须以德服人；必须深明大义、品德高尚、以礼待人，只有这样才能众望所归，人为我用。如果心胸狭窄、任人唯亲、公私不分、刚愎自用，靠暴力来控制人才，将会适得其反，民怨沸腾。

商朝末期，周文王为了维护自己的统治秩序，取得民心，曾"以德感人，以德服人，予恩惠人，广行仁政，厚恤下民"。周文王这种以德感人、以礼待人的政策，使百姓大为感动，殷商的其他诸侯及百姓争先归顺。

反观现代社会：有的人混到一官半职，便觉得事业有成，志得意满；有的人捞到飞来横财，便财大气粗，不可一世；有的人在竞争中占得先机，便小人得志，甚嚣尘上；更有人发表一两篇文章，便以"作家"的姿态在众人面前显摆……这些所谓的"成功"，是建立在泡沫基础上的，无法得以长久。唯有"以德服人"的成功才算是真正的成功，想达到此境界，只需做好两点：第一，有良好的道德修养；第二，有做人的志气。

良好的道德修养，会让你有如照亮黑暗的发光体，吸铁的磁石，吸引人才自动聚集在你的身边。

刘备正因其"以德服人"，才能以弱势卓立于乱世之中。临终前，他还不忘叮嘱刘禅要"唯贤与德"，因为这正是刘备一生的成功心得。刘备的治国之能，远不及魏武帝曹操，却能收揽关羽、张飞、赵云及诸葛亮等一群文武奇才，皆因其以德服人使然。也是通过在下属和百姓中广播仁义，刘备才能由一个卖鞋小贩奋斗到三分天下有其一的蜀汉皇帝。

再说徐庶和曹操之间，为了得到徐庶其人，曹操不惜以卑鄙的手段挟持徐庶的母亲，完全不计个人的道德形象，给人以"无德""缺德"之姿，当然也就得不到徐庶的心了。

第六章 激励下属，聚集人才

以诚动人

"以诚感人者,人亦诚而应。"

"百心不可以得一人,一心可得百人。"

只有坦诚待人,以诚动人,善于以心换心,才能赢得他人的支持与合作。反之,如果你虚情假意,"别有用心",则只能招来反感和敌视。

《战国策》记载:有一次,管燕得罪了齐王,便问他的左右:"你们有谁能为我到诸侯中去奔走一番呢?"左右闻言没有一个人回答。管燕难过得流下泪来,叹道:"可悲啊!士人为什么那样容易得到,却这样难以使用啊?"

有一个叫田需的答道:"士人在您这儿一日三餐还吃不饱,而你总是吃好的且不说,连您养的鹅、鸭,饲料都吃不完;您的后宫仆妾穿着都是绫罗绸缎,而士人想用它们做个衣上的沿边儿也不可能。况且财货是您所看轻的,生命却是士人最看重的。您不肯把您所看轻的财货送予士人,却要求士人以他们所看重的死为您效劳,这不能说'士人容易得到却难以使用'啊!"

从这个故事中,我们不难看出,虽然管燕收罗了不少门客,却不能真正地关怀他们、尊重他们,其心不诚,难怪他会发出"士何易得而难用"的感叹了。

英国前首相撒切尔夫人则是讲求"以诚待人"的高手,她要"用"的是她的老上级、死对头希思。

1975年,撒切尔夫人击败前任希思,当选为英国保守党领袖,从此与希思结下了"梁子"。

撒切尔夫人当选后,认识到为了团结全部力量参加首相大选,必须弥合与希思的裂痕,恢复保守党的团结,稳定自己的后院。由于希思在党内追随者不少,势力不能低估,他又在国际上声望较高,影响较为巨大。没有他的支持与合作,要战胜执政的工党,有较大困难。为了获得希思一派的支持,撒切尔夫人主动摒弃前嫌,表现出一种虚怀若谷、不念旧恶的气量,以诚相待希思。

她获胜的第一个行动就是去拜会希思,热情地邀请他参加影子内阁,但被希思一口回绝了。

撒切尔夫人并未就此灰心，在以后的日子里，她总是向别人赞扬希思的政绩，又采纳了一些希思的观点。她的诚意终于感动了希思，希思也就顺势发表了对撒切尔夫人的"完全信任"，支持影子内阁的声明。至此，撒切尔夫人不仅确立了自己在党内的领袖地位，而且赢得了一位最为关键的人才，为登上首相宝座奠定了基础。

只要你怀着诚意去对待别人，别人自然也会报之以诚意；如若你付出了十足的诚意，却仍不能得到对方的回报，那只能说明对方的德行和修养不够好，这样的人，不要也罢。

为了表现自己的诚意，刘邦将韩信从一个小走卒一步提拔为统驭全军的大将军；为请诸葛亮出山，刘备不惜三顾茅庐，诚意尽现时，诸葛亮自然也就给予了真心回报；为了给受伤的李绩治病，李世民剪下龙须为其熬汤作药；"士为知己者死"，这一道理缘何而来？以诚动人，人就视自己为知己，死都能够做到，还怕他们不为自己效力吗？

以信感人

要让人才为我所聚，还应注意的一点就是"取信于人"，要充分信任他人，又要让人充分信任自己。要想真正做到"以信制人"，这两个方面缺一不可。

1. 充分信任别人

在聚集人才的时候，管理者应对人才予以充分信赖，以此来取信于他人，从而使其他人消除种种不安与疑虑，心无负担地投靠到自己这里。

人才愿意为己效力，首要的一条就是他要觉得你有安全感。这个安全感的建立，就需要你去做好。

作为管理者，取得部下或他人的信任，比得到使他们畏服的威势更为重要。

公元前200年，曹操与袁绍展开了著名的官渡之战。当时袁绍的将领高览、张郃二人，因攻打曹营失败，又遭袁绍谋士郭嘉的诽谤，决定弃袁投曹时，曹操部属却怕二人有诈。

曹操却说，即使有诈，只要厚待他们，也是可以收服为我所用的。于

第六章 激励下属，聚集人才

是把二人各封为侯。这样，两人就安心在曹营中任职了。在曹操开始进攻袁绍营寨时，高览和张郃都自愿做先锋，以表自己的忠心，把袁绍打得大败。

在现代社会中，无论政府官员，还是一个企业老板，如果你能够取信于人，下属就会觉得你可以信任，对你放心，从而也就愿意为你效劳，听从指挥，服从约束。

2. 让人充分信任自己。简而言之，就是言出必行，一诺千金

谋略家在对敌斗争中，则多采用"兵不厌诈"的办法，但在对待朋友和自己阵营的内部伙伴时，如果仍用诡计，就会落得众叛亲离的下场。因此，古今用人谋略家，无不强调信誉第一，忠诚为上，把"信"作为"聚才"之本。只要答应过的事，就要"言必信、行必果"，所谓一诺千金，赢得下属或他人的信任，对自己的事业具有奠基的作用。

商鞅立木赏金的故事已经是众人皆知、家喻户晓了。受秦王之托，商鞅要招纳天下英才，为了表示自己言出必行，就在城东门立了一根柱子。说：谁要是把这根柱子搬到西门去，就赏他50两黄金。但看的人虽然多，但却没人愿意去试一试。终于有一位年轻人走了出来，他也许只是图好玩，就把那根柱子搬到西门去了，于是商鞅履行诺言，把50两金子赏给了他。

秦国的人才知道商鞅言出必行，可以信赖，便纷纷出山，投靠到他的门下，为秦国的改革付诸了努力。

诸葛亮当年准备进攻陇西时，长史杨仪报告说：军中现有4万人应该回去休息了。诸葛亮立即命令那部分人收拾行装，准备回去。这4万多人将要启程时，魏军突然打来。杨仪建议，让这4万人留下，打完仗再走。诸葛亮说，用兵命将，以信为本，得利失信，古人所惜，军情再紧，也不能失信前言。诸葛亮让大家按时启程，并对他们说，你们的父母如此牵挂你们，我怎么可以把你们留下呢？他的信誉感动了士卒，结果几次下令，将士都不愿意走。最后，诸葛亮无奈之下，只能令他们参战，蜀军大获全胜。

诸葛亮第一次出兵祁山失败后，不仅挥泪斩了误失街亭的马谡，重赏

有功的王平,而且还引咎自责,上奏后主刘禅请求自贬三等。他"取信天下,言出必行,信赏必罚",使得天下能人志士都被他的这种精神所感召,纷纷投靠到他的门下。

美国汽车业巨子艾柯卡在接管濒临倒闭的克莱斯勒公司后,为节约资金,只能降低职工的工资,但他保证,等公司营利后,必将返还这部分工资。结果,当克莱斯勒在艾柯卡的一手改革下起死回生后,艾柯卡第一件事就是连本带息返还了这些拖欠的工资。这样一来,公司上下都认为艾柯卡可以信任,纷纷表示愿意为公司效力。公司员工团结一心,利润逐年上扬。艾柯卡"以信感人"的谋略取得了神奇的功效。

总而言之,"以信感人"既强调要充分信任下属或他人,又要求能够做到令别人充分信任。用人者与被用者彼此信任,上下同心,人才自然就不会轻易离去。

以德服人、以诚动人、以信感人,这是收服人才的三个法宝,说起来简单,但做起来却很难,像曹操这样手下谋臣如林、猛将如虎的用人专家,都还会搞不定一个徐庶,足见"聚才"之难了。

然而,只要用人者把握住以上三点,能够运用到用人行为中去,就一定能够取得令人满意的效果。

多方网罗人才

古人用人讲究"内举不避亲,外举不避仇。"要想多方网罗人才,就要扩大选择范围,甚至是荐亲、举仇。

"内举不避亲"的用人方略相对来说较为容易做到,相比之下,能做到"外举不避仇"就彰显出用人者的超人气度与高深学问了。

所谓"敌将先赦、仇者先封",这个道理大家都知道,唐太宗启用死对头魏征、韩信诚拜老冤家李左车,都是令人佩服的用人之道;可是,曹操却杀掉了武功盖世的一代名将吕布,却也同样是为人称道之举,这又是

为什么呢？可见，什么样的敌将可以赦免，什么样的仇者应当封官，的确是一个很难处理的问题。

清太祖努尔哈赤是清王朝事业的奠基人。他以十三副铠甲起兵，经过数十年的艰苦创业，终于使满族发展成为能与明朝抗衡，最后战而胜之的力量。这里当然有许多原因，而努尔哈赤广揽人才、善于用人则是其中的重要原因之一。在他最初起兵统一女真各部时就注意争取各部的人才，并能化敌为友，显示了广阔的胸怀，并被后人传为佳话。

明万历十一年五月，努尔哈赤以报仇为名，揭开了统一女真各部的序幕。当时，女真各部互不统属，"各部蜂起，皆称王争长，互相战杀，甚至骨肉相残"。努尔哈赤起兵之初就处在各部势力的包围之中，几乎到处都是敌对势力。因此，最大限度地笼络人心、争取人才，是他面临的首要任务。而努尔哈赤恰恰体现了这种广阔的胸怀。

万历十二年四月一个雷雨交加的夜晚，一名刺客潜入努尔哈赤的住所，准备行刺。努尔哈赤听到窗外有轻微的脚步声，警觉起身，他"佩刀持弓矢，潜出户，伏烟突旁伺之"。这时，一个闪电划破黑暗，他看见那个刺客正在窗前窥视，于是一个箭步跃上，用刀背将刺客拍倒，然后呼人将其捆绑起来。侍卫洛汉闻声赶到，见此情况，提刀要斩刺客。

努尔哈赤想：杀人容易，可一旦杀了他又要树敌，于己不利，不如攻心为上，将其宽恕。于是，他大声喝问："尔非盗牛来耶？"刺客一听，顺势回答是来盗牛。洛汉在一旁着急说："谎言也！实欲害吾主，杀之便。"努尔哈赤非常冷静，而且若无其事地说："实盗牛也。"于是，放走了刺客。

五月的一个深夜，又有一个叫义苏的人潜入努尔哈赤的住宅，准备行刺。努尔哈赤像上次一样，迅速将刺客捉住，又将其释放。

这两件看上去似乎是很平常的小事，却产生了轰动性的效果。很多人认为努尔哈赤"深有大度"，而愿意投奔他。这正是努尔哈赤所期待的结果。不仅如此，就连战场上面对的敌人，努尔哈赤认为是有力之才，也能做到摒弃前嫌，化敌为友。

万历十二年九月，努尔哈赤率兵攻打翁科洛城，并亲自登高劲射。当

第六章 激励下属，聚集人才

战争正在激烈进行的时候，翁科洛的一位守城勇士鄂尔果尼藏在暗处向努尔哈赤施放冷箭，努尔哈赤没有提防，躲闪不及，被射伤了。他拔出带血的箭，继续指挥战斗。这时，又有一个叫罗科的守城战士借烟雾的掩护，潜到努尔哈赤近处，一箭射中其脖颈，虽未中要害，但箭入肉一寸多。箭拔出之后，"血涌如注"，"血肉并落"。努尔哈赤昏厥过去，攻城部队只好撤退。

伤愈之后，努尔哈赤再次率兵攻陷了翁科洛城，并生擒了曾射伤他的鄂尔果尼和罗科。众人愤怒地要将二人乱箭穿胸而死。在群情激愤的情况下，努尔哈赤显得十分冷静。他非常钦佩二位勇士的英勇善战，有意收为自己的部下，于是对众人说："两敌交锋，志在取胜。彼为其主乃射我，今为我用，不又为我射敌耶？如此勇敢之人，若临阵死于锋镐，犹将借之，奈何以射我故而杀之乎？"说罢亲自为二人松绑，并好言安慰，鄂尔果尼和罗科终于被这一举动感动得流下了热泪，他们当即表示愿意归顺努尔哈赤，并为其效力。努尔哈赤授二人为牛录额真，各统辖300名壮士。后来，鄂尔果尼和罗科英勇作战，为努尔哈赤的统一事业立下了战功。

努尔哈赤多次不记仇隙，宽恕仇敌，化敌为友，不仅使自己的属下"皆颂上大度"，也让他在女真各部获得了好名声，同时感召了敌人营中的人才。就此而言，努尔哈赤能从最初的弱小力量进而统一女真各部也就不足为怪了。

叱咤风云的拿破仑·波拿巴在他的征战生涯中，由于军事斗争的需要，非常重视"外不避仇"的用人谋略，对于曾经反对过他，后又投到他的名下的人，或愿意倒向他的外籍军官，只要确有真才实学，同样信任提拔。

茹当是先于拿破仑的一名革命军少将，雾月政变时，反对拿破仑，后转而拥护拿破仑。拿破仑摒弃前嫌，先命他指挥意大利军队，后又任命他为西班牙国王约瑟夫的军事顾问和参谋长。

在拿破仑执政前，卡尔诺将军便是共和国政府的立法委员会代表、国民公会代表、公安委员会委员和督政员，雾月政变成功后即被委任为陆军部长。他曾竭力反对拿破仑当"第一执政"和皇帝。几年后，当他愿为帝国效力时，拿破仑当即委任他为安特卫普总督，后来又任命他为内务大臣。

选贤任能，不计前嫌，此乃统御之术。拿破仑善用此术，外不避仇，知人善任，不拘一格，才使他成为统率劲旅，横扫千军的旷世伟人。

为什么历史上有许多杰出的政治家都能够做到"不避仇敌而委以任用"这一点呢？

仔细分析起来，其实也很简单，还是回到用人的出发点上，那就是"德才皆备"，只要是有德有才之能，就不应该因为一己私利而弃之不用，真正高明的用人权谋家，要成就大事，完全不会去注意个人的恩怨和感情问题，他们的眼里只有"人才"和"无才"之分，并没有"亲仇"这一概念。他们更为清楚的一点就是，如果能够放手使用原来敌对阵营的分子或与自己政见不合的人，是表现自己宽宏大量、公正无私、求贤若渴的最好时机，也只有这样做，才能广纳天下贤才！

刘邦得到天下后，曾经有很多下属闹情绪，认为刘邦不重视他们。张良出了一计，就是让刘邦封一个叫雍齿的人为侯。雍齿是众所周知的刘邦最看不顺眼的人物。刘邦依计行事，结果手下众人都十分高兴，因为他们认为，连雍齿都能封侯，自己当官的日子马上也就快到了。刘邦文不能济世、武不能安邦，但在用人方面，却没有几个人能比得上他。

当然，并非所有的仇家敌将都应该招为己用，否则历史上也就不会有那么多"城破人亡"的血腥史了。在运用"不避亲仇"的谋略时，最需注意的一个问题是：在考虑所谓的"仇""敌"时，要考虑到对方是否人品出众、是否有才有能、用了他对于自己是利是弊。

完全弃用仇敌固然不可取，完全信用仇敌也是不明智的，历史上有许多事例都证明，用人者不加审查，随意招降纳叛，结果招进来的所谓"人才"不但不予感激，反而尽展阴谋诡计，毁掉了自己苦心经营的事业。

按理说，三国时的吕布应该是一位出众的武才，刘、关、张三人联手也只能与他打个平手，的确是难得。但曹操在抓获他之后，不管他如何求情，仍然杀了他，原因不是曹操不爱才，而是因为吕布是一位小人，多次杀主求荣、出尔反尔，根本没有什么仁义道德，留着他，就好比养了一只老虎，说不定哪天又把曹操的头给砍下来了。

可见，"外不避仇"的用人谋略，其根本出发点就是有利于自己的事业，只要有利于事业，即使是再仇恨的人，也能以诚相待，邀其加盟，为自己的事业发挥作用；如果其人不利于自己的事业，即使是才能世间无双，也坚决不能吸收到自己的帐下。

需学会借助他人之力

松下幸之助说过："没有一个管理者能够不通过他人的帮助而获得成功。"在现实生活中，一个真正成就大事业者，身边总是聚集着一堆人才，可以说他正是站在那些人才的肩膀上才走向成功的。

孤军奋战非英雄所为

现实当中，许多人，尤其是那些具有非凡意志和毅力，自尊心特别强的人，在奋斗过程中，往往以自我为中心，选择孤军奋战，而忽视借助他人的力量，结果得到失败的下场。

殊不知，"单丝不成线，独木不成林。"成就大事者不可能孤军奋战而轻易取得成功，必须有众人的协助。

一个将军之所以能成为将军，这说明他有成为将军的能力和条件，但是，如果没有别人的帮助和拥戴，他只能成为他自己的将军，而不是众人的将军。"将军"这样一个光荣而又神圣的称谓，于他来说，也不过是作为精神病人玩乐时的自夸之言罢了。同样的道理，一个管理者也并非无所不能，他之所以能成为管理者，关键是他拥有别人难以拥有的能力，以及利用别人资源的能力，倘若让他单独去干某件事情或者单独推动某项事业的发展，他不见得会比别人出色多少，甚至还可能不如别人。

假设你为成功奋斗了20年，但如果你有能力利用另外一个同样奋斗了20年的人的资源，那你现有的资源就绝不是20年奋斗的结果，而是40年奋斗的结果，以此类推，如果这个人不是奋斗了20年，而是奋斗了30年、40年，甚至更多年，那你能拥有的资源又会是多少呢？显而易见，你会得到更多更大的资源，换句话说，你已经站在了别人的肩膀上，站在了别人

的肩膀上，自然而然，你会比以前的你高出许多。

每一个伟大的管理者和每一位卓越的成功者，都是能够有效利用别人力量的人，纯粹的个人奋斗者是不会有任何出息的！

手下有人好办事

美国钢铁大王卡内基曾预先为自己写下这样的墓志铭："睡在这里的是善于访求比他更聪明之人的家伙。"

在人类一切活动中，任何一项成功的事业，都是借助别的力量使自己的能力发挥最大效果。所有成大事的管理者都有一个共同的特长，就是有一种识人的眼光，能够抓住别人的优点，把每一个员工的位置都分配得十分恰当，使每个员工的力量和智慧能淋漓尽致地发挥出来。

燕昭王尊贤敬贤，励精图治，最后雪洗国耻。战国后期，燕国被齐国打败，燕王哙被杀，国内动乱不堪。太子平继位，是为燕昭王（前311～前279年）。他急于想招纳贤才以报国家之仇，但由于国小力薄，难以一时间雪杀父之耻。于是，他去向郭隗先生请教求贤的方法和方式。

郭隗告诉他：凡是成就帝业的人，以贤者为师；要想成就王业的人，与贤者为友；要成就霸业的人，以贤者为臣；如果是亡国之君，则以贤者为奴仆。真心实意地向贤者学习的人，就能得到胜过自己100倍的人……大王若是能广选国中的贤人，并且亲自去拜见他们。天下的贤人听说大王如此重视人才，就都会纷纷来到燕国。最后郭隗建议燕昭王说："大王若要求贤，就先从我开始吧。像我这样的人都能被任用，何况比我还要贤能的人呢？那些贤人们肯定就会迢迢千里来到燕国的！"

于是，燕昭王为郭隗修建房舍，拜谋士郭隗为师，在易山建造黄金台，广泛招揽贤能，果然，魏国的乐毅、齐国的邹衍、赵国的剧辛等许许多多有才能的人，从四面八方前来投奔成为燕昭王身边的文臣武将。

这就是战国史上有名的"燕王招贤"的历史美谈。在招来的众多贤才中，最受燕昭王重用的是著名军事家乐毅。从那以后，燕昭王与文臣武将励精图治，与百姓同甘共苦28年，造就燕国国富民强、兵精粮足的大好形势。公元前284年，燕昭王拜乐毅为上将军，联合秦、楚、韩、赵、魏等国共同伐齐，乐毅作为六国联军的最高军事统帅，上演了出伐齐连克70余城的雄伟大战。

汉武帝刘彻之所以能建立堪与秦始皇、唐太宗相比的功业，成为中国历史上杰出的帝王之一，与他十分注意选拔和擢用各种人才是分不开的。

元封五年（公元前 104 年），汉武帝向全国颁发一份《求贤诏》，其内容大意是：要想建立不平常的功业，就需要有才华出众的人。有的马奔跳踢人，却能日行千里；有的士人被世俗讥笑议论，却能屡建功勋。力大性悍的烈马往往把车翻覆，不拘小节的壮士可能不安分守己，这只在如何驾驭使用罢了。他要求各州县地方官要察举下属和百姓中优秀杰出人才，选拔那些能够担任将相和出使异国他邦的人。

这份招贤纳才的诏书，向众人全面展示了他作为皇帝的求贤若渴的心情及豁达大度的帝王之风。为达到广集人才之目的，汉武帝确立和完善了"察选"（即推举）制、发展"征召"制、创设"公车上书"（即直接向县、州或朝廷上书，各级有专人负责此事）制以及兴办"太学"（即培养各种官吏的学校或日培训班）等多种育才揽才的方法。

由此，在汉武帝的周围很快形成了一个出谋划策、效力疆场等各方面人才大量涌现的有利局面。如文韬武略、智勇兼备的军事家卫青、霍去病，就是在汉武帝的破格提拔下，在 20 岁左右就被官拜车骑将军、骠骑将军，率数十万军队，前后数次率兵出塞抗击进犯的匈奴，为西汉王朝疆域的巩固和扩大建立了不可磨灭的战功；公孙弘向汉武帝建议关心人民生活、重视农业生产、明赏罚等而受到重用，官至丞相；财政专家桑弘羊在全国范围内实行均输、平准等一些先进的经济政策，先后理财 40 年，对国富民强起了重要的作用；探险家张骞出使西域，文学家司马相如曾出使西南夷，由从文变成从政；农业科学家赵过被任命为主管全国农业生产的搜粟都尉，等等。正是由于这些文臣武将得到汉武帝的量才录用，使他们能各自竭忠尽智，才使汉武帝在位 54 年期间，取得了改革制度、反击匈奴、开拓疆域等各方面的重大成就，从而使西汉王朝走向鼎盛时期。

礼贤下士，也是刘备纳贤的主要特点。少年以贩鞋、编织草席为业的刘备，立志要干一番事业，恢复汉室王业，但苦于没有治国平天下的济世人才，只能投靠公孙瓒，继而又先后归曹操、袁绍、刘表等人，处于经常

第六章　激励下属，聚集人才

寄人篱下的状态。后来，为了能尽早达成自己的人生目标，刘备开始四处寻找能助自己成就帝业的贤能之人，也就有了名传天下的"三顾茅庐"。正因他是真心实意地要招贤纳士，也才有了他三次到隆中的僻山乡间去请诸葛亮出山的史实。也正是由于刘备虚心采纳了诸葛亮的谋划，才得以开创出一个蜀、魏、吴三国鼎足而立的新局面。

"唯才是举"，则是曹操的用人原则。曹操认为："天地间，人为贵"，"为国失贤则亡"。为了实现一统天下的抱负，曹操曾先后三次下令广招贤才。建安十五年（公元210年），曹操在《求贤》中提出"唯才是举"的选拔原则，打破了当时选人只看家世门第出身的藩篱。建安十九年（公元214年），他强调"唯才是举"的主张，提出了品行好的人未必有才能，有才能的人未必品行好的看法，要求选拔人才不能求全责备。建安二十二年（公元217年），曹操又在《举贤勿拘品行令》中，列举出伊尹、傅说、管仲、萧何、曹参、韩信、陈平、吴起等人，说他们虽"负污辱之名，有见笑之耻"，但却"卒能成就王业，声著千载"。为此曹操下令，只要具有治国用兵之术的人才，不管其品行如何（名声不好，不仁不孝等），只要知道的，必须推举上报，"勿有所遗"。三次求贤令，真实地体现了曹操招贤不拘泥于小节，不求全责备的人才观，只要能为他建功立业做贡献，什么人都要。正因为曹操"唯才是举"，且能以大海般的胸怀招纳贤才（他在《短歌行》中说："山不厌高，水不厌深，周公吐哺，天下归心"），因而，在他的周围，谋臣几百人，战将数千员。

一位知名人士曾经说过这样一句话："与其掌握一项技术，不如结交一位掌握此项技术的朋友。"当你需要干某件事情时，不能只是一味在自己的能力上下功夫，更应学会善于利用他人的能力，亦即朋友的能力。

第七章

审时度势，谨慎用权

主管的位置是通向高级管理层的重要阶梯，凡是有进取心的员工必然对这一位置虎视眈眈，因此已经坐上这一位置的人绝不可掉以轻心。那么，怎样才能坚守住自己的位置呢？权力，岗位职责赋予主管的权力能够运用得当，主管就一定能稳坐钓鱼台。

做个聪明理智型主管

有人把正职与副职的关系比喻成影视表演中的主角与配角的关系，这是很有道理的。大凡喜欢观看电影和电视剧的人都有这样一个感受，凡是比较成功的作品，其主角、配角在人物塑造上都是各具特色的，都有着自己鲜明的特点。而比较差的影视作品其主角、配角的风格则如出一辙。对于一个单位的副职来说，也应借鉴一下影视表演中这种处理主次关系的艺术，注意扬长避短，于正职长处之外发挥自己的长处。

在现代主管学中，非常重视发挥主管集体的整合作用的，即我们所谓之主管班子建设。其中的关键就是要配置好主管班子的群体结构，实现整个主管群体的最佳组合，从而使主管班子的各位成员能够做到各有所长、各尽所能、相互配合、最大限度地发掘主管班子的各种知识和能力，达到1加1大于2的效果。因而，从工作角度来评判，正职与副职具有相同的特长对于这个主管班子来说是一种智力的重复配置，很容易产生浪费。因此，副职就当从自己辅佐正职开展工作这一角色出发，尽量避免长正职之所长，而应从正职之所长之外另开辟出一块能使自己大显身手的领域。

俗语说得好："红花需要绿叶衬。"红花之所以显得娇艳迷人，是因为有绿叶的陪衬。如果我们把绿叶换作红叶，那么美感就一定会大大降低，产生不和谐的感觉。一旦我们弄清花之美在于绿叶相间，就一定会明白主管班子之强劲在于正、副职各有所长。副职只有独有所长，才不会被正职的色彩所吞没，才会显示出自己特有的才干来。

副职长正职之所长，实际上是造成副职之短。因为有正职在上，副职的才华就很难显露出来，不为人所重视，副职只好生活在正职的阴影之下；因为副职的长处也正是正职的长处，所以正职很容易发现你工作中的失误与不足，从而可能影响他对你的评价；因为正职通常喜欢处理自己擅长的

工作，这样副职作为业务助手的价值和重要性就会降低，这不利于你的发展；最后，两强相遇，必有一伤，正、副职同所长，很容易发生观点不一致、僭越职权等现象，引起不必要的摩擦和纠纷，影响上下级的感情。这样看来，由于较之正职，副职处于下级的地位，其长处便变成了短处。但是非常遗憾的是，在我们的现实中，有些副职看不到这一点，反而继续发展与正职相同的特长，结果引起正职的猜疑与不快，真是得不偿失呀！

副职长正职之不长，才是扬长避短、明智之举。在正职所不精通的领域大显神通，会使你很快干出成绩，引起主管的重视，同时也会增强你在正职心中的地位。因为你是正职完成其职责任务的一个重要保障。

主管作为部属直接面对的权力化身，不要以为自己就是龙头老大。应该在刚柔并济之间行事。不要轻易地发挥你的权力作用，更不要在权力的陶醉中失去理智和自我。否则，你会被另外的权力和民意打垮。掌权之要诀在于让别人尊重你的权力，而不是嫉妒和低估你的权力。

权力是带有强制性手段的，但是在掌权时切忌失去理智是企业主管必须牢记的要点。美国管理学家卡特·本雅克说："永远做一个理智型的掌权者，才能有长久地把握权力的时间。"因此企业主管要掌好权力，必须学会控制自己把握自己，针对部属的个性行权，这样才能做到行之有效。

傲慢型的主管要改变形象，必须多和部属沟通，让部属知道你并不像他想象中的那么傲慢，不可接近。

有言道："其身正，不令则行；其身不正，令则不行。"故此在这个重视沟通的时代里，一位好的主管最需要磨炼的沟通技巧是什么呢？

我们的答案是：善于用身体语言表达自我、洞悉对方。

"沟通"也许是管理类书籍里最常用的一个词，但也是企业主管们笃行最差的行动。一项研究显示，人们多半要花上80%的时间，用在说话、倾听、阅读或书面表达等意见沟通行为上。但这只是口头沟通和书面沟通而已！像其他举止如眼神、手势、面部表情等，也算得上是一种沟通的方法，我们称之为"无声的沟通"。

改进有声语言和书面沟通的能力固然重要,但是,工商企业主管在沟通上面临的最大挑战,不是在于如何说得更好,而在于如何从互动过程中,真正抓住对方内心的真意。你想做一位好主管的话,现在最迫切要学习的是如何解读身体语言、掌握身体语言以及活用身体语言,而非说话技巧。简单地说,懂得解读身体语言,你将会在沟通时惊奇地发现:"喔!原来你的真正想法是……""啊!他担忧的不是这个,而是关心……"并洞悉对方真正的想法,做好沟通工作。

有证据显示:人类平均一天只说11分钟的话,其余99%的时间,都在和他人进行身体语言的"无声的沟通"。

在社交场合的谈话中,大概只有2/3的讯息是靠语言在传递,其余1/3是由无声的身体语言来传递的。你有同感吗?

至于在较正式的工作沟通时,身体语言的表达至少也不会低于50%的比例。总之,沟通在重视口语表达之外,更要懂得用身体语言去沟通的技巧。

"要达到上乘交际沟通,除了要具备说话的技巧之外,眼神、个性、人缘还有你够不够坦诚,都是基本的要素。"沟通训练专家德鲁克在《沟通艺术》一书中,明确点出了身体语言散发的信息,也是沟通成功的关键因素。

因此,当你和别人沟通时,千万要留意自己的身体语言。否则,就算你口头已传达了正确的信息,也无法将自己所要传达的信息全部准确送出。

身体语言有强化口语说服力的功能。懂得如何利用肢体的辅助,进一步表现你更真切的情意,将使你的沟通技巧更上一层楼。

当然,一位优秀的主管会在沟通时,相当注意对方的眼神、手势,熟悉他们的神态与动作。通过仔细地观察,并解析对方心中的真实想法,如果做不到的话,还是很难达到真正沟通效果的。

你希望学会如何洞悉对方心中的想法吗?你希望通过无声的沟通增强你的影响力吗?我建议你:选一本有关身体语言的参考书好好研究一下,

当然你也可以花点钱去参加有关这方面内容的研讨会。

一位主管因沟通能力不足所遭遇麻烦和欠缺其他能力所遭遇的麻烦会一样多，甚至可能更多。因此，如何改善人际沟通能力，发挥潜能已成为终身必修的一门学问了。

首先做好本职工作

第七章 审时度势，谨慎用权

主管顾上不顾下，易失去人心，更搞不好工作，最终也不会取得主管的信任。得人心者多助，得人心者长久。作为主管应把顾上与顾下结合起来，才能做到真正的成功。

中国古代的人生智慧，是讲究"直迂相济"的。所谓"直迂相济"，便是要把谋事的直接途径与间接途径结合起来相互补充，相互借重，从而能够更有把握地获得事业的成功。

下级欲能够同主管和谐相处，成为主管的心腹之人，也应该借鉴"直迂相济"的道理，把"顾上"与"顾下"结合起来。顾上不顾下，乃是与主管相处的一大忌讳，也是处世哲学中一种缺陷。

这个道理，我们正是可以通过生活中的一个简单事例来加以说明的。我们走起路来是不能只顾目标，不顾脚下的，如果我们只顾盯着自己的目标，不看脚下是否有些坑坑洼洼或者绊索陷阱，那么我们很容易摔跟头，不但最终到达不了目的地，反而摔得自己遍体鳞伤，鼻青脸肿。与主管搞好关系，也要"顾下"，便是这个道理。但许多人却并未领悟这样一个朴素的真理。

只顾上，不顾下，会给你的工作带来很大的麻烦，实是失败之道。

首先，你容易失去人心。群众是最痛恨那种对上级笑脸相迎、曲意巴结，对下级冷若冰霜、不闻不问的主管的，这样你便失去了自己的根基，即使是可以取悦于主管，也只能是暂时的。失去人心意味着，你不可能从

下级那里了解到真实的情况，你不会得到他们的支持和保护；失去人心还意味着，主管不会从群众那里听到对你的赞扬声。最终，他也不会重用名声败坏、众矢之的者作为心腹。失去了群众，失去了人心，就像庄稼没有水，逐渐枯萎，失去了其应有的价值，只能被主人拿来作柴烧，喂养牲畜，总之，难成正果，难有大用。

其次，你干不好工作。做工作必须依靠众人之力，同仇敌忾，团结一心，你可以干成了不起的大事。如果人心涣散，离心离德，则你连基本的工作都做不好。由于你只顾把心思放在看上级眼色行事上，势必会忽略下级的感受，对他们的疾苦冷暖关心不够，这种人是很难得到群众拥护的。更有甚者，还有些人会采取压制、损害下级利益的办法来取悦主管，这更会招致怨恨。没有工作实绩，顶多只会被主管在某些时候加以利用，但绝不会长期予以重用的。

第三，你难以最终赢得上级的信任。无论什么样的用人标准，其实质都是一样的，即能够替主管做好工作，为主管分忧。因而，主管一般都喜欢任用群众基础比较好、威信高的干部作为自己事业的助手，因为主管清楚，有人支持才能堪当大任，做好工作。用一个在群众中声名不佳者作为心腹，不但不能替自己分忧，还会影响主管自身的声望，对他来说，这是得不偿失的。在群众中声誉不好，还会影响上级对你的信任，毕竟主管是不会"偏听偏信"一人之言的，在他与群众接触的过程中，肯定会了解到许多于你不利的看法，这些看法多了，就会影响主管对你的道德评价。

因此，聪明的人总是非常重视收买人心，打好自己的群众基础，既做到不忽视主管的权威，也不忽视群众的选票。

历代统治者都十分重视笼络人心，以此作为巩固自己政治地位的基础，从而能够能进能退、能上能下，做到游刃有余，立于不败之地。

齐国有个贵族，叫孟尝君，封地于薛，其手下食客过千，冯谖便是其中一人。一次，冯谖自告奋勇地要求到薛城为孟尝君收债，临行时问孟尝君，收完债买些什么回来？孟尝君很随便地说，你看我家缺少什么就买什么吧。冯谖到了薛城,不但没有催逼百姓还债,还以孟尝君之名将债券全部烧了。老百姓高呼万岁。孟尝君见冯谖空手而归,很是奇怪,问他买了什么回来。冯谖说:"你说让'买你家缺少的',我考虑你家什么都不缺,唯一缺的是'义',我就为你买了'义'。"孟尝君很不高兴。

一年后,齐闵王听信谗言,免去了孟尝君的相国职务。孟尝君只好回到封地薛,没想到,薛城百姓扶老携幼,夹道相迎。孟尝君方悟出这个"义"的重要性。后来,冯谖通过计谋,又使孟尝君重登相位,使他的政治地位更加稳固了。

这个例子警喻我们,顾上是求进之道,而顾下则兼具求进与保身两种功能。注意顾下,可以助你事业有成,获得上级的赏识,而一旦事有不顺,上级一时疏远你,你也可以凭借良好的群众关系,韬光养晦,以图东山再起,不至于四面楚歌,四面受敌。所以,历来有作为者,都很注意把上得欢心下得民心结合起来,从而使自己立于不败之地。

请记住,只有"顾下",才能做到真正的"顾上"。

提高管理效能最根本的办法是主管要做主管的事。乍听起来,这好像是不言自明的事,其实却不然。实践表明,要做到这一点并不容易。有许多主管常常"不务正业",专干别人干的事。比如,本来属于身边工作人员的事,他给代劳;本来分工由别的主管负责的事,他也插手;本来是下级和职能部门范围内的事,他也包办。这样一来,尽管他"两眼一睁,忙到熄灯",累得焦头烂额,但效能却很低。要改变这种状况,需要从以下两方面努力:

要善于自我约束

所谓自我约束主要包括两个意思:一个是要抓大事。主管要努力克制自己,尽量不为那些琐碎的小事而浪费过多的精力,不要"捡了芝麻,丢了西瓜"。古罗马的法典中有这样的规定:"行政长官不宜过问琐事。"我国古代也有"君逸臣劳""明主治吏不治民""大臣不理碎务"的说法。可是做起来也有处理得不好的。诸葛亮虽然以"鞠躬尽瘁,死而后已"为后

人所称道，但他却有事必躬亲的毛病，连核对登记册这样的具体事都要亲自动手，"流汗竟日，不亦劳乎？"结果是"出师未捷身先死，长使英雄泪满襟"。我们现代的主管应当从中受到启示，学会抓大事。

自我约束的第二个意思是要求主管不直接干预下一级主管的工作。三国时期杨颐就主张"为治有体，上下不可相侵"；南宋思想家陈亮也主张，对部属既然"与其位"，就应"勿夺其职"，主管要学会"操其要于上，而分其详于下"。用今天通俗的话说，就是不要抢下级的活干。因为那样既浪费了自己的精力，又挫伤了下级的积极性，打乱他们的工作部署，造成依赖、埋怨或对抗情绪，使他们没有主见和责任感，实在是费力不讨好。

所以，主管一定要把自己约束在自己的职权范围内，不干预下一层次的事。当然各部门各岗位之间、上下级之间要互相帮助，密切协作，但是第一位的，应当先把自己的分内事干好。如果把自己的事放下不管，却去干别人的工作，这与现代的专业化分工要求是格格不入的。不属于自己职权范围内的事不直接去管，这才是清醒的主管。清醒才能超脱，超脱能使人更加清醒。

不插手别的主管和部属的工作，并不等于看到问题不闻不问，有建议可以提出来供人家参考。对于自己部属的部属，由于中间隔着一个主管层次，一般应约束自己不去直接干预，看到需要解决的问题，可以通过适当的方式启发自己的直接部属去处理。

尽量排除不必要的工作

主管除了不要插手别人职权范围内的工作外，为了节省时间和精力，提高工作效率，还应在通常属于自己的工作中再做精简。也就是说只做那些非做不可的工作，而可做可不做的工作则应尽量排除，少做无效劳动。例如：汇报工作或做报告时，不必花费很多时间去背诵，以显示自己的记忆力，要减少头脑的储存负担，提高头脑的处理功能；有些报告在会前发给大家，不必在会上宣读，会上只对报告进行讨论；打电话能办的事就不写信，便条可以解决的就不写长信；应该由下级提出的办法便让下级准备，不替下级思考问题；办事前做好准备，搞好沟通，减少不必要的扯皮和误工等等。对那些非做不可的工作，也要综合起来考虑，哪些先办，哪些后办；哪些要重点抓，哪些只要过问一下就可以了；哪些事要专门去办，哪些事可以合起来办；哪些事用完整时间办，哪些事可以用零碎时间办；哪些事必须按规定程序办，哪些事可以用简便易行的办法办等等。美国威斯汀豪斯电器公司前董事长兼总主管伯纳姆是一位享有盛誉的管理专家。他在其名著《提高生产率》中提出，主管在处理任何工作前，首先要问自己，这件事能不能取消它？能不能与别的工作合并？能不能用更简便的东西代替？这样一来，工作头绪就大大减少了，时间就节省了，效率就提高了，主动权也就操在自己的手里，不至于总让人家牵着鼻子走。

要学会善用及综合运用权力

　　主管行使自己的权力可以是面对面地讨论，打电话或定性的方式要求、命令、建议或说服人们做某事。许多颇有影响的主管每天不惜花大量的时间与各种各样的人接触，因为这种方法收效快，相对简单。

　　主管还可以安排一些事先有充分准备的会议。有些人很善于通过挑选参加会议的人员、会议举行的时间和地点以及议事日程来达到间接影响集体讨论的目的，从而使一个或多个与会者被他们感化。几乎所有主管都在不同程度上利用过这种会议形式，因为它们能产生其他方法所不能达到的效果。而有些人，还把举行某些类型的会议变成他们管理手段的一个主要部分。

　　主管还可以经常改变不利于人员管理的正规或非正规机制。他们可以改变企业的常规管理办法，采用新的奖励制度，引进新技术或修订公司目标，他们甚至还可以改变企业的人员的文化和人际关系。

　　此外，主管还可以运用信息和逻辑去说服人们，还可以用其他种种象

征性的东西来争取人们的合作和服从。主管可以注意环境因素对部下的影响,如修建一幢漂亮的办公大楼——因为这是人们每天上班和开会的地方,或以自己的口才或经历去影响人,使部下感到合情合理,达到影响他们的目的。

成功的管理需要主管有时要采取共同参与或管理,有时只需独断专行,有时在不同的阶段又要走中庸路线。在决定让部下介入某个问题或决策的程度时,主管应仔细考虑采用哪种方法。他应该从整体考虑何时应采取强硬手段,即制定一个明确的行动计划,不征求其他人意见并迅速地实施该计划,以达到消除抵制,造成既成事实的目的。何时又需采用温和手段,放慢改革速度,开始时只提出一个不甚明确的计划,让大家出谋划策,这样做的目的是把抵制力量减少到最小。

在决定何时采取何种手段时,至少要考虑到以下 3 个重要因素:预计会有什么样的抵制行为,其程度如何?一般说来,力量越强越难消除它;与你希望的权力相比,你的职务,特别是你的影响程度如何?你的权力越小,你就更需要采用放慢改革速度,让大家共同参与管理的办法;具体有哪些利害关系?越不改革,企业的经营和生存在短期内蒙受的风险越大,因此就越需要采取单方面的迅速行动。

在实际的管理工作中,每个人可以根据不同的具体情况对上述方法进行具体的综合的运用。

一个出色的主管,会把他的部门管理得井井有条。他不仅对手下全班人马的情况了解得清清楚楚,而且一旦发现问题,也能够成功地利用权力影响部下和事件的进程,从而高效地解决问题。

一个出色的主管,他做一切都显得非常轻松。他每天不是忙着赶着去参加一个又一个的问题讨论会,而是在公司大楼转悠,与人聊天,开玩笑,显得十分悠闲。他不是没完没了地研究数据、表格和图表,而是安排公司成员聚会。

一个成功的主管,他所在的部门必是业绩极佳,而人们又普遍认为这跟他本人分不开。因此他有一份辉煌的履历和显赫的名声，这无疑会给他带来极大的影响力。他的业绩使许多部下对他的主管能力毫不怀疑，并自觉自愿与之合作。

主管的权力还来自于他和部下的私人交往。他可以经常与公司每一位职员见面，并亲自给新员工培训班上课。他还利用到各处巡视和出席公司的一些特别活动之机，定期与员工联系。通过这些交往促使人们认同他和他们公司的计划、设想，最后一如所有具有性格魅力的主管一样，他与人们尤其是其重要的部属建立起牢靠的个人关系。

成功的主管拥有极宝贵的信息基础，这也是权力的一个来源。他懂技术，了解产品和市场动态，同时他还了解他的部属和他们的工作情况。他知道在哪些人之间存在着重要的依赖关系，人们在哪些地方存在可能导致发生冲突的分歧。此外，他和许多人建立良好的私人关系使他控制着大量的信息来源渠道。

总之，一个成功的主管不仅仅是能够运用权力去弥补工作中存在的权力空隙，而且还能够运用权力去驾驭工作中的各种依赖关系。

放权方可释放权力的效力

盛田昭夫说：管理不是独裁，一家公司的最高管理阶层必须有能力主管和管理员工。这应该是对权力的最佳注脚。从表面形式上看，管理是上级对下级的一种权力运用，但是如果简单地这样理解那就错了，因为现代管理不是权力专制的表现，而是权力调控的表现。

权力是一种管理力量，权力的运用则是有法度的，而不能是公司管理者个人欲望的自我膨胀。因此一个高明的管理者，首先要明白这一点：自己的工作是管理，而不是专制。也就是说，管理者不是监工，因为监工即是专权的化身。把自己当作监工，往往大权独揽，把所有的员工都看成是

为自己服务的。这样的管理者，永远成不了好主管，或者说，监工式的管理已经与现代公司"以人为本"的思想相去甚远。也许监工式的管理一时有用，但不可能时时有用。牢记这一点，"以人为本"的管理会对公司主管的用人方式带来益处，至少不会招致员工的心理抗拒，容易使双方形成平等、融洽的人际关系，从而创造一种良好的工作气氛。

从另一方面讲，手中有了权力才有工作的能力，这是一条颠扑不破的真理。士兵有了开枪的权力，才能奋勇杀敌；推销员有了选择客户的权力，才能卖出货物。如果管理者把这些权力死死地握在手中，而不将其授予员工，那么这些权力的效力也就无法得到释放。

放些权力下去，才能收些人心上来，这是一个很简单的道理，也是一种等价交换。

对一个管理者而言，彻底改变监工身份，有时候并不是简单说说而已。这种观念的转变，要靠自己的实际工作来体现，真正做到由专权到放权的角色转换。切忌误以为专权就是手握大权，放权就是失权。相反，放权能够有效释放权力的应有效力，赢得员工的诚信，使员工更加尊重你的权力，而使你的权力从本质上更有效力。而专权只能迫使员工表面服从，却不能赢得人心。

通过分权和授权能够充分发挥员工的主观能动性，调动员工的积极性和创造性，提高工作效率。例如，计划、开会及至进行一项工作，管理者当然有责任和权力去参与。但管理者给予员工过多的辅导，使员工无法独立处理整件工作，对员工本身及管理者均会造成长远的损害。当然，管理者指派员工去做某项工作之后也不能不管不问，在适当的时候询问员工一些问题，可以防止他偏离目标。例如，问他是否需要协助、工作进度如何、是否遇到困难等。管理者应站在客观的立场上评价员工的工作，并鼓励他们大胆去做。

现代公司"把监工赶出权力层"的说法，就是对专权与放权关系的精辟概括。每一位有志于公司管理革命的管理者，都应当切记这种说法的意义。

重要的工作能促使员工出成就，为企业的发展做出重要贡献。它能激起员工的自信、勇敢和热情，继之以勤奋的工作，包括体力工作和脑力工作。一旦员工尝到了在重要的工作中获得成就的甘果之后，就能够调动自身内在潜力和干劲，迸发出更强的进取欲望。

所以，管理者要让所有的员工，包括刚刚加入这一群体的新员工都明白，你希望他们能完成艰巨的工作任务，充分发挥他们的水平，你就能够轻而易举地把各项工作安排给合适的员工来完成。

人的精力虽然不是无穷的，但是有时也会发挥出超越自身极限的力量来。员工在困难中的紧张感，对自己的信心，对困难工作的坚决果断，坚持到底的热情，不怕困难必须成功的毅力，这一切融合在一起的时候，就会爆发出巨大的威力，做出原先想不到的成就。

如果员工觉得自己的工作不重要，会在很大程度上影响其积极性。曾听员工说："现在的工作分工愈来愈细，也愈来愈单调，若长期如此，越干越没兴趣。"也有的员工说："我们不知道这项工作的意义，做起事来也缺乏干劲。"可见，员工如果认为自己的工作不重要，或者对工作的重要性认识不足，就看不到工作的价值，也激发不起他们工作的热情，更无从激发其潜力。

工作的重要性有两重含义：一是在企业内被全体员工公认是一项重要工作；二是从整个社会来看是一项重要的工作。

在企业内部，将工作细分后，个人所承担工作的重要性也就削弱了。管理者要善于授权，并赋予工作以重要意义，从而增强员工的荣誉感和使命感。

有人说："我从事工作一段时间后，了解到工作的重要性，就下决心将工作做好，并深切体会到认识工作的重要性与工作意念有着密切关系。"

可见，管理者要激发员工的工作热情，激励员工干好工作，做出成绩，除了交给员工真正重要的任务外，还要让员工认识到普通工作的重要性。

第七章　审时度势，谨慎用权

一位饭店经理叫一位男服务生到一个房间关窗户，在这位男服务生可能埋怨不应该叫他去做只要女服务员就可做的事之前，经理已经以非常慎重的态度告诉他：

"那个房间里的窗帘价格非常昂贵，你现在必须赶快去把窗户关好，否则待会儿台风刮来，窗帘如果损坏，那将是我们相当严重的损失。"

这位男服务生听完之后便飞奔而去。

经理的高明之处在于，他让那位男服务生认为自己负担的责任不仅仅是关窗户而已，还需要他去保护价值昂贵的窗帘。

请各位务必铭记下面的规则——让对方知道他必须如此做的理由，让对方认识到他所担负的某项任务有多么重要。

有一家盲人工厂生产的螺帽，远销世界各地，通用性很强，飞机、轮船以及各种机械都可以装配，该厂的管理者将这一信息传达给大家，大大提高了员工对自己劳动价值的认识，增强了工作兴趣和积极性。

有了成就，会产生一定的满足感，为了获得更大的满足感，就会做出更大的成就，这是一种良性循环。

管理实践证明：授权不一定要给员工一个实在的职位或某种权力。正如上文说的那样，地位不一定是实实在在的，同样，任务的重要性也不一定真的那么重要，你只需让员工觉得重要就可以了。

主管的任务不是替下属做事

一个企业的主管人员，他的主要任务是做好决策，把握好做什么、目标、哪里做、何时做、谁来做，想办法找正确的人做正确的事，激励下属去做，而不是代替下属去做。

正如上文所言，管理者就是一个坐在帐篷里运筹谋划的元帅或将军，而下属则好比是上阵冲杀的士兵，管理者替下属做事好比统帅跑出军营跨上战马披起盔甲代替士兵去上阵冲杀。

在很多组织里面，常常有这种管理者：他们事必躬亲，大包大揽，属于"将军"的事他干了，属于"士兵"的事他也干了，吃苦受累，任劳任怨，但结果居然听不到下属的一句好话，而净是不绝于耳的指责与埋怨。

对这种管理者，可以用一句话概括：吃力不讨好！

吃力不讨好也就罢了，更严重的是，这种事必躬亲的管理者的所作所为，对组织却是有害无利。因为他的大包大揽，下属索性站在旁边什么也不干，助长了懒惰之风，使生产和工作效率大大降低。并且，一个人包打天下，顾此则失彼，一个不小心就会使组织陷入漩涡，无法自拔！

这种类型的管理者十分可悲，因为他什么也没有得到，相反竭心尽力，日理万机，但万没想到却害了自己的单位！同时也十分可怜，因为谁也不会同情他的处境。

一个高效率的管理者应该把精力集中到少数最重要的工作上去，次要的工作甚至可以完全不做。人的精力有限，只有集中精力，才可能真正有所作为，才可能出有价值的成果，所以不应被次要问题分散精力。他必须尽量放权，以腾出时间去做真正应做的工作，即组织工作和设想未来。

什么叫管理者？通俗的说法是："管理者就是自己不干事，让别人拼命干事的人。"管理者要通过别人来进行工作，即使管理者自己可以更好、更快地完成工作，但问题在于你不可能亲自去做每一件事情。如果你想使工作更富有成效，就必须向下属授权。

管理者最主要的任务是去展望未来——而这种事情往往是不能授权给别人的。他的任务不是去忙于监督那些日常工作，更不是亲自去做那些琐事。放权的重要性或许就在于，必须集中精力去思考那些只能由自己去做的事情！就像总统只考虑重大的宏观问题一样，管理者只思考企业的大问题和未来的方向，并提出必须优先考虑的事项，制定并坚持标准。

一名管理者，不可能控制一切；你协助寻找答案，但本身并不提供一切答案；你参与解决问题，但不要求以自己为中心；你运用权力，但不掌

第七章 审时度势，谨慎用权

握一切；你负起责任，但并不以盯人方式来管理下属。你必须使下属觉得跟你一样有责任关注事情的进展。把管理当作责任而不是地位和特权才是管理者能够进行真正的、有效授权的基本保证。

那些事必躬亲的管理者往往会有这样的想法：他们应该主动深入到工作当中去，而不应该坐等问题的发生；或者他们应当向下属们表示出自己不是一个爱摆架子或者高高在上的主管。这些想法确实值得肯定，而且我们也主张管理者适当干些有益赢得人心的杂活，但这毕竟是提升自身形象的一种手段，而不是让你什么事都亲力亲为，因为走向了这一极端不仅没有任何好处，还会让管理者付出很大的代价。

如果你有着事必躬亲的倾向，那么下面几点建议应该会对你有所帮助。

1. 学会置身事外

实际上，有些事务并不需要你的参与。比如，下属们完全有能力找出有效的办法来完成任务，用不着管理者来指手画脚。也许你确实是出于好意，但是下属们可能不会领情。更有甚者，他们会觉得你对他们不信任，至少他们会觉得你的管理方法存在很大问题。当出现这种情况时，你应当学会如何置身事外。这里有一个小小的窍门：在你决定对某项事务做出行动之前，你可以先问自己两个问题："如果我再等等情况会怎么样"以及"我是否掌握了采取行动所需要的全部情况"。如果你觉得插手这项事务的时机还不成熟，或者目前还没有必要由自己来亲自做出决定，那么你应当选择沉默。在大多数情况下，事情也许根本不用你费心，你的下属们就会主动地弥补缺漏。通过这样缜密的考虑，你会发现也许有时你的行动是不必要的，甚至会使情况变得更糟。

2. 恰当地授权

当组织发展到一定阶段，随着事务的日益增多，管理者已经无法亲自处理所有的问题，这就需要授权。从某种意义上说，授权是管理最核心的问题，也是简单管理的要义，因为管理的实质就是通过其他人去完成任务。授权意味着管理者可以从繁杂的事务中解脱出来，将精力集中在管理决策、经营发展等重大问题上。通过授权，你可以把下属管理得更好，让下属独立去完成某些任务，也有助于他们成长。

3. 弄清楚究竟哪些事务你不必亲自去做

既然明白了事必躬亲的弊端，那么下一步你必须明确授权的范围，也就是说究竟哪些事务你不必亲自去做。根据组织的实际情况，授权的范围肯定会有所不同。但这其中还是有一些规律性的东西。在授权时，下面几个因素值得考虑：

第一，责任或决策的重要性。一般说来，一项责任或者决策越重要，其利害得失对于团队或整个企业的影响越大，就越不可能被授权给下属。

第二，任务的复杂性。任务越复杂，管理者本人就越难以获得充分的信息并做出有效的决策。如果复杂的任务对专业知识的要求很高，那么与此项工作有关的决策应该授权给掌握必要技术知识的人来做。

第三，组织文化。如果组织里有这样的传统或者说背景，即管理层对下属十分信任，那么就可能会出现较高程度的授权。如果上级不相信下属的能力，则授权就会变得十分勉强。

第四，下属的能力或才干。这可以说是最重要的一个因素。授权要求下属具备一定的技术和能力。如果下属缺乏某项工作的必要能力，则管理者在授权时就要慎重。

克林将军告诉我们，作为一名伟大的将军，他的成功有很大一部分来自有效的分工带来的"简单管理"。"我对很多方面都放任不管。"这就给了他的部下很大的自由空间去决策。

每一个管理者都应该深刻地领悟到此言的含义：授权予下，不仅可以使你从繁忙的工作当中解脱出来，更可以增强下属的工作积极性。这一箭双雕的事，是每名管理者都应学会去做的。

有效授权必须经过充分准备

有效授权是贯彻分层管理原则的需要，也是管理者抓大事管全局的需要，同时也是调动起部属积极性的需要，它能让员工感受到启动自己智慧的快乐，而不是限死在一个固定的圈子里做枯燥的重复的事情。

但授权并不是一件简单的事，要想让授权达到理想的效果，必须经过充分的准备。凡事预则立，不预则废。即使你已经下定了授权的决心，也不要轻举妄动。兵法云："大军未动，粮草先行。"就是指在行动之前，要先做好准备工作。授权予下绝不是简单地把工作和权力交给员工，而是必须要经过周密考虑、精心准备，以免出现差错。那么，具体该怎么准备呢？

总的来说，管理者在实施授权之前，至少应做好下面四种准备：

培育授权气氛

不单是个过程，它还包括了人与人之间关系的变化。这种新的气氛基于合作与广泛的沟通，员工在一种被信任的心理环境和组织气氛中充分发挥其才华。要让员工充分地意识到，组织在经历一次变革，这次变革将要带来的，不仅是一些细微的变化，而且是组织的全面改变：人际关系、决策方式、工作方式的深刻变化。所以，管理者需要在待授权的组织内创造一种适于授权的气氛。

管理者此时的角色是实施各项授权前奏活动，倡导组织内部的改变。授权也许会遇到一些障碍，但作为管理者，必须积极地倡导授权，不能因受到组织现行机制的围困而气馁不振。作为管理者，你的远见与魅力正是对于弱小而有生命力的事物抱着坚定而乐观的信念，并以热烈的情绪去感召下属，促成管理的变革。

选取授权任务

在正式开始授权之前，管理者要做的一个重要工作是对必须完成的任务按照责任的大小，进行分类排队，不同类的工作对应不同的授权要求，你得到的结果应当是一张"授权工作清单"。

（1）必须授权的工作。这类工作你本不该亲自去做，它们之所以至今留在你的手中，只是因为你久而久之习惯去做；或是你特别喜欢，不愿交给别人去做。这类工作授权的风险最低，即使出现某些失误，也不会影响大局。

（2）应该授权的工作。这类工作总体上是一些部属完全能够胜任的例行的日常公务，员工们对此有兴趣，觉得有意思或有挑战性，而你却一直由于疏忽或其他原因而没有交给他们去做。

（3）可以授权的工作。这类工作往往具有一定难度和挑战性，要求员工具有相当的知识和技能才能胜任，你由于不放心而长期亲力亲为。事实上，只要你在授权之外，特别注意为授权的部属提供完成工作所需的训练和指导，把这类工作交给下属，可以有机会让他们提高自己的能力。

（4）不能授权的工作。每个组织的工作之中，总有一些工作关系到组织的前途、命运、声誉，直接影响你的业务拓展，这类工作一旦失误将要付出沉重的代价；或者这类工作除非你本人，无法完成。这类工作是不可授权的，必经你亲手为之。

任务标准化

我们经常能听到授权受挫的管理者这样抱怨他的下属："当我把工作交给他们去做时，他们总是频繁地回来请示这该怎么做，那该怎么做。"

"我告诉他事情是这样的，他却似乎难以理解。"

"他们的工作报告总是不能令我满意，我总是不能得到期望的结果。"

出现这样的结果是因为，这些管理者没有很好地理解，把一件工作留给自己做与交给下属做对这件工作本身的要求是不同的，你交给下属的任务必须是标准化了的任务，这种标准化的含义包括下面几点：

（1）任务是明确表述的，有清晰的目标与方向。

（2）任务完成的程序具有相对稳定的模式，完全没有思路的任务不适

于授权。

（3）完成任务所需条件是相对明确的，任务完成者知道如何寻求配合和帮助。

（4）任务的完成有相对明确的评估标准，以确定任务完成的质量。

管理者将工作任务标准化，其意义远不止在于授权的需要，它对于公司的科学的管理提升具有非凡的意义，是公司走向正规化、走向成熟、走向制度化管理而非管理者主观化管理的必经之途。

准备承担责任

你已经下定决心实施授权，大量细碎的前期铺垫也已经完成，你即将跨越授权之门，但是，有一个问题你必须真正意识到，这就是：责任。

在实施授权之后，管理者的工作量减少了，但肩上的担子却不会因此而减轻，相反，它只会加重。在实行授权之后，管理者不仅对尚未授权移出的职权负有全部责任，而且对于已经授权移出的职权也负有一定的责任。

作为管理者，你应懂得对下属人员授权和仍要对下属人员的最终行为承担责任是两回事。就如饭店经理必须依赖厨师搞好饮食供应，但经理仍要对饭店的饮食供应承担最终责任一样。如果接受职权的下属在工作中出现失误，这个失误必须同时记在管理者的账上。尤其是当涉及本公司、本部门之外的公司或部门时。这一点，对于管理者来说是十分重要的，而也只有做好了承担最终责任的准备，授权的大幕才能真正拉开。

信任是授权的精髓和支柱

信任具有巨大的激励作用。信任产生的心态是认可，管理者只有认可下属才能信任他，才可能给他权力。从授权的角度上来说，信任是授权的精髓和支柱，只有充分信任，才能有效授权。

一般的管理者不放心把权力委托给员工，这是出于"别人谁也不会像我自己做得那么好"的思想，或者是惧怕员工滥用权力，实质就是不信任自己的员工。

某杂志曾经以《你最不喜欢什么样的老板》为题向50位白领征询看法，结果收集上来一箩筐意见，历数老板的种种致命缺点。其中，骄傲自大、刚愎自用、不懂得充分授权和信任员工被提到的次数最多，超过了对老板个人能力、公司管理各个方面，甚至员工个人利益。是的，没有信任，又何谈授权？一些管理者表面上是把权授出去了，可是仍事事监控，或者关键的地方不肯放手，这都是不信任的表现，如此的授权又有什么实质的意义呢？

要知道，不被信任，会让员工感到不自信，不自信就会使他们感觉自己不会成功，进而感到自己被轻视或抛弃，从而产生愤怒、厌烦等不良的抵触情绪，甚至把自己的本职工作也"晾在一旁"。相反，在信任中授权对员工来说，是一件非常快乐而富有吸引力的事，它极大地满足了员工内心的成功欲望，因受到信任而自信无比，灵感迸发，工作积极性骤增。

本田第二任社长河岛决定进入美国办厂时，企业内预先设立了筹备委员会，聚集了来自人事、生产、资本3个专门委员会中最有才干的人员。做出决策的是河岛，而制定具体方案的是员工，河岛不参加，他认为员工会做得比自己更好。比如，位于俄亥俄州的厂房基地，河岛一次也没有去看过，这足以证明他充分授权给员工。当有人问河岛为何不赴美实地考察时，他说："我对美国不很熟悉。既然熟悉它的人觉得这块地最好，难道不该相信他的眼光吗？我又不是房地产商，也不是账房先生。"

本田的第三任社长久米在"城市"车开发中也充分显现了对员工的授权原则。"城市"开发小组的成员大多是二十多岁的年轻人，有些董事担心地说："都交给这帮年轻人，没问题吧？""会不会弄出稀奇古怪的车来呢？"但久米对此根本不予理会，他大胆放手让这些年轻人去干。就这样，这些年轻技术员开发出的新车"城市"，车型高挑，打破了汽车必须呈流

线型的"常规"。那些故步自封的董事又说:"这车型太丑了,这样的汽车能卖得出去吗?"但久米坚信:如今年轻的技术员就是想要这样的车。果然,"城市"一上市,很快就在年轻人中风靡一时。

经营之神松下幸之助说:"用他,就要信任他;不信任他,就不要用他。"所以,当企业管理者给下级授权时应当充分信任下级员工能担当此任。

郑先生在一家中型计算机公司就职,一天,他将自己拟好的销售计划在下班时塞在了经理办公室的门把手上,不久,他便被邀去说明情况。在他进门后,经理开门见山地说:"计划写得不错,就是字体太潦草了。"郑先生紧张的心放松了下来,随即问道:"这项计划是不是预算开支较大啊?要不我再与两个同事一起来修改修改,然后再向您汇报一下。"经理不等他说完便打断了他:"费用问题对于我们公司来说是不大的,我看计划确实不错,你要有信心干好,那就去干吧,别让时机错过了!"

郑先生先是吃了一惊,然后信心十足地拿起计划离开了。大约两个月以后,他的计划取得了很大的成功,经理专门在会议上表扬了他,公司也给了他一定的奖励。不久之后,郑先生又将销售业绩摆在了经理桌上,又说起了扩大营销的策略。

这位经理事后说道:"如果当时我们再去审核、考证,那不但贻误战机,而且肯定对员工造成心理上的负担,要知道,牵扯这么大数目的费用,他再有胆量,也还是要犹豫的,看看,现在不是干成了吗?相信他们,给他们留出充分的发挥空间,对我与公司都没坏处!"

由此可见,信任基础上的授权可以激发最强烈的动机,使人全力以赴。

当然,有些管理者之所以不信任员工,除了怕他们的能力不够之外,还怕他们在操作过程中出现失误,造成损失。但是如果没有失误又哪里会进步呢?再说,人非圣贤,孰能无过,既然你决定授权给他,就要充分信任他,允许他犯错误。

一手缔造了宏基集团的施振荣,2004年退休了,不过作为第一代创业

者,他的接班人并不是两位聪明能干的儿子,而是跟随自己多年的老部下王振堂,宏基的总经理还是一个意大利人。

施振荣的管理心得很重要的一点就是信任员工、充分授权。他常说:"企业要想做到代代相传,必定要建立在授权的基础上。再强势的主管人,总有照顾不到的角落,也会有离开的一天,但是在一个授权的企业,各主管已经充分了解公司文化,能够随时随地自主诠释企业文化,这样的企业才有生命力。"

对于公司员工,施正荣的原则是给予信任、充分授权,即使他们工作做得慢,与自己方式不同,也绝不插手。他说:"要忍受过错,把它看作成长必须要付出的代价。只要他犯的是无心之过,只要最终他赚的钱多于学费,你就没有理由吝于为他缴学费,你一插手,他失去机会和舞台,怎么成长呢?"在这一氛围中,宏基涌现了不少独当一面的人才,形成强大的接班人队伍。

只有充分信任员工,才能进行有效授权。著名管理专家柯维曾精辟地说:授权并信任才是有效的授权之道。在实际工作中,一方面,员工希望获得主管的信任,被授予更多权力;另一方面,获得授权的员工,在被完全信任的情况下,才能拥有自主决策的权力,并能有效行使被授予的职权。反之,缺乏信任的授权,必然导致员工失去积极性,缺乏主动性的结果。当然,值得信任是信任的前提。找到那些值得你信任的员工,然后放手让他们干吧。

授权需把握时机注意细节

古语有"不到火候不揭锅"之言,现代又有"细节决定成败"之语,授权同样需要这两点。

一位决心授权的管理者,在解决了以上这些授权的观念性问题之后,

就要进入授权实战了。也许此时在你的脑海中已经形成一个授权的操作方案,现在要做的,是选择一个适当的时机,实施授权,这个时机的选择对于授权的效果可能会有显著的影响。

这种时机既可能是一些特殊的事件,也可能是一些司空见惯的现象再次出现时。把握这种时机,恰当地授予权力,能让部属切实感到授权之必要,或避免授权实施过程的生硬。

善于授权的管理者常在下列情形出现时授权:

(1) 管理者需要进行计划和研究而总觉时间不够;

(2) 管理者办公时间几乎全部在处理例行公事;

(3) 管理者正在工作,频繁被员工的请示所打扰;

(4) 员工因工作闲散而绩效低下;

(5) 员工因不敢决策,而使自己的部门或企业错过赚钱或提高公众形象的良机;

(6) 管理者因独揽大权而引起上下级关系不和睦;

(7) 单位发生紧急情况而管理者不能分身处理另一件事情;

(8) 部门的业务扩展,需要成立新的管理层面。

授权的时机成熟后,就是你运用授权手段的时候了。这时你应该注意到的便是授权的细节问题了。

在授权的过程中,存在许多细节,如果能对这些细节给予充分的注意,授权就会取得良好的效果。我们把这些细节归纳为以下7个要点:

1. 管理者心态的自我调适

许多管理者不敢把权力授予员工,这主要源于他内心对个人权威和职位缺乏安全感,源于对授权缺乏领悟。决心实施授权的管理者首先必须进行心态的自我调适,勇敢地面对自己内心潜在的对授权的恐惧,建立起自信心。

2. 自上而下协调一致地授权

管理者应使自己控制的范围内自上而下,对于授权有深刻理解,由你

自己开始做起，一直推行到最基层。每一阶层的人员都应了解：为了企业、部门和全体员工的共同成长，你必须容许员工做决定。如有错误，亦应妥善处理。为了授权能够获得成功，你必须做好付出犯错误的代价的准备，并以此作为全体职员追求进步的成本支付。管理学家统计，假如允许新进的管理人员在低层次的管理工作中犯错误，则他们往往会在错误中学习，反而可以避免以后犯更大的错误，在数量上，后者的收益远大于前者的支出，对企业和员工来说，这是"双赢"的行为。

3. 训导受权者

授权不是一种单向的管理手段，而是管理者与员工之间的互助合作。授权行动只有同时得到受权者的认同，才能真正顺利推行，获得成功。事实上，授权正是训练员工的一个好方法，应该引导受权者认识到，接受授权是个人追求进步的一个过程，让他们了解到，这新得的权力和附带的责任，会使他们日后成为好的主管。受权不仅意味着接受了一份任务，更意味着得到了一个舞台，在这个舞台上，他的全部才华将得到充分展现，他得到了一个脱颖而出、受人瞩目的机会。

4. 让受权者明白要达到的效果

授权的管理者应该在员工前方树立一个具有诱惑力而又清晰可见的目标，让受权者明白管理者期望的结果是怎样的。管理者应要求受权员工把行动计划写出来，让他们认清自己该如何达到预期效果，并需要哪些协助。通过这种形式，管理者可以确切地了解受权员工对期望绩效的认知程度。

5. 管理者应了解员工的能力

优秀的管理者不是依据员工的技术和现在表现出的能力来分派职务，而是以他们的工作动机和潜在能力来决定。许多管理者无法充分利用员工的潜能完成任务，这是很失败的管理，更是人才的浪费。管理者应时刻记住：员工是你最宝贵的财富，你没有理由不深入地了解你的员工。

6. 事先确立绩效评估的标准

管理者在授权的同时必须把绩效评估的标准定立出来并公之于众，这

有利于协助员工和管理者双方适时地衡量工作的成果。在"以人为导向"的企业里，考核标准不是由管理者单方面制定的，而是由参与其事的所有工作成员共同协助制定出来的。

7. 管理者给予适时的帮助

授权的管理者对受权的员工负有的责任包括两个部分，其一是监督员工达到预期目标；其二便是在员工需要帮助的时候，及时提供协助。管理者在对企业政策的理解、信息的拥有量上占据优势。有效的授权者会向员工提供咨询、讨论及实行时的各种协助，当然，你不应去干涉员工的具体行动方式。

英明的管理者做事无不恰到好处地把握住时机与细微之处。管理者也应该在时机与细节上提高自己，让自己不断提高。

授权的时候，最让管理者发愁的当是授权给谁的问题了。授权者当然都想授给一匹"千里马"，而不想授给一匹"病马"。

那么管理者应该把权力交到什么人手里呢？

1. 主管不在时能负起留守职责的人

有些部属在主管不在的时候，总是精神松懈，忘了应尽的责任。例如，下班铃一响就赶着回家；或是办公时间内借故外出，长时间不回。

按理，主管不在，部属就该负起留守的责任。当主管回来，向他报告他不在时发生的事以及处理的经过。如果有代主管行使职权的事，就应该将它记录下来，事后提出详尽的报告。这样的下属是可以授权给他的。

2. 准备随时回答主管提问的人

当主管问及工作的方式、进行状况或是今后的预测，或有关的数字时，他必须当场回答。

好多部属被问到这些问题的时候，还得向其他员工探问才能回答。这样的部属不但无法管理他的下级，也难以成为管理者的辅佐人。可以授权的部属必须掌握职责范围内的全盘工作，在主管提到有关问题的时候，都能立刻回答才行。

3. 致力于消除主管误解的人

管理者并非圣贤，也会犯错误或是发生误解。事关工作方针或是工作方法，管理者有时也会判断错误。

管理者的误解往往涉及部属晋升、加薪等问题。碰到这种情况，有能力的部属不会以一句"没办法"就放弃了事。他会竭力化除主管的这种误解。

4. 代表他负责的团队

对部属而言，他是所在团队的代表人，是夹在主管与员工之间的角色。从这个立场而言，部属必须做到：把主管的方针与命令彻底灌输给员工，尽其全力实现主管的方针与命令。随时关心员工的愿望，洞悉员工的不满，以员工利益代表人的身份，将他们的愿望和不满正确反映给管理者，为实现员工的合理利益而努力。

夹在主管与员工之间，往往使部属觉得左右为难。但是，他务必冷静判断双方的立场，设法取得调和。

5. 向主管提出问题的人

管理者由于事务繁忙，平时很难直接掌握各种细节问题。因此，部属必须向主管提出所辖部门目前的问题，同时一并提出对策，供主管参考。

6. 忠实执行主管命令的人

一般说来，管理者下达的命令无论如何也得全力以赴，忠实执行。这是部属必须严守的一大原则。如果部属的意见与管理者的意见相左，当然可以先陈述他的意见。陈述之后管理者仍然不接受，就要服从管理者的意见。

有些部属在自己的意见不被采纳时，抱着自暴自弃的态度去做事，这样的人没有资格成为管理者的辅佐人。

7. 适时请求管理者指示的人

部属不可以坐等管理者的命令，他必须自觉做到请管理者向自己发出命令，请管理者对自己的工作提出指示。适时积极求教，才算是聪明能干的下属。

8. 做管理者的代办人

接受权力的部属必须是管理者的代办人。纵使管理者的见解与自己的见解不同，管理者一旦有新决定，部属就要把这个决定当作自己的决定，向员工或是外界人士作详尽的解释。

9. 知道自己权限的人

绝不能混淆职责界限。如果发生某种问题，而且又是自己权限之外的事，就不能拖拖拉拉，应该立刻向管理者请示。越过顶头主管与更高一级主管交涉、协调，等于把管理者架空，也破坏了命令系统，应该列为禁忌。非得越级与上级联络、协调不可的时候，原则上也要先跟顶头主管打个招呼，获得认可。能做到这一点的人，才可以授权给他。

10. 向管理者报告自己解决问题的人

接受权力的部属，自己处理好的问题如果不向管理者报告，往往使管理者不了解实情，做出错误的判断或是在会议上出洋相。

当然，不少事情无须一一向管理者报告。但是，原则上可称之为"问题""事件"的事情，还是要向管理者提出报告。

报告的时机因其重要程度的不同而有所区别。重要的事，必须即刻提出报告，至于次要的或属日常性事务，可以在一天的工作告终之时，提出扼要的报告。

11. 勇于承担责任的人

有些部属在自己负责的工作发生错失或延误的时候，总是找出许多的理由。这种将责任推卸得一干二净的人，实在不能授权给他。

部属负责的工作，可说是由管理者赋予全责，不管原因何在，部属必须为错失负起全责。他顶多只能对管理者说一声："是我主管不力，督促不够。"如果管理者问起错失的原因，必须据实说明，而不是找一大堆借口辩解。有些部属在管理者指出缺点的时候，总是把责任推到他的下级身上，说："那是某某干的好事。"把责任推给下级，并不能免除他的责任。一个受权的部属必须有"功归部属，失败由我负全责"的胸怀与度量才行。

12. 提供情报给管理者的人

部属与外界人士、其他员工等接触的过程中会接触各种各样的情报。这些情报有些是对公司不利的，部属必须把这些情报谨记在心，并把它提供给管理者。

向主管作某种说明或报告的时候，有些部属习惯于把它说得有利。如此一来，极易让主管出现判断偏差，尤其是涉及到其他部门，或是必须由主管做出某种决定的事。诚实可靠的部属在说明报告时必然遵守如下的原则：

（1）不可偏于一方。

（2）从大局出发，扼要陈述。

13. 不是事事请示的人

遇到稍有例外的事、员工稍有错失或者旁人看来极琐碎的事，也都一一搬到主管人员面前去请示，这样的部属令人不禁要问：授权给他到底和不授权有什么区别？

能干的部属对主管人员没有过多的依赖。事事请示不但增加了主管的负担，部属本身也很难成长。如果他拥有执行工作所需的权限，就必须在不逾越权限的情况下，凭自己的判断把分内的事处理得干净利落。这样的人才值得管理者把权力交给他。

管理者要警惕的一点是，不要让那些削尖脑袋、投机钻营的人骗取权力，以达到其不可告人的目的。如果想要授权"高效多产"，其成员必须要经过精挑细选。

学会让人替你解说

要提醒主管的是，千万不可让你的属下不明不白地做事。有些主管为了显示自己是一位主管，吩咐部属做事情只有自己知道缘由，并不曾让他

的手下明白。这种做法是非常错误的，一点也不值得提倡。这是一种自高自大、骄傲的过分做法，会让人觉得像是在耍小聪明，故弄玄虚，只会导致别人的反感和不满。

在你的主管过程中，你的目的和任务是让你的属下听从你的命令和安排，共同努力把你所要做的事情做好，而不是炫耀你的小聪明，故弄玄虚地把自己搞成一副"神秘主管者"的模样。因此，和你的属下共享信息和资源，是你管理取得成功的保障。假如你让属下在不明信息和情况的状态下轻易从事某项工作，那么一旦做错，你所受到的损失将不应该归罪到任何人的身上，只有你自己负责——你作为一个主管，本身就应该承担一切错误和责任！

史蒂芬·柯维先生就曾碰到过这样的一个担任部门经理的人，那人在运用参与、加入的主管术方面走过了许多弯路，但是功夫不负有心人，在他勤奋的努力当中，他使自己的主管水平上了一个新的水准。他学会了运用参与、加入的方法和影响策略，还养成了与属下共享情报信息的良好的主管习惯。

这位主管就是吉姆士。他是科隆公司主管研究项目攻关的总负责人。

一次他有一项重要的研究攻关项目。就是要研制一种既耐高频、又能对低频产生特殊效果的听觉保养器。这是一个有相当难度的技术攻关的难题。该公司已经投入了大量的人力和物力进入了研究阶段。但一次又一次的成果表明，听觉保养器的双重效果始终不能达到预定的目标。

吉姆士作为总负责人，一个主管，一个富有经验的研究人才，他当然也加入到了研制的队伍之中。

有一天，柯维先生来到了他的工作室，给了他一个不小的惊喜。那时他刚好进行完八次烦琐的实验，整整花去了他两个星期的宝贵时间，可结果是——他失败了，且失败了8次！他正处在情绪低落状态，但他并没有失去研究工作的信心。他激动地告诉柯维先生："今天我发现了两种可以组合起来的材料，一种对高频率有效果，另一种对低频率有效果，它们两种的完美结合，就可以解决既就高、又就低噪音的听觉保养器的难题了。"他设想着美好的前景以及那两种材料如何完美的融合。

吉姆士的手下贝兹是主攻研究这种听觉保养器的工程师，他正在为这项研究发愁。在相当长的这段时间内，他已历经了一次又一次的失败，始终没有找出最好的方案，弄得他几次失去了信心。就像凯库勒发明苯的化学结构式一样，开始时对各种各样的结构形式他都做了设想，可怎么也没有想到环形的结构式。最后还是在他的一次梦中出现了一条蛇，那条蛇扭动着，逐渐变成了一个圆环，这才给了他一个绝妙的灵感：他终于证实了苯的化学结构就是环形的。这是一个多么伟大的科学发现！

现在的贝兹就如同当年的凯库勒一样，各种材料和方法都试验过，可就是没有想到将两种材料有机地融合在一块、制成一种能对高频率噪音和低频率噪音同时产生保护作用的听觉保养器。

吉姆士打电话把贝兹叫到了办公室，首先还是让贝兹报告了他的研究进展情况。他对此并没有提出任何的批评意见。柯维先生开始还以为吉姆士会把他对两种材料的研究情况及设想方案完全告诉贝兹，结果他并没有那样。

他只是把研究的材料往贝兹的面前一摆说："贝兹，你知道富兰克林进行科学研究具有一个什么样的显著特点吗？许多的研究者或科学家，都有这样一个特点，那就是：不到长城非好汉，不到黄河不死心，他们都会坚持不懈地直到找出最后的满意结果。我对你很有信心，你是能够做到这一点的。你需要注意的是，在研究中，分析、综合研究是十分重要的。你把桌子上这些材料拿回去仔细琢磨琢磨，过几天来向我汇报你有些什么收获。"

等到贝兹抱着那些资料跨出办公室的门之后，柯维先生终于忍不住了，迷惑地问道："吉姆士，你为何不直截了当地告诉他你的研究发现？"

吉姆士回答道："我可不能在这上面喧宾夺主，我的手下贝兹是位非常出色、年轻有为的研究人才，他在这项研究上已花费了大量的精力，我怎

第七章　审时度势，谨慎用权

么可以夺了他的功劳呢？当他将那些研究资料拿回去后，他不久就会发现结果的，我现在就是给他这么一个机会，他自己得出结论和方法才是最重要的，对他来说也是最公正的。我是绝对不应该把这项研究的功劳算在自己身上的。让他共享那些研究资料和信息，是我作为一个主管应该做到的。"听了这一番话后，柯维先生迷惑的神情才渐渐地隐退、消失，似乎明白了主管的策略。

结果的确不出吉姆士所料，第二天属下贝兹就来到了他的办公室，欣喜地告诉他已经找到了一种比较好的方案：就是把那种对高频噪音能产生保护作用的材料和那种对低频噪音能起到保护作用的材料有机地结合起来。而且贝兹还进一步提出了一种更新的方案，能使两种材料的融合产生最好的保护效果。

从上面的例子可以看出，虽然吉姆士的发现是很有价值的，但他并没有归功于自己，而是与他的手下贝兹工程师共享信息和资料，使得贝兹有更好的成功的机会。这样，贝兹就会为吉姆士工作得更认真努力。像吉姆士和贝兹这类的人，一定会有升职的机会，他们后来都成了公司的灵魂人物，一个是董事长，一个是副总裁。这是大家预料之中的事，任何人都没有感到奇怪。

你是一名主管，假如你的下属与客户签订了一纸重要的合约、开发了新的销售网络、对于新产品的开发提供了很好的意见等等，你应该毫不吝惜地表扬他，甚至为他举办庆功宴。千万不要板着脸一言不发，嫉妒部属比自己更引人注目。

有人天生不擅长夸奖他人或不喜欢被别人夸奖，甚至认为赞美别人是件不好意思、太见外，而且麻烦的事。所以，他们对此并不在意。

另外，还有不知该说什么来赞扬对方的人。当部属因为完成任务而志得意满时，你却轻描淡写地尽说些不得体的话，使部属觉得被泼冷水。或许你并无恶意，只是在激励部属，然而，听话者必定会觉得不受重视，而感到不愉快。

第七章 审时度势，谨慎用权

切勿成为如此愚蠢的主管，切记！切记！

最令人无法原谅的就是企图掠夺部属功劳的主管，然而，这种主管为数甚多。他一见部属立了功，便急忙地向自己的主管邀功："我科里的王某得到了这样的成果，完全是出自我的指导。"

对他而言，话的后半部才是重点。如果部属的成功是经由其他途径传人主管的耳里，就无法得到好处。因此，为了强调部属的成功是由于自己指导有方，他必须比别人快一步。这种类型的人平时就在公司各个角落里布满眼线来搜集情报。这种主管很少外出或出差，他会尽量留在公司，并且窃听他人的电话与注意他人的动静。

或许你会辩解："不，我并不是霸占他的功劳，是我介绍那位客户给他，所以，我也有功劳。"这并非毫无道理，但是功劳遭到侵占的部属一定会怒不可遏。有朝一日，他一定会采取报复手段。

如果你想邀功，你就必须付出比部下多三倍的努力。光是扮演居中介绍的角色，并不算有功劳。介绍之后的指导、服务你也必须与属下共同完成以期获得佳绩。一旦有所收获，而你有七分功劳，部属只有三分时，你才有资格说："我也有功劳！"

那时即使你不提及，周遭的人也会认同你。主管比部属更加勤奋地工作是理所当然的。不费一丝心力却企图享受成果的行为和小偷并无两样。

身为主管有必要将自己的功劳让与部属。或许你会认为这样损失太大而不愿意。但若本身实力雄厚，足以建功立业，即使想吃亏也是不可能的。

某一民族视富有者施惠于贫穷者乃天经地义之事。不仅如此，据说施惠的富有者还必须感谢受惠的贫困者："因为你才使我有机会做善事。""我之所以能够'施惠'是托您的福。谢谢！"

在宗教上，他们深信此"施惠"的行为可以得到神的庇佑。因此，施惠者必须对给予自己机会的人——贫困者，抱持感谢之心。

施惠者有时亦会被对方要求道谢："因为我，你才能获得幸运，所以你必须谢谢我。"此民族的想法不太容易被我们接受，不过，仔细思考之后，

你会发现这并非毫无道理。虽然在层次上有些微小的差异，但是主管和部属之间不也存在着类似的关系吗？

当你将功劳让给部属时，切勿要求属下报恩，或者摆出威风凛凛的态度。因为部属可能会因此而闹别扭、发脾气，甚至感到自尊心受损，进而采取反抗的行动。如此一来，反而得不偿失。

你应该心甘情愿地把功劳留给属下，并且对其表达感谢之意。换言之，你该换个角度想，由于你身在一个可以使你"施惠"的公司，并且拥有值得你"相让"的部属，才能让你尝到了满足的滋味，这一切都是值得感恩的。

冷静而理智地面对一切

在处理左右关系时，主管万万不可意气用事，一定要冷静冷静再冷静，理智理智再理智。

有些上班一族成员深信，只要在工作上表现突出，本身拥有较高学历，就能够在公司内受到主管赏识，扶摇直上。

的确，工作勤奋加上丰富的学识和经验，无疑是升职的要素，但不等于全部。

我们眼见一些在工作上表现相当出色，而学识，经验都不错的打工仔，十数寒暑，仍然停留在同一职位，不降亦不升。

他们在茶余酒后，往往满肚牢骚，抱怨自己不受主管欣赏，以致没有出人头地之日。

对他们不清楚的人，也许会同情他们的遭遇，认为造物弄人，不给机会予那些既勤快又有才学之人。

事实当然不是表面那样简单。就我冷眼旁观所见，这些怨天尤人，经常埋怨上层"不长眼"的打工仔，之所以大半世不升不降，主要是他们不懂或不屑搞好人际关系，于是被人孤立，甚至遗弃。

我们认识一名做事非常利落，从来不推卸责任的上班族成员。他在工作上的表现，主管也很欣赏，还打算推荐他升职。但多年过去了，这名上班族成员在原来职位上依旧保持不变，虽然其工作热情不减，但他对上层待他的态度却愈来愈不满。他不时向其他同事表示，自己那么勤奋工作又怎样，比他差劲得多的人也在职位上超越了他，上层显然有意贬低他。

他不明白自己最失败的地方，是出在人际关系上，例如，与其他同事相处时（主管有时亦在场），他往往夸耀自己的才能，又喜欢指责别人的不是。

曾经有过一两次，他因为"多嘴"而得罪了同事，几乎打起架来。主管看在眼里，自然心里有数。这还不算，这名上班族成员不时还会公然顶撞主管，令后者的尊严当众受损。

作为主管，你会提拔一个这样的下属吗？他可能的确有真才实学，具备丰富的工作经验，奈何不懂做人之道，不注意搞好人际关系，把他提拔为主管，对己对人都不见得有好处。

公司又聘了一位新同事，是刚念完书的小兄弟，毫无工作经验，有时候竟愈帮愈忙。

每个人总得经过初出茅庐的阶段，想想你自己当年的情况吧。并非要你容忍对方的错漏百出，而是尽量体谅对方，凡事有点耐性。

年纪愈长，主观愈甚，奉劝你多反省，对同事别先入为主。记着，你与对方相处，目的是希望大家合作愉快，绝不是要拼个你死我活而后快。

还有切忌倚老卖老。你宝贵的工作经验确实是个好榜样，但并非金科玉律。

同样，绝不能盲目容忍对方出错。遇到有问题，请婉转相告，让他在错误中汲取教训！"经验告诉我，你用这种方式去办，一定收不到理想效果的，下一次小心分析后再行动吧！"

凡事保持缄默，对双方都没有好处，尤其是你自己，有苦自己知，而

第七章 审时度势，谨慎用权

且吃苦不只这一次。

大公司都喜欢聘用一些刚从学校出来的"新人",因为好使好用也。

不过,也正因他们全无工作经验,你就要有一定的忍耐力了。

例如接听电话这简单差事,他们也有可能会犯错误,令你不便倒是小事,给客户坏印象才是大事。所以,你若发现电话经常出错,不要暗自诅咒,应该直接找着接线小姐,礼貌地告诉她:"我的内线是十八,请给我本人接电话!"

还有,送信的练习生,可能对着一大堆信件,感到无从入手,因无法一下子认清数十人的姓名和相貌,遇到他送错信,不要自己将信件送给收信人,如此,送信者只会一直送错,应该将信送回派信者,告诉他:"我是某某,这封信不是我的。"提醒他你的姓名,日后就不会再出错。别以为对这些小人物,就能恶言相向,其实他们可能有很大的潜能,或许他日你要有求于他。

有些人一朝得志就会忘形,叫人瞧着不顺眼,甚至还会翻脸不认人。

过去,你与某君是最佳拍档,创造不少佳绩,连私人感情也甚佳,经常互诉心曲,工余又结伴去消遣。总之,你早已不将他当作同事,而视为知己了。

可是,最近某君喜获升职加薪,不再是你的拍档。起初你以为只是职位有别,对你俩的感情是没有影响的,可是,事实却是:某君见了你,不再勾肩搭背,只淡淡地跟你点点头打声招呼,甚至根本当你不存在!

你想找着他讲明白,但请坐下来想想:对方若是真的把友情忘得一干二净,你找他理论,目的是什么?要他认错?他当然不会!反而对你自己的声名有损,间接影响工作情绪。暂且把感情事放下,对方对你冷淡,你也冷淡反应,只要公事上遵守原则,不犯错,不依靠别人就是了。

日子一天天过去,对方的态度也没有好转,证明了此人的真性情不足取,你根本不值得为他而烦恼!

当你的拍档或者主管做了一件令你不满的事,你应该直斥其非吗?

第七章 审时度势，谨慎用权

请参考以下的技巧把最重要或最急切的一个问题先提出来，切莫把不满列成清单，这只会令对方信心大减，做事就更不起劲。同时要清楚地指出要批评的事，例如："我希望跟你研究一下今早你处理那份合约的情况。"请针对事，不对人。即使对方已明白是自己的错，你也不能说："你为何会那样做？"而改变为"这计划的效果不太理想，下一次我们不妨这样做……"

给做错事的人一个承担责任的机会，但要用鼓励的口吻："我明白你很难过，但你不妨这样做……"然后重复你想让他怎样做。

一般来说批评主管的方式大同小异，但最好把你的批评包装成提议，那会比把事实摆出来使他难堪好得多；还有大可把批评当作是其他人提出，你只是传递者。

辛勤工作了一年，放一个大假是何等美妙之事，然而放假的不是你，是你的拍档。即是说，你一个人要负起两个人的工作。

还有甚者，就是接手了拍档的工作，你发现拍档的原有工作方式大有问题，既不完善，又费时费事，叫你暗暗纳闷。究竟应该采取何种态度？

首先，你应老早有身兼两职的心理准备，这亦是每一个职员所应有的，因为大公司员工轮流放假。就必有此现象出现。

至于同事的工作方式，请谨记，切勿向老板指斥拍档的不是，即使是同事，也不能诉说任何对拍档不利的言辞，因为害处太多了。

另外，每个人有每个人的工作方式，某甲的方式未必适合某乙，只要能将任务圆满完成，用哪一种方式全不重要，对吗？

当然主管在适当时候，发一点牢骚，确可以收到预期的效果。但发牢骚时，你必须冷静。把问题摊出来，这不是意气用事，而是把冲突的来源查清，如告诉拍档，他的迟到令你无法准时完成工作，这会比你指责他不合作更清楚，但请别当众侮辱他。

虽然理亏在对方，但不应得势不饶人，只谈现在的问题，以往的不必再提，这显示了你有容人的风度。同时，容许对方解释，并多听其他人的

意见。

因为当你愤怒时,容易偏激,对别人也就不公平,何况,你不可能耳听八方,眼看千里,所以别人的解释你应考虑,且有助你了解同事的工作情况和他所以出错的原因。

能屈能伸,绝不要恃才傲上

恃才傲上者,不尊重主管,不认真对待工作,这些都会使主管与主管的关系变得十分紧张。

越是才华出众的主管,越是应该慎重地处理同主管的关系。就好比越是长得高大的树木,越是应该埋下头来。才不至于被风吹折。

一些主管,自恃有才而骄傲自大,目中无人,往往与主管的关系搞得很紧张,这只会给自己带来诸多的不利。

(1)恃才傲上的主管,往往不尊重主管,喜欢挑主管的毛病。他们是看不起主管的,也绝对不会与之合作。这样,上下级关系就很难得到正常的发展。主管往往会因其故意损害自己的威信,不但自己不努力还故意泄大家的气而感到不满,轻者批评他,重者则把他"炒了鱿鱼";做得公道点儿,便以纪律要求他,做得稍过点儿,便是处处给他穿小鞋。这种人,无论走到哪里,都是不会讨人家欢喜,受到主管欢迎的。

(2)恃才傲上的主管,往往看不起主管的能力,对其命令更是百般挑剔,不愿用心去落实,敷衍了事。这种人存在于组织中,势必涣散人心,瓦解斗志,为主管所不容。加之其过分聪明,看事清楚又多爱卖弄,主管也是不愿亲近他的,更不会把重要的任务交给他去完成,这样的人,由于很难与主管融洽相处,因此很难做出什么业绩来,往往最后陷入清谈,甚至不受同事们的欢迎。所以,人固有才,却难得重任,最后只能是碌碌无为,没有发展。

(3)恃才傲上的主管,往往把精力用在挑剔上级的毛病,卖弄自己的才学上,不愿意认真做事,结果使自己真正的才华也得不到发挥,渐渐地敬业爱业之心日益减少,用于"内斗"之心增多,个人才华逐渐生疏、埋没，日久，便成为无所用心的庸人。这与其说是"损人不利己"，倒不如说是"损人害己。"

美国MP公司对400名经理的调查表明，有30.5%的下级，其智力和才干超过他的上级。在这种情况下，特别容易产生部属看不起上级的现象。如果部属不从思想和实际行动上解决这种问题，势必造成轻慢主管，不服从上级主管的现象，使上下级关系变得十分紧张。

你是主管怎样解决这个问题呢？

（1）你应该承认与主管之间存在着差异，你不仅要看到自己的优点，也要看到上级的长处。上、下级之间有着分工的不同、职责的不同，可能下级在某一方面比较强，但却不具备统御全局的能力。因此，下级一定要以公允之心多看看主管的长处。

记得一位科技工作者曾对我说过，他说："我原先总是抱怨自己的上级是个外行，什么也不懂，却来主管我们这些精通专业的人。现在我想通了，许多事情咱的确干不了。主管的工作绝不是一个简单事，靠专业知识是解决不了的。现在我对主管很服气，我得把精力全都用在科研上，出点儿大成绩。"

在我们生活中的确存在着这种情况，有些专业人员被提拔起来后，结果是碌碌无为，不仅工作没干好，自己的专业也荒废了。这说明，智力再高，也不一定比主管高明，不一定适合做主管。

（2）一个下级一旦投身组织，就应该服从上级的指挥与主管，建议可以提，但绝对要对已决定的事负起执行的义务。

（3）确有才华的下级更应谦虚谨慎。越是谦虚，就越能得到别人的尊重，得到上级的欣赏。在中国这种文化氛围，表示谦虚以取得一种融洽的人际关系，这是一种十分有用的处世哲学。下级一定要事事谦逊，处处维护主管的尊严和权威，才会得到主管的信任，把你的才干发挥出来，干出一番业绩。

一提到管理，人们就会想到"赏罚"，就认为不过是定出一套严密的

规章制度,然后一丝不苟地执行,这种方式就是"以不变应万变"。在一般情况下,这种方式当然无可指责,尤其在法制不健全的中国,它是企业改革的必经之路。但这种方式并不是那种包医百病的灵丹妙药。制度是死的,人是活的,规章可以不变,但情况却不断变化,这就需要主管灵活掌握制度的"弹性"。这种"弹性主管"就需要有"以万变应不变"的本领。

比如,有一家公司主管,本来下令要下午加紧包装一批货物,明日发运。可是偏偏不凑巧,下午有一场精彩的足球比赛,小伙子们一个个急得像热锅上的蚂蚁,几十对眼睛可怜兮兮地望着主管,从眼神就可以看出他们心里想的只有一件事——请假。若是按小说家的构思,结果无非是两个:第一是经理悬以重赏,发3天工资的奖金,于是"重赏之下,必有勇夫",大家一致决定留下,心情舒畅地顺利完成任务;第二是主管采取重罚,下午一律不准请假,不上班以旷工论处,扣掉当月奖金,于是"重罚之下,人必畏之",大家谁也不敢走,万念俱灰,任务得以完成。可是这位主管却偏偏未落俗套,他出去转了一圈,回来时手里握着一叠足球门票,宣布:"下午专车送大家去看球,晚上全体加班。"于是欢声雷动,结果自不待言。承蒙主管的一番苦心与盛情,小伙子们就是晚上通宵赶工,也要把任务完成。这位显然比很多小说作者要更精明、更了解他的部下:这帮球迷,你无论是重赏还是重罚,都挡不住他们,不要说奖金,就连放弃半个月的工资他们也心甘情愿,何不顺水推舟?

在许可的情况下有"弹性"。面对困境,顺应人心而灵活的一弹,保护了人的尊严,同时又消除了冲突,保护了上下属的沟通。

东北某城市的某一家公司主管就是这样一个"弹性企业主管"。他上任后,改变了经营策略,允许员工把材料带回家里自己装配。不管是本厂员工还是家属亲朋,只要产品达到品质规定标准,一律按件取酬。于是工人节省了上下班的时间,可以在家适当照顾家务,有人说他弄成了"香港式的家庭工厂"。不过工人们欢迎这种方式,他们劳动积极性大大提高,工厂的劳动生产率和产品产量成倍地增加。

某市一家石油化工企业引进一套法国设备，全套管理只需员工50人，可是这家工厂却用了800人，这些"多余"的人不能辞掉，因为他们就是为解决失业问题而硬塞到工厂里来的。于是工厂到处都是闲置人员，工人在八小时之内打扑克牌、下象棋、看报纸。为了使他们有事做，自动控制系统改为人工控制，自动记录监督装置让工人操作监督，结果险象环生。新任厂长上任后，看到这一情况，立即宣布实行四小时工作制，将工人分成六班，工资照发，多余者送出去培训，除维修等工作外，操作方式完全按设备标准分配工作。结果是生产纪律变好，产量上升，事故减少，工人高兴。这件事震动全市。既然人员多余，何必让他们在厂里白混，于公于私均无裨益；而缩减劳动时间，并不影响生产，于私于公均有利。

像以上这类情况，哪怕你有铁的规章制度，哪怕你赏罚严明，也解决不了问题。公共汽车因塞车而不能动，除非车上的工人插翅飞到工厂，否则你就是加3倍的奖金、扣掉所有工资，他们也免不了迟到。你不准青年员工看报、听音乐，那么就给他们工作做，否则无论是赏或是罚，他们照样闲着。这个时候，如果固执地"以不变应万变"就行不通了，只能以"万变应不变"。这个"不变"就是企业的目标。"不变"这个目标，是企业、员工、个人三者利益的统一。只要有利于企业发展，兼顾了员工的利益，手段不妨灵活点，有一些弹性。